Vincent von Wroblewsky
Vermutlich Deutscher

Vincent von Wroblewsky

Vermutlich Deutscher

MERLIN

Für
meine Großmutter Berta Wohlgemuth, geborene Rosenthal,
meinen Onkel Paul Wohlgemuth,
seine Frau Cäcilie und ihren Sohn Siegfried,
die ich nicht kennenlernte und von denen ich fast nichts weiß,
meine Eltern Rose und Ernst,
meine Töchter Rahel und Sarah,
meinen Sohn André,
meinen Bruder Clément
meine Enkel Lisa, Frida, Dan, Can, Mark, Mika und George.

„Die schärfsten Dialektiker
sind die Flüchtlinge."

Bertolt Brecht:
Flüchtlingsgespräche

Prolog

Überraschende, seltsame Wiederholungen! Nun auch ich ein Ritter. Wie der polnische General der Kavallerie, der auf Seiten der Pariser Kommune kämpfte, wie mein Großvater, der polnische Rittergrundbesitzer und Doktor der Philosophie. Allerdings ohne Pferd. Doch Ordensritter. Ohne Religion.
Im Frühjahr des Jahres 2015, am 25. März, widerfuhr mir diese Ehre: Ich wurde zum Ritter geschlagen, in den Ritterstand erhoben. Hierzu wurde mir in der französischen Botschaft am Pariser Platz anlässlich eines Abends, der dem französischen Literatur-Nobelpreisträger Patrick Modiano gewidmet war, der Titel *Chevalier de l'Ordre des arts et des lettres* verliehen. Der deutsche Verleger von Patrick Modiano, Michael Krüger, bekam als *commandeur*, der den *chevaliers* und *officiers* vorausreitet, den Orden vom Botschafter an einem Band um den Hals gehängt. Er erwähnte das Glück, das er mit französischen Botschaftern habe. Mir blieb nur zu improvisieren übrig. Ich bedankte mich artig für die Würdigung meiner Verdienste, führte sie auf glückliche Umstände zurück und endete, Sartre erwähnend, mit der Rolle, die die Kontingenz und der Zufall spielten, dass ausgerechnet mir die Ehre zuteilwurde.
In der Nacht nach meinem Ritterschlag ging mir der Abend in der Botschaft durch den Kopf und hinderte mich daran, einen tiefen Schlaf zu finden. Nun hielt ich die Rede, die ich nicht gehalten hatte, die ich im Nachhinein hätte halten wollen. Ich sprach von „glücklichen Umständen". Doch wo fingen sie an, für mich?

I
1900–1950

Sie begannen bereits vor meiner Geburt, daran gibt es keinen Zweifel. Sicher auch mit der Flucht aus Berlin, die meinen Eltern 1933 gelang. Oder noch früher? Mit der Flucht meines Großvaters aus Polen (oder war es damals Russland, Litauen)? Zumindest waren Duelle unter Adligen bereits verboten, aber noch üblich, ritterlich. Aber gegen wen duellierte sich mein Großvater, und warum? Welche Ehre war verletzt worden, vielleicht die einer Dame? Ich weiß es nicht, meine Mutter erzählte nur von diesem Duell und seiner anschließenden Flucht nach Frankreich, wo der polnische katholische Rittergutsbesitzer Vincent Witold in Nizza 1905 meine Großmutter, eine deutsche Jüdin, heiratete.

Eins ist sicher: Hätte sein Kontrahent gesiegt, gäbe es meinen Vater und damit auch mich nicht. Oft habe ich damit gespielt, meine eigene und auch die großgeschriebene Geschichte im Konjunktiv zu erzählen und mich zu fragen: Was wäre geschehen, wenn … Wer wäre ich, wenn … zum Beispiel mein Vater nicht so früh gestorben wäre, wir in Frankreich geblieben wären, oder meine Mutter 1946 einer Aufforderung gefolgt wäre, nach Palästina, ins künftige Israel, zu gehen. Leider ist es nahezu unmöglich, das Jahr 1933 im Konjunktiv zu denken. Was wäre geschehen, wenn die Nationalsozialisten die Macht nicht hätten erringen können? Nicht nur meine Geschichte, sondern die der Welt, auch die gegenwärtige, wäre eine andere. Doch dieser Konjunktiv ist zu schön, um wahr zu sein.

Im September 1939 hatte meine Mutter Paris für die Stadt Clermont-Ferrand verlassen, wo sie mich noch im selben Jahr zur Welt brachte. Nach der Besetzung der Stadt durch deutsche Truppen im Sommer 1940 wäre es wohl wesentlich schwieriger geworden, herauszukommen, und nach der Einführung der antijüdischen Verordnungen und Gesetze wären ihre – und meine – Überlebenschancen erneut enorm gesunken. Ein weiterer glücklicher Umstand: Nach seiner Entlassung aus dem Lager im Juni 1940 kam schließlich auch mein Vater nach Clermont-Ferrand.

Zwei Jahre später mussten meine Eltern jedoch weiterziehen – als Jüdin war es meiner Mutter fortan untersagt, sich weiter in der Stadt aufzuhalten. Sie zogen sich in die idyllisch anmutende Abgeschiedenheit der Creuse zurück, in das Dorf Moutier-Rozeille, von dem ich erst 2014 erfuhr, dass die Bewohner nicht nur uns, sondern acht weitere jüdische Familien versteckten und nicht an die Milizen der Vichy-Regierung verrieten, sie zudem so gut es ging mit dem Notwendigsten versorgten. Mein Vater starb 1944 und wurde in Moutier-Rozeille auf einem kleinen Friedhof hinter der Kirche begraben. Lange trat der imaginierte Held an die Stelle eines realen Über-Ichs.

In Gedanken an diese und andere Stationen meines Lebens und die glücklichen Umstände, die es begleiteten, verging die Nacht nach meinem Ritterschlag. Ich hielt die Rede, die ich gern gehalten hätte. Natürlich wäre sie zu lang geworden. Manchmal träume ich und halte erneut diese Rede in verschiedensten Variationen; dabei fürchte ich, die besonderen Umstände meines Lebens zu überschätzen – oder zu unterschätzen?

Mein Leben ist – wie jedes Leben – eine Mischform. Weder reiner Zufall, wie zum Beispiel Glücksspiele, bei denen man nicht weiß, welchen Zufall der Würfel oder die rollende Kugel wählen, noch reine Notwendigkeit, wie Spiele, die strengen Gesetzen und Regeln folgen, wie das Schachspiel. Eher wie Scrabble, bei dem man aus den zufällig gegriffenen sieben Buchstaben Wörter oder Wortkombinationen auf einem Feld platzieren und möglichst viele Punkte gewinnen muss. Das Ergebnis hängt vom Glück und vom Verstand, vom Können, von der Erfahrung und der Kombinationsgabe ab. Es ist eine ausgezeichnete Schule: Man lernt zu verlieren, wenn man zu siegen glaubte, und manchmal in letzter Minute zu siegen, wenn die Niederlage unausweichlich schien und es keine Hoffnung auf ein glückliches Ende mehr gab. Meine Mutter benutzte hierzu gerne die verschiedensten Sprüche: *„Das musst du mit Sinn und Verstand machen“* – das galt auch, wenn es etwas Besonderes zu genießen gab; oder auch: *„Wert bist du's nicht, aber bedürftig.“*

Womit habe ich es verdient, wenn überhaupt, am Ende als Ritter vom Hof zu reiten? Mit ritterlichen Tugenden kann ich sicher nicht aufwarten. Ich bin kein Held, der sich furcht- und selbstlos in Gefahr begibt, sich dem Feind entgegenwirft, und war auch kein Dissident, der um den Preis des Verlustes bescheidener Privilegien ausruft: „Hier steh ich, ich kann nicht anders", kein Märtyrer, denn Ruhm galt mir wenig, Genuss dafür umso mehr. Die Buchstaben, die ich zufällig im Lebensspiel ohne Sinn und Verstand griff, erwiesen sich als günstig, auch wenn sie zu anderen Ergebnissen hätten führen können: Geburt im Exil, früher Verlust des Vaters, Wechsel in ein Land, das seine Bürger durch eine Mauer zu beglücken vorgab. Wechselnde Kinderheime versprachen alles andere als ein Himmelreich auf Erden, doch verdanke ich ihnen unter anderem meine Zweisprachigkeit, die mir eine Beweglichkeit ermöglichte, die in der erstarrten Welt, in der ich lebte, nicht die Regel war. Sie lehrte mich, mit Widersprüchen zu leben und Gegensätze eher zu nutzen, als durch Konfrontation lösen zu wollen. Ich vermied den „Geist der Ernsthaftigkeit" und lernte dafür durch und mit Sartre, die Freiheit zu schätzen. Ziehe ich rückblickend eine Bilanz, so verwundert mich das Ergebnis: Es ist nicht das Leben, das ich als Kind erträumte, noch das ich unterwegs wollte. Zunächst wollte ich ein Held sein, der unter Einsatz seines Lebens vornehmlich Frauen aus höchster Gefahr rettet, dann ein renommierter Schriftsteller; schließlich wähnte ich, die Philosophie sei dafür ein unverzichtbares Mittel. Doch daraus wurde nichts, nicht mal ein nennenswerter Philosoph, einer, der Gedankensysteme entwickelt oder neue Begriffe einführt. Heraus kam bestenfalls die Anerkennung als Übersetzer und Simultandolmetscher, der ich die längste Zeit meines Lebens war. Ihr verdanke ich wahrscheinlich, wenigstens teilweise, meinen ritterhaften Titel.

Manchmal streifte mich der Mantel der großen Geschichte und ich lernte viele Bereiche sowohl der deutschen als auch der französischen Gesellschaft kennen, dazu durfte ich viele interessante Menschen treffen. Das erlaubte mir, eine Vermittlerrolle einzunehmen: eine schriftliche durch tausende Seiten Übersetzungen, von Texten Jean-Paul Sartres, Boualem Sansals und anderer ins Deutsche, durch einige von mir verfasste Bücher und Aufsätze, und eine mündliche, bei vielen

Konferenzen und Vorträgen, die ich dolmetschte oder selbst vorstellte, gelegentlich als Präsident der Sartre-Gesellschaft in Deutschland. Das fiel den Franzosen auf und veranlasste sie, mich in den erlauchten Kreis der Ritter aufzunehmen.

Doch als besonderes Glück, das mir die Zufälle meines Lebens bescherten, betrachte ich es, mehrere „Identitäten" zu haben. Was Brecht von den Lastern sagt, lässt sich auch hier anwenden: Schaff dir mehrere an, eine ist zu viel. Jede erlaubt dabei einen kritischen, distanzierten Blick auf die anderen: die französische auf die deutsche, die vermutlich deutsche auf die vermeintlich „richtige" deutsche und die französische, die jüdische auf diese drei, und so weiter....

Im Hebräischen ist das Wort „Leben", *H'ayim*, ein Pluraletantum, es gibt von ihm kein Singular. Die Rabbinerin Delphine Horvilleur kommentiert diese grammatische Besonderheit in ihrem Buch *Mit den Toten leben:*

„Das Hebräische sagt, jeder von uns hat mehrere Leben, nicht aufeinanderfolgende, sondern miteinander verknüpfte, wie Fäden, die sich während des gesamten Laufs der Existenz miteinander kreuzen und auf die Auflösung warten, um sich unterscheiden zu können. Auf Hebräisch bilden unsere Leben einen Teppich, bis wir ihre Knoten lösen können, indem wir unsere Geschichten erzählen." [1]

*

In der Rückschau auf mein Leben erinnere ich mich an meine Mutter Rose, die aus Berlin floh, um ihr Leben zu retten. Im Dezember 1933 folgte sie meinem Vater nach Paris, der einen Monat zuvor auf mir nach wie vor unbekannten Wegen in die Lichterstadt floh. Sie hatte zwar einen Pass, doch kein französisches Einreisevisum. Im Bericht über sich, von der Partei angefordert, auf gleichem Durchschlagpapier und wahrscheinlich aus gleichem Anlass geschrieben wie der über meinen Vater, erklärt sie:

---

[1] Horvilleur, Delphine: Vivre avec nos morts. Paris 2021, S. 26 (Übersetzung: Vincent v. Wroblewsky).

„Ab 1. Februar 1931 war ich Mitglied der KPD. August 1932 wurde ich von meiner Betriebszelle nach Amsterdam zum Weltkongress gegen Krieg und Faschismus delegiert. […] Ich lebte mit Ernst von Wroblewsky von 1932 an zusammen."

Der Delegierung nach Amsterdam verdankte sie wahrscheinlich ihren lebensrettenden Pass. Auf ihrer Reise nahm sie dabei den illegalen Umweg über Amsterdam und Brüssel. Während der Fahrt machte sie die Erfahrung, wie schwer es war, nicht aufzufallen – besonders dann, wenn man es darauf anlegte. Zwar war der Sprachunterricht im Sophien-Lyzeum in Berlin sehr gut gewesen, und als Fremdsprachensekretärin bei Ullstein hatte sie ihre Englisch- und Französischkenntnisse erweitern können, doch war sie sich ihres deutschen Akzents durchaus bewusst. Um zu vermeiden, in Gespräche verwickelt zu werden, hatte sie daher vorsorglich Strickzeug in ihre Reisetasche gesteckt. Doch kaum begann sie zu stricken, war sie der Mittelpunkt des Interesses der mitreisenden Frauen. Denn während die deutschen Frauen ihre Stricknadeln dreiecksförmig vor der Brust halten, die Ellbogen vom Körper abspreizen und sich die Bewegungen der Hände kaum voneinander unterscheiden, halten die Belgierinnen und Französinnen eine Nadel zwischen dem linken angewinkelten Arm und dem Körper eingeklemmt und die rechte Hand davor (bei Linkshändern umgekehrt), wobei das Stricken durch eine Vor- und Rückwärtsbewegung der rechten Nadel bewerkstelligt wird. Rose räumte entsetzt ihr Strickzeug wieder ein, und trotz der Anspannung gelang es ihr, ein wenig zu schlafen. An ihre Ankunft in Paris, wo sie zunächst ihres Lebens sicher war, konnte sie sich noch Jahre später genau erinnern. In ihrem Nachlass fand ich einen kleinen Zettel, auf den sie geschrieben hatte:

„Ankunft 4.12.1933 Gare du Nord 4 Uhr früh – der einzige Ankömmling!!"

*

Ohne Zweifel hatte meine Mutter die größte reale Bedeutung für mich, die imaginäre meines Vaters vermag ich dagegen nicht abzuwägen. Mit ihr teilte ich, wenn auch mit vielen Unterbrechungen,

fünfzig Jahre irdischer Existenz, mit ihm (großzügig gerechnet) drei. Von beiden habe ich ein Bild, mehr noch verschiedene Bilder, unvollständige, manchmal widersprüchliche, und natürlich weiß ich, dass sie sich nie zu einem vollständigen Bild, einer objektiven Wahrheit fügen werden (sie ist wie Gott, niemand hat sie je gesehen, aber viele glauben dennoch an sie). Doch das hält mich nicht davon ab, zu suchen, sehr spät, aber vielleicht noch nicht zu spät.
Ich habe die Fragen, die ich meiner Mutter mit meinen jetzigen Erfahrungen und Gedanken gern gestellt hätte, nie gestellt. Andere habe ich nicht zu stellen gewagt, aus Diskretion, Scham, Verklemmung oder auch einfach aus Desinteresse, verkennend, dass sie eines Tages für mich wichtig werden könnten. Denn was weiß ich nun von meiner Mutter? Geboren wurde sie im Juli 1901, in Berlin-Prenzlauer Berg. Während ihrer Kindheit blickte sie aus ihrer Wohnung auf den jüdischen Friedhof. Ihr Vater, Samuel Wohlgemuth, war 1905 gestorben, von ihm hatte sie den Namen Wohlgemuth geerbt, darauf beschränkte sich meines Wissens das väterliche Erbe. Ihre Mutter Bertha, geborene Rosenthal, ernährte mit ihren Diensten, vorwiegend bei vermögenden Berliner Juden, die Familie so gut es ging – sich, ihren älteren Sohn und meine Mutter. Auch von ihren Vorfahren weiß ich nichts: Ich kann nicht, wie die meisten meiner Landsleute, auf ein Familienstammbuch zurückgreifen, das deren Eltern und Großeltern oft mit viel Mühe und Hingabe zusammenstellten, um ihren „Ariernachweis“ zu erbringen, die Übereifrigen unter ihnen so weit wie nur möglich zurückgehend, weiter als von der Nazi-Partei verlangt, im Idealfall bis zu den alten Germanen, doch dieses Ideal blieb unerreichbar, sind doch das Personenstandswesen und Kirchenbücher eine spätere Erfindung. Nein, meine Mutter hatte mir nichts über ihre Vorfahren berichtet – nur von der Enttäuschung ihrer Mutter darüber, dass ihre Tochter mit achtzehn Jahren aus der jüdischen Gemeinde austrat.
Das hinderte sie nicht, sich als Tochter einer jüdischen Mutter bis an ihr Lebensende als Jüdin zu verstehen und zu bekennen. Ihr Jüdischsein hatte zwar seine religiöse Dimension verloren, die Geschichte hatte jedoch andere Dimensionen hinzugefügt, die sie trotzig bewo-

gen, an dieser Seite ihrer Identität, besser ihres Selbstverständnisses, festzuhalten. Mit Erstaunen hörte ich von einigen Freunden mit vergleichbarem Emigrationshintergrund, dass ihre Eltern ihnen lange ihre jüdische Herkunft verschwiegen hatten, und sie daher oft erst spät und nur zufällig von dieser erfuhren. Die Eltern hatten sich so sehr mit dem Kommunismus identifiziert, so gründlich die jüdische Seite ihrer Persönlichkeit verdrängt, dass sie den Kindern verborgen blieb. Oder steckte mehr dahinter? Mit Sicherheit haben manche ihren Kindern ihre jüdische Herkunft verschwiegen, damit sie diese nicht verraten konnten, als eine Bedingung ihres Überlebens im Nationalsozialismus. Nach 1945 galt das allerdings nicht mehr – doch konnten sie dessen wirklich sicher sein?

Ich bin meiner Mutter dankbar dafür, dass sie bei allem Atheismus und einer prinzipiellen, wenn auch nicht unkritischen Treue zum Kommunismus, ihre jüdische Prägung nach meiner Erinnerung nie verhohlen hat, im Gegenteil. Sie war stolz, sich mit vielen bedeutenden Persönlichkeiten verbunden zu fühlen, die unter anderem als Schriftsteller, Schauspieler, Musiker und Ärzte in besonderer Weise zur Kultur und zur Wissenschaft ihres Landes beigetragen hatten. Oft bemerkte sie:

„Das ist einer von unser'n Leit", sie benutzte auch gern jiddische Redewendungen, obwohl sie die Vorurteile der integrierten deutschen Juden gegen die ostjüdischen Einwanderer teilte, die mit ihrer äußeren Erscheinung und ihrer Sprechweise „zu jüdisch" erschienen, „*riches* machten", das heißt Ablehnung provozierten. Wenn ich ihr eine neue Freundin vorstellte, ließ sie ein kaum wahrnehmbares Bedauern erkennen, dass diese keine Jüdin war (woher auch!), war es aber zufällig eine, war sie auch nicht ganz die richtige. Auch darin war sie sehr jüdisch: Für eine *jiddische Mame* ist keine Frau für ihren Sohn gut genug.

Ich erlebte oft, dass Nichtjuden nicht nachvollziehen können, wie man sich als Jude verstehen kann, ohne religiös zu sein. Auch religiösen Juden kann es, wenn auch aus anderen Gründen, so gehen. Ignaz Bubis, langjähriger Präsident des Zentralrates der Juden in Deutschland, sagte mir einmal:

„Wären alle Juden Juden wie Sie, wären wir schon ausgestorben", und ich denke, er hat recht. Doch nicht alle Juden sind Juden wie ich – Gott sei Dank! Für viele Nichtjuden ist ein Jude jemand, der an einen jüdischen Gott glaubt, für den die Thora und der Talmud (die Kommentare der Thora) wichtige Texte sind, ja die wichtigsten überhaupt, von Gott geschaffen, bevor er Himmel und Erde und alle Kreaturen schuf. Die Thora diente ihm als Vorlage, am Anfang war das Wort. Für viele Christen ist ein Jude also ein Mensch, der in die Synagoge geht, und der, analog zu einem Christen, aufhört Jude zu sein, wenn er die religiöse Gemeinschaft verlässt. Nicht nur, dass sie ihr christliches Selbstverständnis auf Juden projizieren, es fällt ihnen oft auch schwer, sich eine mehrfache, aus widersprüchlichen Teilen zusammengesetzte Identität vorzustellen. Und es fällt ihnen schwer zu akzeptieren, dass die Juden ein Volk sind. Ich räume ein, auch mir fällt es schwer, diese in alle Welt zerstreuten Individuen, die Jahrhunderte kein eigenes Land besaßen, keinen Staat bildeten, in vielen Sprachen sprachen, als ein Volk zu denken – obwohl ich immer wieder die Erfahrung einer schwer definierbaren, jedoch spontan erkennbaren Gemeinsamkeit mit Juden in den entferntesten Teilen der Welt machte – und ohne Zweifel war es die gemeinsame Religion, die sie über die Jahrhunderte zusammenhielt. Doch auch das Bewusstsein einer gemeinsamen Geschichte, einer Geschichte von Verfolgungen und Überleben, aber auch von einem besonderen Beitrag zur Kultur der Menschheit. An Freunden, die eine ähnliche Geschichte haben wie ich, sah ich mehrfach, dass das völlige Verschweigen des Jüdischen durch die Eltern, dieser besonderen Geschichte, die damit verbundenen Verdrängungen, bei den Kindern zu Identitätsstörungen führte, wenn sie eines Tages doch noch (was unvermeidlich scheint) mit der Realität konfrontiert wurden, dass man aus dem Judentum nicht austreten kann. Mit dem Eintreten ist es ähnlich problematisch, und ich halte es für einen Vorzug des Judentums gegenüber dem Christentum und dem Islam, dass es nie versucht hat, jemanden zum jüdischen Glauben zu bekehren, weder durch Gewalt noch gute Worte. Im Gegenteil, es macht die Konversion nicht leicht. Ich fand mich von der Rabbinerin Delphine Horvilleur bestätigt:

„Niemand weiß wirklich, was einen Juden ausmacht und noch weniger einen

‚guten Juden'. Ist es ein Ursprung, eine Praxis, ein Glauben, eine kulinarische Tradition? Die jüdische Identität ist immer jenseits von dem, was man von ihr sagen könnte, und lässt sich nie in eine einzige Definition einmauern, die ihre Möglichkeiten reduzieren würde."[2]
Ein kleines, sehr kleines Foto ist das Einzige, was von meiner Großmutter bleibt, und ein ähnliches von meinem Onkel Paul, dazu eines, auf dem sie alle vereint sind. Auf festem Karton, mit dem Namen des Fotoateliers, aufgenommen 1914. In der Mitte steht meine Großmutter, selbstbewusst, stolz inmitten ihrer drei Kinder. Zu ihrer Rechten meine Mutter, dreizehnjährig, in einem Kleid mit Matrosenkragen, zu ihrer Linken die beiden Brüder, auch im Matrosen-Look, Paul, der größere, neben dem schmächtigeren. Ich habe mir nicht mal seinen Vornamen gemerkt, ich weiß nur, dass er noch vor 1933 in die USA wollte, während der Überfahrt an einer Bronchitis erkrankte und starb, bevor das Schiff anlegte.
Im Ersten Weltkrieg war Paul mit dem Eisernen Kreuz ausgezeichnet worden. Aus dem Krieg zurückgekehrt, wurde er Mitglied eines Arbeiter- und Soldatenrates. Als meine Mutter 1918 weinend den armen Kaiser bedauerte, der hatte abtreten müssen, erhielt sie von ihm eine Ohrfeige. Später sah sie in ihr den Beginn ihrer politischen Entwicklung. Rose war ein intelligentes, aufgeschlossenes Mädchen, das gern das Abitur gemacht und studiert hätte. Ihr Traum war es, Kinderärztin zu werden, doch angesichts der finanziellen Lage der Familie hatte es ein Traum bleiben müssen. Dennoch gaben ihr das Lyzeum und die Auerbachschen Anstalten eine gute Grundlage für ihr Leben.

*

Vor einigen Jahren fand ich mich überraschenderweise in den Auerbachschen Anstalten wieder, als mich eine Freundin aus dem Westen zur Einweihung ihrer neuen Eigentumswohnung einlud. Bei dieser Feier war ich der einzige Ossi, die anderen Neu-Mitbewohner waren

---

[2] Horvilleur, Delphine: Vivre avec nos morts. Paris 2021, S. 29 (Übersetzung: Vincent v. Wroblewsky).

wie meine Freundin und deren Eltern in diesen symbolisch östlichsten aller östlichen Bezirke Berlins aus dem Westen zugereist. Im Laufe der Gespräche stellte sich heraus, wo wir uns befanden, und die Gesellschaft nahm etwas verlegen zur Kenntnis, dass meine Mutter einst in diesen Räumen Zögling gewesen war.
Damals wies nichts auf das frühere jüdische Waisenheim hin, inzwischen gibt es eine längere Geschichte von Gedenktafeln; aus der bisher letzten Neufassung erfahren wir: 1897 bezogen die ersten jüdischen Zöglinge dieses Gebäude. Im Herbst 1942 deportierten die Nationalsozialisten die meisten Kinder und viele ihrer Betreuerinnen und Betreuer nach Riga und Auschwitz. Die weitere Geschichte gleicht der vieler ähnlicher Orte: Im Winter 1943 wurde das Gebäude durch Bomben stark beschädigt, die Reste wurden Mitte der 1950er Jahre abgetragen – für jüdische Erinnerungsorte war in der damaligen DDR nicht viel Platz. Lange Zeit gab es keinen Hinweis auf das Waisenhaus, das Schicksal der Kinder und ihrer Betreuenden. Doch dann, zehn Jahre nach der großen Wende, erfuhr auch diese Stätte eine Wende: Im Herbst 2000 befestigten Schülerinnen und Schüler in Prenzlauer Berg auf der niedrigen Mauer Spielzeuge aus Ton, die sie gemeinsam mit der Künstlerin Karla Sachse zur Erinnerung an die ermordeten Kinder geschaffen hatten. Nur wenige Tage später wurden die Spielzeuge von Unbekannten zerstört, auch das keine Ausnahme. Bald wurden neue Tonfiguren gefertigt, die bis heute mit Bruchstücken der Originale im Museum Pankow aufbewahrt werden. Bei Gedenkveranstaltungen tragen Jugendliche diese Figuren hierher zurück.
So zeigt Deutschland, fast 80 Jahre nach dem 11. November 1938, der Nacht der Pogrome, erneut zwei Gesichter: das der Anonymen, die wieder von einem rein deutschen Deutschland träumen und für dieses bereit sind zu zerstören, und Jugendliche, die sie nicht gewähren lassen wollen, eine andere Vorstellung von ihrer Zukunft haben. Erstere haben bereits einen Teilsieg errungen: Die Erinnerung wird eingeschlossen im Museum aufbewahrt, in der Öffentlichkeit ist sie nicht sicher. Immerhin ließ der Berliner Senat 2011 auf Anregung eines überlebenden Zöglings eine Gedenktafel an der Fassade des Waisenhauses anbringen, und drei Jahre später wurde im Hof der Er-

innerungsort „Ich war hier“, ein Werk der Künstlerin Susanne Ahner, der Öffentlichkeit übergeben. Nun sind die bislang bekannten Namen und das Alter der ermordeten Kinder sowie ihrer Betreuerinnen und Betreuer an der alten Klinkermauer zu lesen – hoffentlich für längere Zeit.

Im Sophien-Lyzeum nutzte meine Mutter den ausgezeichneten Französisch- und Englischunterricht, auch den Literaturunterricht. Mit ihrem Gedächtnis und ihrem Wissen war sie der lebendige Beweis für eine ihrer Lebensweisheiten, von denen sie ein gutes Repertoire bereithielt: *„Was Du im Kopf hast, kann Dir niemand nehmen.“*

Zu ihrem großen Bedauern musste sie frühzeitig darauf verzichten, ihren Wissensdurst zu stillen, jedenfalls in dafür geschaffenen Einrichtungen. Ihr Bruder hatte, aus dem Krieg zurückgekehrt, keine Arbeit gefunden, und so besuchte sie das Sophien-Lyzeum nicht bis zum Abitur, sondern stattdessen eine Handelsschule.

Ihre erste Anstellung fand sie in einer Bank, doch tatsächlich währte ihre Bankkarriere nicht allzu lange; bald wechselte sie zum Ullstein Verlag. Aus der anfänglichen Stenotypistin wurde eine Redaktionssekretärin bei einer der Fachzeitschriften des Verlages, ihr oblag somit unter anderem die Korrespondenz in Englisch und Französisch. Ihr Chef, den sie stets in guter Erinnerung hatte, arbeitete an einer Dissertation über die Rolle der Frau in der Werbung, für ihn machte sie neben ihrer Arbeit Recherchen in Zeitschriften und Zeitungen. Diese Jahre gehörten vermutlich zu den schönsten ihres Lebens. Fotos zeigen sie im Kreis von zwei Freundinnen, ebenso wie sie schöne junge Frauen, lachend, glücklich aussehend. Ullstein bezahlte sie für damalige Verhältnisse gut, sie war zur Ernährerin der Familie aufgestiegen, bestehend aus ihrer verwitweten Mutter und ihrem arbeitslosen älteren Bruder. 1933 musste der jüdische Verlag Ullstein alle jüdischen Mitarbeiter entlassen – auch meine Mutter. Eine lobende Beurteilung wurde ihr mitgegeben, bevor sie im Oktober „wegen Organisationsänderung“ den Verlag verlassen musste. Nun war es auch für sie höchste Zeit, sich von ihrer Stadt Berlin zu trennen. Sie brachte ihre Mutter, die sie nicht in die Emigration mitnehmen konnte, in einem jüdischen Altersheim unter, verabschiedete sich von ihrem Bruder, seiner Frau Cäcilie und deren Sohn Siegfried, also ihrer überschaubaren Familie. Überschaubar war auch, was sie mitnahm und was sie zurückließ. Da waren weder Vermögen noch Sachwerte. Besonders schmerzhaft war die Trennung von ihren Büchern, die sie während der neun Jahre bei Ullstein unter Vorzugsbedingungen hatte kaufen können. Mit einigen Fotos und ihrem Entlassungszeugnis im Koffer fuhr sie im Dezember schließlich nach Paris, wo Ernst sie erwartete.

*

Vor mir liegt ein Pass, der die Nummer 1202 trägt, ein großes Blatt, vergilbt und an den Rändern ausgefranst, für Ernst von Wroblewsky, geboren 1904, ausgestellt am 16. April 1915 vom Generalkonsulat des Deutschen Reiches in Genua.
In Genua? In dieser Zeit waren Deutschland und Frankreich Feinde, auch wenn sie offiziell erst ab dem 23. Mai 1915 gegeneinander Krieg führten. Das Generalkonsulat ersuchte „hiermit sämtliche Zivil- und Militärbehörden, Vorzeiger dieses, den Schüler Ernst von Wroblewsky nach Deutschland frei und ungehindert reisen, auch nötigenfalls ihm Schutz und Beistand angedeihen zu lassen." Das ist der Pass, mit dem er nach Berlin zurückkehrte, quasi die Fronten wechselte. Der knapp Zehnjährige in Matrosenuniform auf der Rückseite des Blattes blickt einem trotzig entgegen. Als Unterschrift des Passinhabers lese ich die französische Version „Ernest von Wroblewsky", also abweichend vom Vornamen „Ernst", unter dem der Beamte ihn registrierte. Lässt sich daraus schließen, dass er sich eher als Franzose denn als Deutscher sah? Oder drückt sich darin sein Protest aus, das sonnige Nizza gegen das weniger freundliche Berlin eintauschen zu müssen? Er war damals ungefähr so alt wie ich, 35 Jahre später. Ich habe das Gefühl, zu keinem Zeitpunkt meinem Vater näher gewesen zu sein. War das auch für ihn ein Schock? Bei wem lebte er damals, und wie? Einiges weiß ich darüber aus Erzählungen meiner Mutter. Sein Lebenslauf, von ihr verfasst, sagt jedoch nichts darüber.
In einer Polemik mit Roger Garaudy warf Sartre den Kommunisten vor, bei ihnen beginne das Leben mit dem Berufs- oder Parteieintritt. Meine Mutter hatte beim Verfassen des Lebenslaufes mildernde Umstände, denn sie wollte keine Biografie schreiben, sondern sich einer

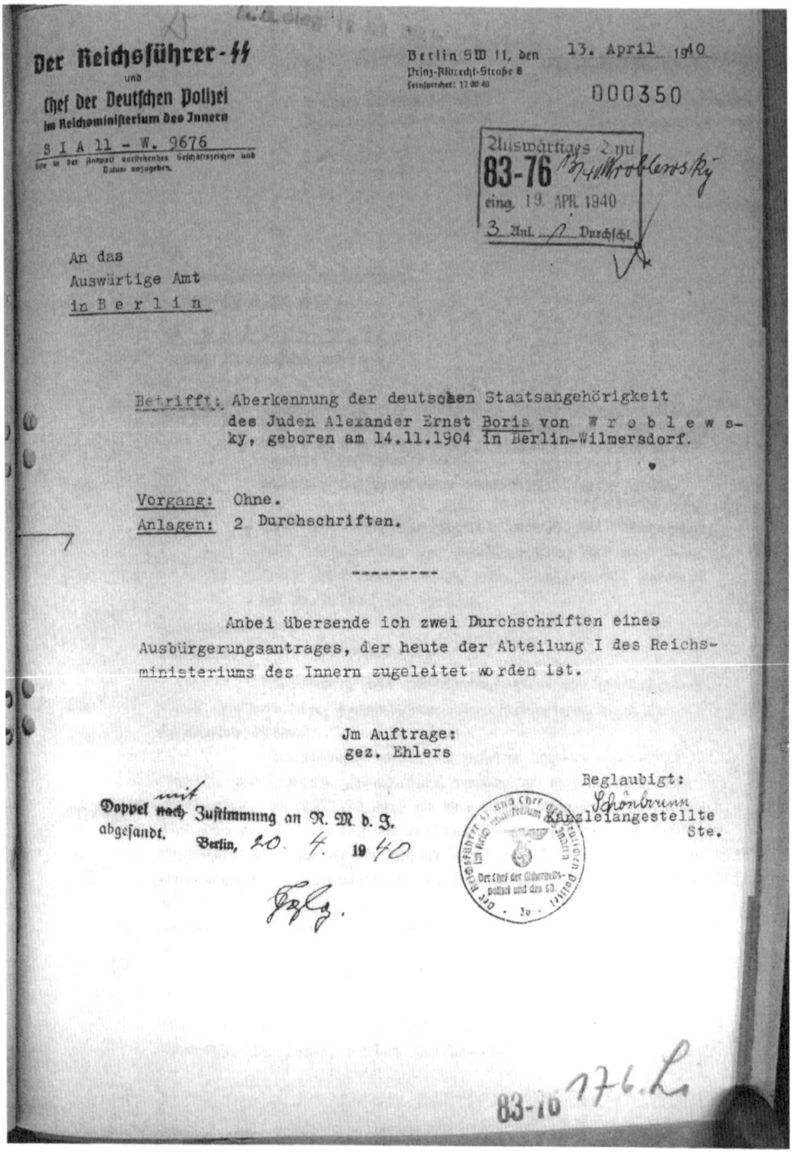

Der Reichsführer-SS
und
Chef der Deutschen Polizei
im Reichsministerium des Innern

S I A 11 - W. 9676

Berlin SW 11, den 13. April 1940
Prinz-Albrecht-Straße 8

000350

Auswärtiges Amt
83-76 Wroblewsky
eing. 19. APR. 1940
3 Anl. 1 Durchschl.

An das
Auswärtige Amt
in Berlin

Betrifft: Aberkennung der deutschen Staatsangehörigkeit des Juden Alexander Ernst Boris von Wroblewsky, geboren am 14.11.1904 in Berlin-Wilmersdorf.

Vorgang: Ohne.
Anlagen: 2 Durchschriften.

Anbei übersende ich zwei Durchschriften eines Ausbürgerungsantrages, der heute der Abteilung I des Reichsministeriums des Innern zugeleitet worden ist.

Jm Auftrage:
gez. Ehlers

Beglaubigt:
Schönbrunn
Kanzleiangestellte

Doppel ~~nach~~ mit Zustimmung an R. M. d. J. abgesandt.
Berlin, 20. 4. 1940

83-76

Die beglaubigte Ausbürgerungsakte meines Vaters
Alexander Ernst Boris von Wroblewsky (1940).

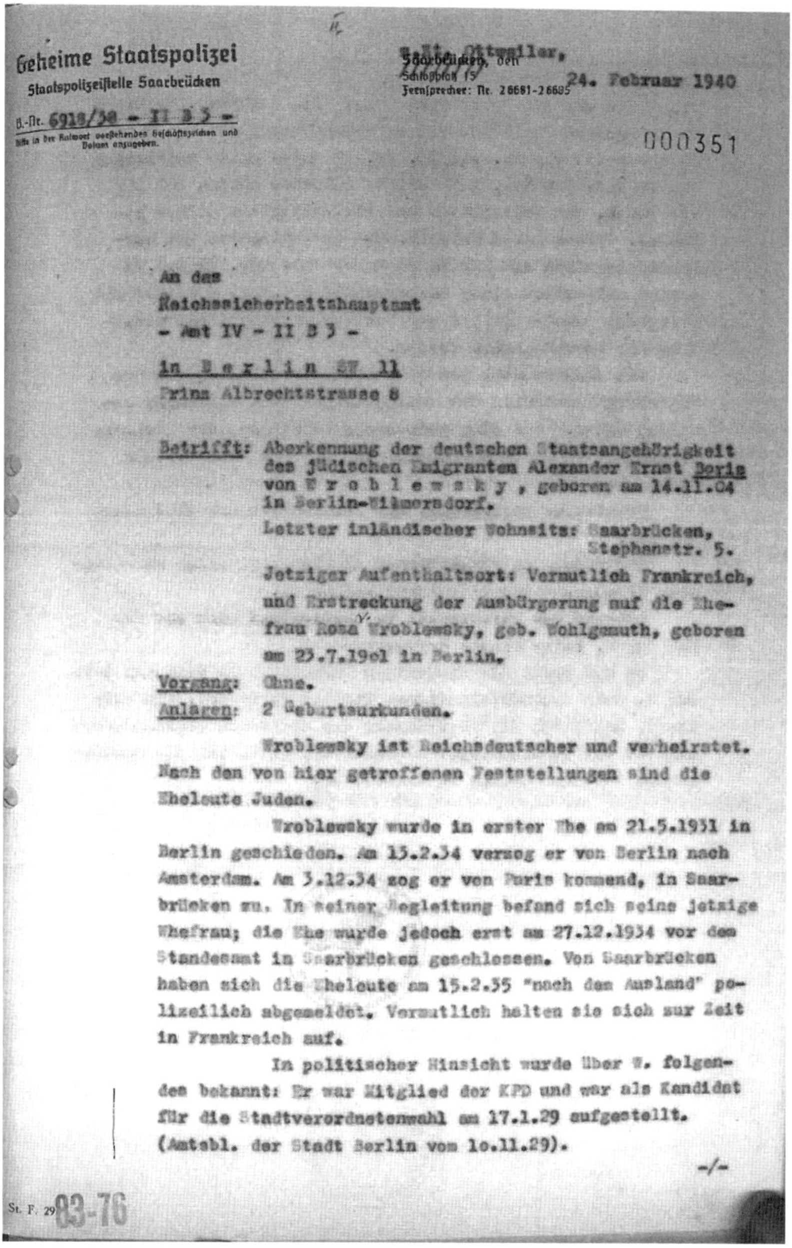

Geheime Staatspolizei
Staatspolizeistelle Saarbrücken

B.-Nr. 6918/38 – II B 3 –
Bitte in der Antwort vorstehendes Geschäftszeichen und Datum anzugeben.

z.Zt. Ottweiler,
~~Saarbrücken~~, den
Schloßplatz 15
Fernsprecher: Nr. 26681-26685

24. Februar 1940

000351

An das
Reichssicherheitshauptamt
– Amt IV – II B 3 –
in Berlin SW 11
Prinz Albrechtstrasse 8

Betrifft: Aberkennung der deutschen Staatsangehörigkeit des jüdischen Emigranten Alexander Ernst Boris von Wroblewsky, geboren am 14.11.04 in Berlin-Wilmersdorf.
Letzter inländischer Wohnsitz: Saarbrücken, Stephanstr. 5.
Jetziger Aufenthaltsort: Vermutlich Frankreich, und Erstreckung der Ausbürgerung auf die Ehefrau Rosa Wroblewsky, geb. Wohlgemuth, geboren am 23.7.19o1 in Berlin.

Vorgang: Ohne.

Anlagen: 2 Geburtsurkunden.

Wroblewsky ist Reichsdeutscher und verheiratet. Nach den von hier getroffenen Feststellungen sind die Eheleute Juden.

Wroblewsky wurde in erster Ehe am 21.5.1931 in Berlin geschieden. Am 13.2.34 verzog er von Berlin nach Amsterdam. Am 3.12.34 zog er von Paris kommend, in Saarbrücken zu. In seiner Begleitung befand sich seine jetzige Ehefrau; die Ehe wurde jedoch erst am 27.12.1934 vor dem Standesamt in Saarbrücken geschlossen. Von Saarbrücken haben sich die Eheleute am 15.2.35 "nach dem Ausland" polizeilich abgemeldet. Vermutlich halten sie sich zur Zeit in Frankreich auf.

In politischer Hinsicht wurde über W. folgendes bekannt: Er war Mitglied der KPD und war als Kandidat für die Stadtverordnetenwahl am 17.1.29 aufgestellt. (Amtsbl. der Stadt Berlin vom 1o.11.29).

–/–

St. F. 29 83-76

000352

Bei einer bei ihm vorgenommenen Durchsuchung wurden zwei Armbinden und ein Koppelschloß des RFB. gefunden. Er steht im dringenden Verdacht, daß er einen Vorkämpfer der NSDAP in der Nacht vom 14. zum 15. 12. 29 durch einen Dolchstich schwer verletzt hat. Bei seiner Festnahme wurden bei ihm ein Dolch, ein Totschläger und div. Mitgliedspapiere gefunden. Ferner wurde bekannt, daß er Teilnehmer der Rußlanddelegation des RFB im November 1934 war. Am 4.3.33 wurden anläßlich einer Durchsuchung bei ihm, 2 Koffer mit illegalen Druckschriften und Feldausrüstungsstücke gefunden, die beschlagnahmt wurden.

Die Ehefrau soll als politischer Flüchtling von der Regierungskommission des Saargebietes einen Nansenpaß erhalten haben. Über eine politische Betätigung der Eheleute Wroblewsky im Abstimmungskampf an der Saar wurde bisher nichts bekannt.

Vorstrafen politischer und krimineller Art sind nicht notiert.

Rückstände an öffentlichen Abgaben sind nicht verzeichnet. Vermögenswerte sind nicht vorhanden.

Während des Aufenthalts in Deutschland sind aus der Ehe des W. keine Kinder hervorgegangen.

Da auf Grund des bisherigen Verhaltens zu vermuten ist, daß W. sein deutschfeindliches Treiben fortsetzt, (im Ausland), halte ich die Aberkennung der deutschen Staatsangehörigkeit für erforderlich. Gleichzeitig bitte ich die Ausbürgerung auf die Ehefrau zu erstrecken.

Gezeichnet: H e n t s c h .

Beglaubigt:

Kanzleiangestellte.

Pflicht gegenüber der Partei entledigen. Und diese interessierte sich herzlich wenig für die Kindheit meines Vaters. Was geschah zwischen seinem zehnten und seinem zwanzigsten Lebensjahr? Was machte aus dem trotzig blickenden Knaben vom Passfoto einen Berufsrevolutionär? Er sei als Freiwilliger zur Marine gegangen und aus dieser in Unehren entlassen worden, erzählte meine Mutter. Wieso meldete er sich als Freiwilliger? War das eine Weise, der elterlichen Autorität zu entfliehen? Oder eher den problematischen Familienverhältnissen? Seine Mutter Gertrud trennte sich bald von ihrem in Nizza 1905 geehelichten Rittergutsbesitzer und Doktor der Philosophie Witold Vincent von Wroblewsky.

Über diesen Großvater erfuhr ich wenig. Bevor meine Großmutter Witold ehelichte und sich wieder von ihm scheiden ließ, war sie mit einem Herrn John verheiratet. Wer war das? Nach dem Rittergutsbesitzer trat ein anderer Mann in ihr Leben, dem sie vermutlich ihre Tochter Margot oder Marguerite, die Halbschwester meines Vaters, verdankte. Vielleicht sind in diesen ungewöhnlichen Familienverhältnissen, zumal für jene Zeit, die Gründe zu suchen, die aus dem Spross eines alten polnischen Adels und einer deutschen Jüdin, die zumindest in ihrer Lebensweise ihrer Zeit voraus war, einen kämpferischen Weltveränderer machten?

Lange suchte ich nach Spuren meiner Großmutter väterlicherseits. Ich hatte wenige Anhaltspunkte, die spärlichen Auskünfte meiner Mutter, die ihre Schwiegermutter nicht sehr geschätzt hatte. Einiges war widersprüchlich: auf der einen Seite eine Dame, die ihr Vermögen geerbt oder vielleicht durch ihre wechselnden Verbindungen mit Männern erworben oder gemehrt hatte; andererseits erwähnte meine Mutter auch, dass sie 1905 in Amsterdam an einem Sozialistenkongress teilgenommen hätte. Also eine sozial engagierte, an politischen Kämpfen teilnehmende Frau? Welcher Herkunft war sie? In den Archiven von Nizza fand ich, nachdem mich keine Mauer mehr hinderte, erste Auskünfte, zunächst auf zwei schmalen Karteikarten, wie sie damals für Ausländer geführt wurden. Diese Karteikarte bekräftigt, was ein nach dem Krieg an die Jüdische Gemeinde von Magdeburg gerichteter Brief, in dem sie um eine Bestätigung bat, dass sie Jüdin ist, belegt hatte: Sie hatte den Krieg und die Besatzung Nizzas überlebt.

Ein anderes Dokument zeigt mir, wie sie dafür auch die Wahrheit zurechtbiegen musste. Regelmäßig musste sie als Ausländerin bei den Behörden vorstellig werden und Fragen beantworten, von denen das weitere Leben abhängen konnte. In einem Fragebogen vermerkte der Beamte: „Katholikin – sagt sie." Jüdin hätte er ihr vermutlich eher geglaubt, doch er ließ es bei seinem stilistisch erkennbaren Zweifel bewenden. Ich hatte also den Beweis, dass sie die lebensgefährlichen Jahre bis 1945 überlebt hatte, doch was war nach 1948, dem letzten dokumentierten Datum, aus ihr geworden? Von den Behörden in Nizza war nicht mehr zu erfahren – keine Spur von Gertrud, weder als Doctor noch als John noch als de Wroblewsky.
Plötzlich und unerwartet – diese für die Mitteilung eines Sterbefalls häufig verwendete Formulierung traf in dieser Angelegenheit zu einem späteren Zeitpunkt für eine Art Rückkehr von den Toten zu. Ich erhielt einen vom 21. Juni 2005 datierten Rundbrief, adressiert an die „Namensträger Wroblewsky, bundesweit". Absender waren Dr. Gerhard Moser und Michael Moser vom Büro für internationale Erbenermittlungen aus Baden-Baden. Die nachfolgende, langwierige Korrespondenz führte schließlich zu einigen Überraschungen. Plötzlich tauchte jene Tochter meiner Großmutter auf, Halbschwester meines Vaters, die ich im Archiv von Nizza als „Yvonne" gefunden und von der meine Mutter als „Margot" gesprochen hatte. Hier wurde die Angelegenheit interessant, denn bei meinen Nachforschungen war es mir nicht in erster Linie darum gegangen, irgendein eventuelles Erbe zu erlangen, sondern etwas über meine Familie zu erfahren. So forderte denn die Lebensgefährtin meines Bruders, ihres Zeichens Anwältin, die sich der Sache angenommen hatte, in einem Schreiben, den Kontakt zum Betreuer meiner Tante herzustellen. Margot alias Yvonne war noch am Leben, hatte eine Betreuerin, es bestand die Möglichkeit, sie kennenzulernen und vielleicht mehr über sie und auch meine Großmutter herauszufinden, zu erfahren, wie sie bis 1945 überlebt und nach 1945 weitergelebt hatte.
In einem Antwortschreiben signalisierte die Betreuerin Frau Wolf, dass die Angehörigen Kontakt aufnehmen könnten, allerdings nicht ganz ohne Bedenken: *„Ich möchte jedoch betonen, dass Frau Dugos die Vergangenheit wie auch Gegenwart kaum erinnerlich sind. […] Einen behut-*

samen Versuch der Kontaktaufnahme würde ich unbedingt befürworten.“ Ich versuchte mehrfach vergeblich, Frau Wolf zu erreichen. Fünf Jahre später, 2011, wandte ich mich noch einmal an den Anwalt, der mir Kopien aus den Nachlassakten schickte, die ihm seinerzeit vom Nachlasspfleger zur Verfügung gestellt worden waren. Ich fand die wenigen Blätter sehr interessant. Aus ihnen erfuhr ich, dass meine langjährige Annahme, von meiner Familie hätten lediglich meine Mutter und mein Bruder die Absichten der Nazis, uns alle umzubringen, überlebt, nicht nur, wie mir nach dem Fall der Mauer in Nizza bestätigt wurde, hinsichtlich meiner Großmutter väterlicherseits falsch war, sondern musste entdecken, dass in meiner Stadt, und doch nicht in meiner Stadt, denn auf der anderen Seite der Mauer, viele Jahre lang meine Großmutter und meine Tante lebten. Parallel zu mir gewissermaßen, jedoch ohne mein Wissen. Der Anlass für diese Nachlassurkunden, denen ich diese für mich wichtigen Informationen verdankte, war also der Tod meiner Großmutter – in Berlin, so gut wie nebenan. Und ich suchte verzweifelt in Nizza, ohne eine Spur zu finden.

Dreizehn Jahre lang lebten wir in der gleichen Stadt, in Berlin. Bis zum Beginn des Mauerbaus am 13. August 1961 hätten wir uns ohne Probleme besuchen können, wenn wir doch nur von unserer jeweiligen Existenz gewusst hätten! Tante Margot alias Marguerite alias Yvonne erklärte in dem zur Klärung der Erbschaft amtlich von ihr verlangten Bericht über meine verstorbene Großmutter: *„Sie war 93 Jahre alt. Sie war nach ihren Erzählungen 2x verheiratet und geschieden. Ich kann nicht angeben, ob eine der Ehen aufgelöst ist. Ich habe die Ehemänner nicht gekannt. Ich bin jetzt 49 Jahre alt und habe in der ganzen Zeit meines Lebens mit der Verstorbenen zusammengelebt. Sie war in dieser Zeit immer mit mir allein.“* Ich bekomme eine Ahnung von ihrem wenig beneidenswerten Leben.

Doch was kann ich darüber wissen, wer mag über Glück oder Unglück ihm unbekannter Personen, und seien es nahe Verwandte, richten? In der Erinnerung von Tante Marguerite taucht plötzlich mein Vater auf, unscharf, ja sogar meine Mutter, mein Bruder und ich finden kurz Erwähnung: *„Aus welcher ihrer Ehen noch ein Sohn stammt, weiß ich nicht. Er war aber vorhanden, denn er hat mit uns zusammen in Frankreich gelebt und ich habe ihn dort erlebt. Er soll in Kriegsgefangenschaft* *verschollen sein. Weiteres weiß ich nicht. Er hatte aber eine Berlinerin zur Gefährtin und auch Kinder von ihr. Ich kann nicht sagen, ob er verheiratet war. Aber aus der ersten Ehe dieses Sohnes namens Ernst Alexander John soll die Ehefrau noch leben, ob geschieden, weiß ich nicht."*

Offensichtlich hat Vincent Witold de Wroblewsky, mit dem die Großmutter vor der Geburt von Marguerite verheiratet war, bei dieser keine Erinnerung hinterlassen, er war vermutlich vor ihrer Zeit bereits aus ihrem Leben verschwunden, so sehr, dass sie meinen Vater in Ernst Alexander John umbenennt. Ihre zwei Ehemänner waren vermutlich mein Großvater Vincent Witold von Wroblewsky und der Herr Dugos, von dem die Tante ihren Namen hatte. Hätte sie den Namen von Wroblewsky wiedergeben können, würde im notariellen Schriftstück wohl nicht gestanden haben: *„Andere als die Vorgenannten, durch welche die Genannten in ihrer Erbfolge beschränkt oder mit der Erbfolge ausgeschlossen sind, sind und waren nicht vorhanden."*

Um über ihren Halbbruder etwas zu erfahren, hätte sie sich des Namens erinnern müssen. Es wäre sicher nicht schwer gewesen, meine Mutter und ihre Kinder in Ostberlin zu finden, ein Blick ins Telefonbuch hätte genügt. Dann hätte sich auch die Erbschaftsfrage leicht klären lassen, die mehr als vierzig Jahre später dabei half, doch noch ein kleines Stück Familiengeschichte wiederherzustellen.

Ich kann bis heute nicht der Versuchung widerstehen, mir vorzustellen, wie diese zwei mir unbekannten, mit mir verwandten Frauen ein paar Kilometer von mir in Westberlin lebten. Der letzte Wohnort der Großmutter war die Fasanenstraße 42. Keine schlechte Adresse – bessere gibt es kaum in Berlin.

Wussten Gertrud und Marguerite, wer in dem Haus gelebt hatte, wer von hier aus in den Tod verschleppt wurde, während sie das Glück hatten, wenn auch nicht ohne Schwierigkeiten, in Frankreich überleben zu können? Wahrscheinlich nicht. Die neuen Hausbewohner werden, wie ihre Landsleute fast ausnahmslos, darüber geschwiegen haben, wenn sie es überhaupt wussten oder gar wissen wollten. Die sechs Stolpersteine vor dem Haus geben darüber seit 2013 Auskunft.

Meine Kinder und auch Freunde bedrängen mich. Ich solle in der Kleiststraße, vor dem Haus, aus dem meine Großmutter mütterlicherseits, ihr Sohn, dessen Frau, deren Sohn im Dezember 1942 depor-

tiert und schließlich in Auschwitz ermordet wurden, Stolpersteine anbringen lassen. Einerseits will ich, dass man sich erinnert, andererseits spüre ich einen inneren Widerstand. Warum soll ich das tun – wäre es nicht vielmehr die Sache der Nachfahren derer, die das damals zuließen? Mehr noch sträubt sich in mir alles bei dem Gedanken, dass die meisten Fußgänger keineswegs stolpern, sondern gedankenlos auf diese kleinen eingelassenen metallenen Vierecke treten, ohne sie wahrzunehmen. Tafeln in den Hauswänden wären angemessener. Doch gab es Hausbesitzer, die sogar die Stolpersteine entfernen lassen wollten. Diese minderten den Wert ihrer Immobilie, sagten sie. Wie viele Immobilienbesitzer würden wohl wertmindernde Tafeln an ihren Hauswänden dulden?
Fast punktgenau war es der Großmutter einige hundert Meter von der Nachodstraße gelungen, nach einem großen Bogen über Nizza ihr Leben schließlich dort zu beenden, wo sie knapp sechzig Jahre zuvor meinen Vater zur Welt gebracht hatte. Es war immer noch Wilmersdorf, allerdings nicht mehr Deutsch-Wilmersdorf bei Berlin, wie es bis 1912 hieß. Zurück ließ sie ihre Tochter Margot, die wohl nicht lange in der Lage war, ihr Leben allein in der Fasanenstraße fortzuführen. Als alte Dame fand sie Unterkunft in einem Heim am Waldschluchtpfad, das mittlerweile zu einer Erstaufnahmeeinrichtung für Flüchtlinge geworden war. Auch für meine Tante schließt sich hier ein Kreis. Als französische Tochter einer Deutschen in Nizza geboren, beendete sie ihr Leben in Deutschland, einem ihr zunächst fremden Land, in einem Pflegeheim, das jetzt in ein Flüchtlingsheim umgewandelt wurde. Ich kann mir vorstellen, dass sie schließlich selbst nicht mehr wusste, wer sie ist: Margot, Marguerite, Yvonne … Was hätte ich mit ihr, was sie mit mir überhaupt anfangen können?

*

Was bewog meine Mutter wohl, im Jahr 1931 in die KPD einzutreten? Welche Erfahrungen machte sie zwischen der Ohrfeige ihres Bruders 1918 und dieser Entscheidung? War es der Einfluss meines Vaters? Spielte die Liebe vielleicht eine größere Rolle als der Klassenkampf? Eine kritische Distanz blieb, vermutlich eher ästhetisch als ideologisch begründet. Für die mit Goethe und Schiller aufgewachsene junge Frau war die Sprache der *Roten Fahne* ungenießbar. Es war, was die Franzosen eine *langue de bois*, eine hölzerne Sprache nennen. Ins Deutsche ließe es sich mit „Parteichinesisch“ übersetzen, fertige Bilder für bestimmte Bedeutungen; Sprachmodule, wie die vorgefertigten Teile bei Möbeln von IKEA oder in der Architektur der DDR. Bei der Architektur führt die große Menge einiger weniger, kaum variabler Teile zur bekannten Monotonie, bei den Möbeln fällt die gleiche Sorge um billige Produktion durch hohe Stückzahlen weniger unangenehm auf. Sie finden ihren Ursprung in den Erfindungen des Bauhauses. Sie sind über die ganze Welt verteilt, eine größere Fläche, als der Architektur in der DDR zur Verfügung stand.

Der erwähnte Lebenslauf meines Vaters, den ich im Nachlass meiner Mutter fand, zeichnet auch seinen politischen Werdegang nach.

Was machte mein Vater sechs Monate lang in der Sowjetunion? Warum kehrte er nach Berlin gerade dann zurück, als die Nazis an die Macht kamen? Wie konnte er sich monatelang verbergen, wo, bei wem, mit wem war er in Verbindung, wie gelang ihm die Flucht nach Frankreich? Das bleiben für immer Fragen ohne Antworten. Dass er nicht länger in Berlin bleiben konnte, ist jedoch leicht nachzuvollziehen. Der Gestapo war er bekannt, ebenso wie den Schlägertrupps der neuen Herrscher, die ihrem Namen „Sturmabteilung“ Ehre machten und nun, da sie Teil der Macht waren, nach Herzenslust losstürmten, prügelten und mordeten. Keine Polizei konnte sie zurückhalten, sie waren als Hilfskräfte nunmehr selbst Teil der Polizei. Kommunisten und Juden waren ihre bevorzugten Opfer, neben Sozialdemokraten, Freimaurern, Homosexuellen und anderen dem deutschen „Volkskörper“ fremden Elementen, die sich der neuen Leitkultur nicht anpassen wollten oder konnten. Der Rotfrontkämpferbund, dem Ernst seit fast zehn Jahren angehörte, hatte sich regelmäßig mit ihnen geschlagen, vor allem bei Kundgebungen, bei denen diese zwei Organisationen als Saalschutz auftraten. Überall war Gewalt. Wenn Ernst nach Hause kam, hielt er am ausgestreckten Arm seinen Hut in den dunklen Hausflur, bevor er das Licht einschaltete. Worin bestand seine von meiner Mutter erwähnte „vertrauenswürdige Funktion“? Sie verlangte von ihm vor allem, unbemerkt im Hintergrund

zu bleiben. Dazu gehörte auch, dass er sich mit „schlagenden Argumenten“ zurückhielt und eher als guter Bürger auftrat, mit gut sitzendem Anzug, gebügeltem Hemd und passender Krawatte. Als Sohn aus „guter Familie“ und begabter Schauspieler fiel es ihm nicht schwer, diese Rolle überzeugend zu spielen.
In Paris hatte mein Vater die besten Voraussetzungen dafür, seine konspirative Arbeit für die Partei fortzusetzen. Er sprach fließend Französisch, bis zum Beginn des Ersten Weltkrieges hatte er, obwohl in Berlin geboren, die ersten zehn Jahre seines Lebens im Süden Frankreichs verbracht. Als Kind aus besserem Hause war ihm der gemeinsame Schulbesuch mit den Bauern- und Bürgerkindern verwehrt, es oblag einer eigens für ihn aus Wien bestellten Hauslehrerin, ihn zu unterrichten. Dennoch fand er genug Gelegenheiten, mit gleichaltrigen Freunden zu spielen und so sprechen zu lernen wie sie, einschließlich des *Accent du midi*, der südfranzösischen Aussprache. Das kam ihm nun zugute, um in Paris ein- und unterzutauchen, um sich zwischen Franzosen als Franzose und zwischen Deutschen als Deutscher zu bewegen. Und seine intimen Kenntnisse der Berliner Szene und der verschiedenen politischen Kreise befähigten ihn, jene zu entlarven, die die Gestapo in die Kreise der deutschen Emigration einzuschleusen versuchte.
Im Dezember 1934 hatten meine Eltern schließlich in Saarbrücken geheiratet, doch weder im Bericht über sich selbst noch über meinen Vater hält meine Mutter das für erwähnenswert. Es war zwar ihre private Angelegenheit, doch erhielt auch diese eine politische Dimension. Die Partei hatte die deutschen Emigranten in Frankreich aufgerufen, Wege zu finden, um in das Saargebiet zu fahren, um bei der Abstimmung am 13. Januar 1935 für den Erhalt des Status quo und gegen den Anschluss an Nazideutschland zu stimmen oder zu werben. Auf der Grundlage des „Saarstatus“ des Versailler Vertrages war das Saargebiet auf fünfzehn Jahre dem Völkerbund als Treuhänder unterstellt worden. Danach sollte eine Volksabstimmung über die staatliche Zugehörigkeit entscheiden. Die KPD, die im Saargebiet zu den stärksten Parteien gehörte, stand wie die Gewerkschaften und die in den deutschen politischen Traditionen stehenden Parteien in Opposition zur Regierungskommission, die im Namen des Völkerbundes die Verwaltung des Saargebietes übernommen hatte. Frankreich hatte

Ernst Wroblewsky,v. geb. 14.11.1904 in Berlin-Wilmersdorf Sohn des Gutsbesitzers u.Dr.der Philos. Witold Vincent v.Wroblewsky u. s.Frau Gertrud,geborene Doctor

(Hinsichtlich einer etwaigen Verwandtschaft mit dem General gleichen Namens können wir nicht sagen,ob diese tatsächlich besteht. Wir werden Nachforschungen anzustellen versuchen.)

Seine Rolle in Deutschland vor 1933: Ernst ist im Jahre 1927 in die Kommunistische Partei Deutschlands eingetreten, nachdem er bereits seit 1924 dem R.F.B. angehörte.
Er hatte Funktionen bei den Freidenkern, beim R.F.B. und auch eine sehr vertrauenswürdige Funktion. Er war zweimal in der UdSSR. Das erste Mal mit einer RFB-Delegation zum 1.Mai 1930 und das zweite Mal war er von der Partei in die UdSSR geschickt worden. Er hielt sich von August 1932-bis Januar 1933 in derSU.auf. Ende 1930 war ein Prozess gegen ihn angestrengt worden. Er wurdebeschuldigt, einen Nazi umgebracht zu haben, musste aber wegen Mangel an Beweisen entlassen werden. Aus diesem Grunde musste er bei Machtübernahme durch die Nazis illegal leben. Es gelang ihm, sich zu verbergen, wobei er weiter als Funktionär illegal tätig war bis zu dem Augenblick, als ich meine Arbeit im Herbst 1933 (Ullstein) verlor. Er benutzte eine Gelegenheit, um mit dem Einverständnis der Partei in die Emigration zu gehen. (September 1933 nach Frankreich).
Dort hatte er zunächst eine Funktion in der Roten Hilfe (avenue Mathurin-Moreau) und später war er einer der beiden Sekretäre des französischen Thaelmann-Komitees (rue Notre-Dame-de-Lorette) bis 1939. Er kannte hier besonders Henri Reynaud und den Genossen Hénaff (weiterer Namen entsinne ich mich nicht). Aber Ernst war unter dem Namen Arnaud in der frz.Emigration, auch bei den Frz.,bekannt. Es gibt sicherlich noch einige Genossen, die sich dieses Namens erinnern werden. Ende 1934 begaben wir uns in die Saar, um (auf Veranlassung der Partei) dort an der Volksabstimmung teilzunehmen. Auch dort hatte er eine sehr exponierte Funktion. Zu Beginn des 1935, nach der Niederlage des "Status quo", kehrten wir beide nach Frankreich (Paris) zurück.
1939, zu Beginn des Krieges, wurde er wie alle Ausländer interniert. Er war im Lager von Meslay-du-Maine. Beim Herannahen der Deutschen wurde dieses Lager aufgelöst. Ernst wurde am 26.6.40 von allen militärischen Verpflichtungen befreit. (in Tarbes). Kurz darauf begab er sich nach Clermont-Ferrand, wohin ich zu Beginn des Krieges geflüchtet war. Kurz danach arbeitete er als Verwalter einer Kantine für ein jüdisches Emigranten-Komitee. Diese Arbeit erlaubte ihm, vielen Leuten Lebensmittel zukommen zu lassen. Wir haben regelmässig einmal monatlich Pakete in das Männer-und Frauen-Lager gesandt (Gen. Weiterer kann das bestätigen). In Clermont war Ernst einem deutschen Genossen begegnet, der Verbindung zur Widerstandsbewegung hatte, aber ich kann nicht genau sagen, was er machte,da er darüber nicht sprach. Dieser Genosse verschaffte Ernst eine Arbeit als Handelsvertreter für chemische Laboratorien, wodurch er die Möglichkeit hatte zu reisen. Der Leiter des Flüchtlingskomitees verschaffte ihm bei der Präfektur von Clermont diese Erlaubnis.
Im Jahre 1942 (August) mussten wir Clermont verlassen, weil ich Jüdin bin. Von diesem Datum an stand ich unter "Polizei-Aufsicht". D.h., dass ich Moutier-Rozeille, wo Ernst

-2-

eine Wohnung für uns gefunden hatte, nicht mehr verlassen durfte. Im gleichen Jahr wurde er sehr krank und musste in Clermont in ein Krankenhaus gehen, dax er sich gerade in dieser Stadt befand, als er plötzlich erkrankte. Nochim gleichen Jahr wurde er aus dem Krankenhaus als unheilbar entlassen. Bald nach seiner Rückkehr nach Moutier fühlte er sich wieder wohler und begann erneut zu reisen. Von seiner illegalen Arbeit sprach er nur sehr wenig. Er sagte mir, dass jemand, der nichts weiss, auch nichts aussagen kann, wobei ermir versicherte, dass das keine Frage des Misstrauens, sondern der Vorsicht sei. Ich hatte einen Jungen von drei Jahren und erwartete noch ein Kind. Da ich zudem sehr genau überwachtwurde, und zwar nicht nur von der Polizei,sondern von der ganzen Bevölkerung, die uns mißtraute, (Wir sind beide in Berlin geboren), konnte ich beim besten Willen nichts machen. Als Ernst Mitte 1944 einen ernsten Rückfall hatte, (seine Krankheit heisst; Brighh Bright'sche Kr. d.h.eine schwere Niezenkrankheit, die das Herz stark in Mitleidenschaft zieht), sagte er mir eines Tages, als er wahrscheinlich sein Ende herannahmen fühlte, dass ich eines Tages, wenn alles (mit den Nazis) vorüber sein wird, mich in Guéret (Hauptstadt des Département Creuze) nach dem Genossen namens France erkundigen sollte. Ich vermute aber, dass das ein illegaler Name war. Ernst starb am 17.1o.1944, an dem Tag, an dem mein jüngstes Kind (17.10.1943 geb.) ein Jahr alt war.

Nach seinem Tod, d.h. einige Jahre später, im J.1948, fand ich endlich die Möglichkeit, aus der Creuse herauszukommen. Um meine Kinder in dem Kinderheim der "Entraide Française" in Sèvres (b.Paris) unterbringen zu können- diese Adresse hat mir der gleiche Genosse verschafft, den Ernst in Clermont getroffen hatte,- brauchte ich eine Bescheinigung darüber, dass Ernst in der Widerstandsbewegung war. Ich wadtx wandte mich an die Genossin Louise Graff, xusbuxx Aubusson (Creuse), mit der ich seit September 1944 in Verbindung stand. Sie begab sich mit mir zu einem Genossen dieser Stadt und einige Tage später erhielt ich eine Bescheinigung, deren Text ich nachstehend angebe:

Bataillonschef der F.F.I., R.Belmont, genannt Martin, ehemaliger Stellvertr.Chef der F.F.Ix F.F.I. der Creuse, bestätige, dass

Herr WROBLEWSKI,Ernst, geb.17x 14.11.1904 in Berlin, wohnhaft in Moutier-Rozeille, wo er am 17.10.1944 verstorben ist, vom Monat September 1943 an einer bewaffneten Widerstandsgruppe, Service B.(Nachrichtendienst) der F.T.P.F.) angehörte. Herr Ernst Wr. nahm aktiv teil am Schutz der Widerstandsbewegung des Kreises und an der Bildung von "legalen" Sabotagegruppen.

Vorgelegt zur Bestätigung der Unterschrift:
St.-Hilaire-Le-Château, 30.9.1948
Der Bürgermeister:
Unterschrift unleserlich
Zwei Marken à 1.50 Frs.

Der Bataillonschef
FFI. R.Belmont
Ehemaliger Stellv.Chef der FFI der Creuse,
ehem.Kommandant des II. Bataillons des 26.R.I.

Paris,26.September 1948.

R.Belmont,früher Martin

Der politische „Lebenslauf" meines Vaters, verfasst von meiner Mutter Rose (1948).

es verstanden, unter der Gesetzgebung dieser Regierungskommission seine wirtschaftlichen und politischen Interessen zu entfalten; so war zum Beispiel ab 1923 der Franc das alleinige Zahlungsmittel. Was das Selbstbewusstsein der Saarländer jedoch noch mehr verletzte, war die Arroganz der französischen Verwaltung, die sich als Kolonialmacht gebärdete. Meine Mutter erinnerte sich, wie französische Offiziere ihr Stöckchen schwingend stolz ihre Uniform ausstellten und von den Passanten erwarteten, dass sie vor ihnen den Bürgersteig verließen und auf die Straße herabstiegen, um ihnen Platz zu machen. Dank derartiger Demütigungen und einer geschickten Propaganda konnte die NSDAP-Saar im Rahmen der im Juli 1933 gegründeten „Deutschen Front“ schnell an Einfluss gewinnen. Ihre Losung zur Volksabstimmung „Nix wie hemm“ war für die Saar-Bevölkerung viel eingängiger als der Aufruf „Alle für den Status quo“. Und die Nazis hatten keinen Aufwand gescheut, um möglichst viele Stimmen bei dieser Volksabstimmung zu gewinnen, sie verfügten auch über andere finanzielle Möglichkeiten und holten so ganze Schiffsladungen von ehemaligen deutschen Saarländern aus Amerika, die für sie stimmten. Außerdem konnten die Kommunisten, die zuvor über ein Dutzend Jahre lang gegen die französische Präsenz waren, mit ihrer 1933 vollzogenen Kehrtwende nicht überzeugen.

Auf der Straße hatten Rose und Ernst die zwei obligatorischen Trauzeugen gewinnen können. Im Standesamt hing bereits, bevor das Volk befragt worden war, ein großes Hitlerbild an der Wand. Ernst nahm noch als Beobachter an der Auszählung des Wahlergebnisses teil. Danach kam er bestürzt aus dem Lokal und sagte zu Rose:

„Lass uns schleunigst hier verschwinden, die Stimmen für den Status quo passen in einen Schuhkarton!“

Sie eilten zum Bahnhof und konnten gerade noch vor der Abfahrt des Zuges Albert Norden einholen, das künftige Mitglied des Politbüros des ZK der SED, Sohn eines Rabbiners, bis 1933 Redakteur der KP-Zeitung *Die Rote Fahne*, der die kleine Gruppe leitete und das Geld und die Papiere für sie bei sich hatte. 90,76% der Bevölkerung hatten sich, so lautete das amtliche Ergebnis, für die Rückgliederung des Saargebietes an Deutschland entschieden, das ab dem ersten März 1935 als Saarland Teil des Deutschen Reiches wurde.

1935 war ihr erstes Kind in Paris geboren worden, sie hatten ihm den Namen Ernst gegeben. Als Emigranten konnten sie das Glück, eine fast normale Familie zu sein, jedoch nicht ungetrübt genießen. Meine Mutter erzählte, wie sie sich regelmäßig in der Polizeipräfektur melden musste und in ständiger Angst um die Verlängerung des Aufenthaltsrechts lebte. Die wöchentlichen Pflichtbesuche bei der Präfektur waren für sie ein besonderes Trauma: Es begann bei ihrem neuen Namen, den sie jedes Mal buchstabieren musste, und der für französische Beamte offensichtlich eine besondere Herausforderung darstellte (Wohlgemuth wäre vermutlich kaum eine geringere gewesen). Auch das Geld für das tägliche Überleben war ein Anlass ständiger Sorge, ebenso wie die Lebensumstände in der engen Ein-Zimmer-Wohnung. Meine Mutter hat nie dazu geneigt, sich zu beklagen, über ihr Leben zu klagen. Sie erwähnte nur einmal den nächtlichen Kampf gegen die von der Decke herabstürzenden Wanzen.
Insgesamt hatten meine Eltern nicht viel Zeit, über ihr Los zu klagen. Anders als vielen der 25.000 bis 30.000 deutschen Emigranten in Paris erlaubten ihnen ihre Sprachkenntnisse, sofort am französischen Leben teilzunehmen. Meine Mutter erzählte belustigt und zugleich beschämt, wie manche Emigranten das Sprachproblem für sich regelten, zum Beispiel beim Bäcker. Sie zeigten auf ein Brot und sagten: „Peng!“ Damit war die Aussprache von *pain* zwar annähernd getroffen, aber um die in Frankreich unverzichtbare höfliche Form, zu der mindestens „Bonjour“, „S'il vous plaît“ und ein abschließendes „Merci“ gehörten, reduziert. Oder es bildeten sich Übergangsformen, Sprachmischungen, wie sie für Einwanderer typisch sind, zum Beispiel heute bei russisch- oder türkischstämmigen Einwohnern in Berlin, bei Nordafrikanern in Paris oder bei Mexikanern in den USA. Mischungen, die nur sie verstehen können.

*

In Berlin war Ernst unter anderem für die Sicherheit von Ernst Thälmann mitverantwortlich, wie mir meine Mutter erzählte. Thälmann hatte in ihrem Leben, und mehr noch in dem meines Vaters, eine wichtige Rolle gespielt. Auf einem buffetartigen Möbel stand ein Originalfoto des großen Mannes, mit einer Widmung seiner Witwe, Rosa Thälmann. Ein anderes Foto zeigte eine Kundgebung des Rotfrontkämpferbundes in Hamburg 1924. In der ersten Reihe der Uniformierten marschiert in der Mitte Thälmann, in der zweiten Reihe, etwas versetzt, mein Vater. Rose hatte das Foto in der *Berliner Illustrierten* entdeckt und der Redaktion geschrieben, die ihr einen Abzug des Originalfotos schickte.

Ich war damals stolz darauf, dass die Nummer Eins der KPD so eng mit der Geschichte meines Vaters verbunden war. Heute wissen immer weniger Menschen, wer Thälmann überhaupt war und welche Rolle er gespielt hatte – mit Ausnahme einer Handvoll Nostalgiker, die jährlich seiner Ermordung im Konzentrationslager Buchenwald kurz vor Kriegsende, am 18. August 1944, gedenken. Dabei war er in der DDR unübersehbar.

Jede Nation braucht Gründungsväter und zelebriert Ereignisse, mit denen die Geschichte der jeweiligen Nation beginnt. Den Beginn der französischen Nation datieren manche, die sie möglichst früh beginnen lassen wollen, mit dem Arverner-Fürsten Vercingetorix, der acht Jahre lang unbeugsam Cäsar im Gallischen Krieg die Stirn bot. Andere sehen im König Chlodwig I., um 466 in Reims geboren und 511 bei Paris gestorben, den Begründer der französischen Nation. Andere Helden ohne Fehl und Tadel, aus denen Franzosen eine bestimmte, stark christlich geprägte Identität beziehen, sind Jeanne d'Arc, Napoleon und Charles de Gaulle. In Deutschland fällt es schwerer, derart ehrenwerte Gestalten aufzurufen. Die DDR ging daher bis ins 16. Jahrhundert zurück, zu Thomas Müntzer als Helden, über den nicht nur Friedrich Engels ein Buch geschrieben hatte. Die Bauernkriege hatten zudem als Erinnerungsorte den Vorteil, dass sie sich größtenteils auf DDR-Territorium abgespielt hatten. Doch letztlich lag das zu fern und war auch schwer, dem „Staatsvolk" der DDR zu vermitteln. So musste der Arbeiterführer Ernst Thälmann die Rolle des Gründungsvaters übernehmen. Denkmäler, Straßen, Plätze, sogar ein Spielfilm ehrten ihn. *Die Jungen Pioniere*, eine Organisation, die 1948 gegründet wurde und in der seit den 60er Jahren bis zur Auflösung im Jahr 1990 fast jedes Kind Mitglied war, trug ebenfalls seinen Namen. Natürlich war auch ich während meiner Grundschuljahre Mitglied. Lange stand der Mann

vom Foto auf dem Buffet und der Namensgeber meiner Pionierorganisation über jeden Verdacht, je vom geraden, selbstverständlich revolutionären und damit auch moralischen Weg abgewichen zu sein.
Doch eines Tages vertraute meine Mutter mir an, was in keiner Thälmann-Biografie der DDR stand. Thälmann war in die Hände der Nazis geraten, weil er die notwendige Disziplin nicht eingehalten hatte. Und zwar wegen einer Frau, seiner Freundin Martha, deren Ehemann sich leichtsinnigerweise seinem Nachbarn in der Laubensiedlung anvertraut hatte. *Cherchez la femme*, wie die Franzosen sagen. Thälmann riskierte, indem er seit dem Reichstagsbrand am 27. Januar die Stadtwohnung seiner Freundin in Berlin-Charlottenburg nicht verließ, nicht nur die eigene Verhaftung durch die Gestapo, die am 3. März 1933 geschah, sondern auch die einer Reihe von Genossen, die ihn in seinem Unterschlupf aufsuchen sollten. Ein derartiges Detail aus dem Leben des großen Arbeiterführers war in der DDR ein Tabu, es hätte nichts anderes als eine bösartige Verleumdung des Klassenfeindes bedeuten können. Thälmann hatte alle Warnungen in den Wind geschlagen. Sein allzu menschliches Verhalten bestätigt, was Clara Zetkin bereits 1927 in ihrem Brief an Nikolai Bucharin schrieb, als sie von seiner „kritiklosen Selbsttäuschung", seiner Wankelmütigkeit, Spontaneität und Unbedachtsamkeit sprach.
In dem tragischen Stück, der vermeidbaren Verhaftung Thälmanns, das ungewollt grotesker Züge nicht entbehrt, taucht ein kollektiver Hauptakteur nur am Rande auf: der M-Apparat. Dabei ist die Bemerkung meiner Mutter über Thälmanns Disziplinlosigkeit und die „Geliebte" nicht zu trennen von ihrer anderen Information, mein Vater habe eine sehr verantwortungsvolle Aufgabe gehabt und sei auch für die Sicherheit Thälmanns mitverantwortlich gewesen.
Vieles spricht dafür, dass er Teil des sogenannten Militärapparats, kurz M-Apparats war, des Abwehr-, Sicherheits- und Geheimdienstes der Partei. Ein starkes Indiz ist sein halbjähriger Aufenthalt in Moskau von August 1932 bis Januar 1933. Es gab bis 1934 insgesamt sieben Lehrgänge in Moskau, sie dauerten jeweils ein halbes Jahr. Die Angehörigen des M-Apparats durchliefen in der Regel diese oder auch längere Schulungen. An welchem Lehrgang nahm mein Vater eventuell teil, und mit wem? Was lernte er dort, auf welche besonderen Auf-

gaben wurde er vorbereitet? Welchen Platz nahm er (falls überhaupt) im Apparat ein? Was tat er während des Jahres 1933, wie konnte er elf Monate lang unerkannt bleiben?

Ursprünglich war der M-Apparat als Spitzelwarndienst geschaffen worden. Ziehe ich die weiteren Stationen meines Vaters, das Wenige, was ich darüber weiß, in Betracht, beschreibt diese Funktion vermutlich am besten, was seine Aufgabe war. Nach der Erinnerung meiner Mutter war das eine der Aufgaben, die er in Paris hatte – von der Gestapo in die Emigration eingeschleuste Agenten enttarnen. Und in der Creuse, wo unsere Familie später unterkam, gehörte er ab September 1943 einer Gruppe des bewaffneten Widerstandes, Service B (Nachrichtendienst der F.T.P.F.) an, wo er sich am Schutz der Widerstandsbewegung und an der Bildung von „legalen" Sabotagegruppen beteiligte.

Bevor der M-Apparat 1937 in Moskau liquidiert wurde (sprich seine Mitarbeiter ermordet wurden), leistete er noch etwas, was meinem Vater bei seiner Tätigkeit in Paris zunutze kam: Der KPD-Nachrichtendienst unternahm große Anstrengungen, um die von den Nazis im Reichstagsbrandprozess mitangeklagten Kommunisten von den Beschuldigungen „der Brandzüngelei und Putscherei" zu entlasten sowie ihre Verteidigung wirksam zu unterstützen. Er leistete Hilfe für Torgler und Dimitroff. Es gelang dem „jüdischen Kleinbürger Victor", durch einen kühnen Streich unbemerkt in den Besitz der Anklageschrift gegen Dimitroff zu kommen, sie in den Nachtstunden zu fotokopieren und dann in mehreren Exemplaren ins Ausland bringen zu lassen.

Thälmann erwartete lange seine Rettung vom großen Mann im Kreml, schrieb ihm Briefe, von denen ich mir die Echtheit schwer vorstellen kann. Könnten es Fälschungen sein? Eine Kostprobe, geschrieben am 1. März 1939 anlässlich des bevorstehenden 18. Parteitages der KPdSU, adressiert an den Genossen Stalin und „Zur Information nur an die engeren Politbüromitglieder" (es gab also engere und weniger enge, meinte Thälmann jene, die ihm enger verbunden waren?) zeigt, dass Thälmann offensichtlich von der 1937 einsetzenden „großen Säuberung" wusste und diese begrüßte (vielleicht wusste er nicht, dass auch seine ehemaligen Genossen aus dem Politbüro ihr zum Opfer fallen sollten). Vielleicht ist Thälmanns Kotau vor Stalin auch damit zu er-

klären, dass er sich von einer Intervention des „teuren Genossen" eher seine Freilassung erwartete als durch die Aktivitäten eines Thälmann-Komitees in Paris. So schreibt Thälmann unter anderem:
„Während eine Zeitlang die bekannten konterrevolutionären Oppositionsführer die Großmut und die menschliche Geduld des Genossen Stalin auszunutzen versuchten, führte Stalin mit seiner ihm treu und fest ergebenen bolschewistischen Partei den entscheidenden Schlag gegen die gesamte Opposition siegreich zu Ende, mit dem Ziel, ihre landesverräterischen Führer endgültig zu vernichten. (…) Die ganze Partei und der Parteitag und mit ihnen die Kommunistische Internationale werden diese kühne und entschlossene sozialistische Tat ihres Genossen Stalin begeisternd und dankend begrüßen und in jeder Weise zu würdigen wissen."
Ein grauenhaftes Dokument, sowohl wegen seines Inhalts als auch wegen seiner Sprache.
Wenn die große Geschichte aus vielen kleinen Geschichten besteht, wenn Biografien die Zellen sind, aus denen der Organismus Geschichte besteht, durch die er lebt, dann spricht vieles dafür, sich ähnelnde Biografien als Serie zu betrachten, um bestimmte Aspekte der Geschichte sichtbar zu machen. In diesem Sinne vergegenwärtige ich mir die Lebensgeschichten einiger der Funktionäre und Angehörigen des M-Apparats wie Hermann Schubert oder Fritz Schulte, um hier nur zwei ihrer Namen zu nennen. Jeder von ihnen hatte seine eigene Geschichte und hatte aus verschiedenen Gründen die Wahl getroffen, sein Leben aufs Spiel zu setzen, um die Barbarei zu verhindern, die die Nazis für tausend Jahre der Welt aufzwingen wollten. Sie bezahlten diesen Kampf mit ihrem Leben, ermordet nicht von ihren Feinden, sondern von jenen, die ihre Kampfgefährten, ihre Genossen sein sollten. Das macht ihr Ende besonders tragisch.
Bei den Kommunisten, die dem Geheimapparat der Partei angehörten, sehe ich Gemeinsamkeiten mit der Geschichte meines Vaters. Ihr tragisches Ende – sie überlebten nicht den Großen Terror, der 1937 einsetzte – blieb ihm allerdings erspart. Doch insgesamt weisen ihre Lebenswege bemerkenswerte Übereinstimmungen auf. Kaum einer wurde älter als vierzig, sie wurden alle um 1900 geboren und sehr jung Kommunisten. Die Führungsebene der Partei und die Mitglieder des Politbüros stammen aus der Arbeiterklasse, ganz so wie die Geschichts-

bilderbücher der DDR es darstellten, sie gehören zu den Gründungsmitgliedern der KPD, sind über Gewerkschafts- und Parteiarbeit die Hierarchieleiter emporgestiegen und wurden schließlich zu Berufspolitikern. Darunter und dahinter, unsichtbar und wirksam, die Mitglieder des M-Apparats. Sie gehörten der gleichen Generation wie die erste Gruppe an, stammen jedoch eher aus gutbürgerlichem Milieu, haben andere Kompetenzen, oft journalistische und sprachliche, zudem erhielten sie vor 1933 in der Sowjetunion eine nachrichtendienstliche Ausbildung. Beide Gruppen setzten nach der Machtergreifung durch die Nazis den Kampf im Untergrund fort und verließen Deutschland meistens im Herbst 1933, gingen häufig über Umwege zunächst nach Paris, dann Mitte der dreißiger Jahre mehr oder weniger freiwillig nach Moskau, um wenige Jahre später im Gulag zu verschwinden. Als Spitze blieben, ohne den Konkurrenten Thälmann und seinen engeren Umkreis, Wilhelm Pieck und Walter Ulbricht übrig. Nach 1945 kehrten diese mit der Siegermacht Sowjetunion nach Deutschland zurück und übernahmen, von ihr gestützt, die politische Führung in der sowjetischen Besatzungszone und ab 1949 die der DDR.
Wie verhielt sich mein Vater in diesem Konflikt, auf wessen Seite stand er, welche Partei ergriff er in den innerparteilichen Kämpfen, ergriff er denn überhaupt Partei? Ich weiß es nicht. Der Erfolg seiner Arbeit, seines Kampfes hing davon ab, möglichst keine Spuren zu hinterlassen, und nicht in Erscheinung zu treten. Selbst meiner Mutter vertraute er nicht an, worin seine Arbeit konkret bestand: „Je weniger Du weißt, desto weniger kannst Du verraten." Dieses Prinzip, das nicht auf Misstrauen beruhte, gehörte zu den elementaren Regeln der Konspiration. Dennoch kann ich aus den Erinnerungen meiner Mutter einige Schlüsse ziehen.
Ein wesentlicher Unterschied zu den meisten KP-Funktionären bestand darin, dass mein Vater sich zwar wie diese als „Berufsrevolutionär" verstand, jedoch in dieser Funktion keinen Beruf sah und es daher ablehnte, für diese Tätigkeit von der Partei entlohnt zu werden und davon zu leben. Er wollte seine Freiheit bewahren, ebenso wie die Möglichkeit, ohne finanziellen Zwang Entscheidungen zu treffen. Das war sicher sehr edel und auch klug vorausschauend, hatte aber auch seinen Preis: Er überließ es meiner Mutter,

den Lebensunterhalt für beide zu verdienen. So konnte er es sich leisten, der Aufforderung nicht nachzukommen, nach Moskau zu gehen, und auch seinen kritischen Verstand nicht abzustellen. Meine Mutter erzählte gern die Anekdote einer KPD-Parteiversammlung in Paris, bei der ein führender Genosse auf eine politisch aktuelle Frage nicht antworten konnte oder wollte und mein Vater einwarf: „Diese Frage darfst du ihm nicht stellen, er hat noch nicht die *Inprekor* gelesen!“ Damit meinte er die Internationale Pressekorrespondenz aus Moskau, die als Organ der Kommunistischen Internationale die offizielle liniengetreue Lesart vorgab. Ohne sie konnte man also von diesem Funktionär keine Antwort erwarten. Vermutlich gelang es meinem Vater, sich aus den innerparteilichen Kämpfen herauszuhalten, und er strebte auch keine Führungsrolle an. Dieser Punkt war vielleicht der entscheidende, er war keine Konkurrenz in den inneren Parteikämpfen um die Macht, blieb ein unauffälliges, aber wirksames Rädchen im Apparat. Dafür sprechen seine Distanz zu den deutschen Kommunisten, sein späteres Eintauchen in die französische Partei, sein aktiver Kampf in der französischen Résistance und seine Entscheidung, nach dem Ende des Krieges in Frankreich zu bleiben und nicht nach Deutschland zurückzukehren. Diese Entscheidung konnte er leider nicht mehr umsetzen. Sie hätte mein weiteres Leben sehr verändert und war mir oft doppelter Anlass, seinen frühen Tod zu bedauern.

Doch der kritische Abstand zum Dogmatismus der deutschen Kommunisten und ihrer Unterwerfung unter Stalin hinderte meinen Vater nicht, sich mit viel Energie im Thälmann-Komitee für dessen Freilassung zu engagieren. Fragte sich mein Vater, ob nicht jene, die innerhalb der Parteiführung daran interessiert waren, Thälmann auszuschalten, seine Verhaftung nicht verhindert haben, obwohl sie es vielleicht gekonnt hätten? Wie weit kannte er den Machtkampf und das Intrigenspiel, das hinter den Kulissen stattfand? Natürlich konnte er nicht wissen, welches Schicksal jene erwartete, die in die Sowjetunion „zur Berichterstattung“ gerufen wurden – aber vielleicht ahnte er es? Er wusste auch nicht, in welchem Maße Thälmann selbst noch im Gefängnis seiner dogmatisch-sektiererischen Haltung treu blieb. Hätte er sich ebenso im Thälmann-Komitee engagiert, wenn er von den Briefen Kenntnis gehabt hätte, die Thälmann aus dem Gefängnis an Stalin schrieb?

Das Thälmann-Komitee unterschied sich von den Dutzenden Vereinen und Organisationen, die es sich zur Aufgabe machten, den deutschen Emigranten in Frankreich zu helfen. Es war die wichtigste und wirksamste Gründung, zudem auch die langlebigste: Gegründet durch eine Initiative von Willi Münzenberg, bestand es von 1933 bis zum Ausbruch des Krieges im Jahr 1939. Es beschränkte sich nicht darauf, für die Befreiung Thälmanns zu wirken, sondern für die aller verfolgten Antifaschisten, und auch nicht auf die Aufgabe, den Opfern der Naziherrschaft und deren Familien materiell zu helfen. Es spielte eine große Rolle bei der Aufklärung der französischen Bevölkerung über den Charakter des Nazistaates. Unterstützt wurde es von der französischen politischen Linken, den Gewerkschaften, dem *Secours rouge* (Rote Hilfe) und vielen anderen Organisationen. Das Komitee hatte zwei offizielle Gesichter: das nationale, französische Komitee, zunächst als „Befreiungskomitee" gegründet, stand von Anfang an unter der Leitung namhafter französischer Persönlichkeiten. Sein erster Präsident war Paul Langevin, als Wissenschaftler international anerkannt, ein enger Freund Albert Einsteins. Dazu kam das Internationale Komitee: Seine Präsidenten waren zunächst André Gide und André Malraux, ab September 1934 Romain Rolland. Henri Barbusse, der das Nationale Komitee des Kampfes gegen Krieg und Faschismus leitete, engagierte sich auch im Thälmann-Komitee, zu ihm hatten meine Eltern eine engere Beziehung. Dem Komitee gelang es sehr früh, sich selbst zu finanzieren, denn es erhielt regelmäßige Beiträge der Mitgliedsorganisationen, hinzu kamen Spenden von linken Gemeindeverwaltungen. Das Komitee verkaufte Karten mit dem Foto Thälmanns, Broschüren, Bildbände, ja sogar signierte Zeichnungen und Gemälde bekannter Künstler wie Paul Signac, Valentine Hugo, Franz Masereel und anderen. Auch André Gide erwies sich stets als großzügig, wenn er um Hilfe gebeten wurde. Eine weitere Einnahmequelle waren Kundgebungen mit künstlerischen und sportlichen Darbietungen, die das Komitee veranstaltete und dafür einen Eintrittspreis verlangte. Spenden wurden bei Gewerkschaftsversammlungen, vor den Toren großer Betriebe wie zum Beispiel der Renault-Werke, und in den Jahren der Volksfront

sogar von jungen Emigrantinnen in der Pariser Metro gesammelt.
Im Archiv der Pariser *Préfecture de police* sah ich die Dokumente durch, die Ausländer in den Jahren 1933 bis 1939 betreffen und fand dort die ausführliche Dokumentation über das Thälmann-Komitee. Ich hatte das Gefühl, in jene Zeit zurückversetzt zu werden und plötzlich ein Zeitgenosse meiner Eltern zu sein. Das Thälmann-Komitee ist in den Archiven sehr präsent – allerdings weitgehend nur seine offizielle, sichtbare Fassade –, die verborgene blieb auch den erfahrenen Polizisten versperrt. Deutsche Namen, abgesehen von einigen Rednern bei Veranstaltungen, tauchen so gut wie nie auf, auch nicht der meines Vaters. Dennoch konnte ich mich letztlich mithilfe der wenigen Auskünfte meiner Mutter auf seine Spur begeben.
Ausgiebig dokumentierte die französische Polizei eine Ausstellung, die das Thälmann-Komitee ab Ende Januar 1938 unter dem Titel *Fünf Jahre Hitlerregime* zeigte. Sie war mit relativ einfachen Mitteln gestaltet, in drei kleinen, nicht miteinander verbundenen Räumen, und umfasste eine Reihe von fotografischen Dokumenten und Editionen über die Geschichte Deutschlands seit 1933. Mithilfe der Kopien der Ausstellungstafeln, der Bilder, der Bücher und der Berichte der Polizeikommissare könnte man die Exposition rekonstruieren. Dabei fällt eines auf: Im Französischen ist der Begriff *hitlérisme* ebenso gängig und selbstverständlich wie *stalinisme* oder *trotskisme*, der Begriff *hitlérien* ebenso normal wie *stalinien* oder *trotskiste*. Warum gibt es im Deutschen zwar Stalinismus und Trotzkismus, Stalinist und Trotzkist, jedoch nicht Hitlerismus und Hitlerist?
Überall in Paris machten Plakate auf die Ausstellung aufmerksam, die Presse hatte sie angekündigt. Zu den ersten Besuchern gehörten auch, was nicht verwunderlich war, nichtoffizielle Vertreter der deutschen Botschaft in Paris. Offensichtlich missfiel ihnen, was sie sahen. Bereits am 2. Februar erhielt der französische Außenminister eine zwei Seiten lange „note verbale“ von der deutschen Botschaft, in der diese sich über *„böswillige Fälschungen der Ereignisse in Deutschland und die Beleidigung des deutschen Staatschefs sowie führender Persönlichkeiten Deutschlands“* beschwert. Die Beschreibung einer Fotomontage, *„die van der Lubbe, den Brandstifter des Reichstags, darstellt“* und *„ein angeklebtes Foto mit dem Chef der preußischen Regierung, Generaloberst Göring, der*

sich auf ein Beil stützt, das auf einem Holzblock ruht" lässt unschwer das bekannte Werk von John Heartfield erkennen. Die Note der deutschen Botschaft stößt sich auch an einer vom Verlag des Thälmann-Komitees veröffentlichten Broschüre mit dem Titel *Fünf Jahre Hitlerdiktatur*, die innerhalb der Ausstellung verkauft wird. Noch am gleichen Tag reagierte der französische Außenminister, indem er sich an den Innenminister wandte und diesen bat, besagte Plakette zu entfernen.

Ich schrieb viele Seiten darüber, versuchte, eine spannende, anschauliche Geschichte daraus zu machen. Da kam ich auf den Gedanken, herauszufinden, wer der zur Überprüfung entsandte *commissaire divisionnaire* Gaud war, dessen Unterschrift ich endlich entschlüsselt hatte, was aus ihm in der Folge geworden ist, und wurde bei der Recherche tatsächlich fündig – allerdings nicht, wie ich erwartet hatte. Ein lähmender Schock. Ich wurde auf eben die Dokumente verwiesen, die ich in der Polizeipräfektur gefunden hatte, veröffentlicht im Buch *Les bannis de Hitler – accueil et lutte des exilés allemands en France 1933–1939*. Der Autor dieser Kapitel, zugleich Herausgeber des Bandes, an dem mehrere meiner langjährigen französischen Freunde mitgearbeitet haben, war mir wohl bekannt – es war Gilbert Badia. In den Berichten des *commissaire divisionnaire* war ich jedoch auf einen Namen gestoßen, den dieser mehrfach erwähnt, und der mich für alle Mühe entlohnte. Von Gilbert Badia wird er nicht erwähnt, offensichtlich konnte er mit ihm nichts anfangen. Der *commissaire* berichtet: *„Um 16 Uhr, am gleichen Tag, im Laufe der neuen Überprüfung, wurde keine Veränderung festgestellt. Einer der Organisatoren, der sich ständig in der Ausstellung aufhält und unter dem Namen Mr. Arnaud bekannt ist, erklärte uns, er sei bisher zu keinerlei Austausch oder Veränderung aufgefordert worden."*

Mit dem Namen Arnaud, einem guten französischen Namen, hatte der Kommissar keine Schwierigkeiten. Mit den deutschen Namen, die ihm in der Ausstellung begegneten, umso mehr, wie fast alle seine Landsleute. So wird aus Barlach Barloch, aus Erich von Strohheim Erich von Stroh Heim, aus Piscator Pescator. Doch das schien den Generaldirektor der Pariser Polizei nicht gestört zu haben: Am nächsten Tag schickte er den Kommissar erneut in die Ausstellung, und dieser berichtete, von einem angeblichen Herrn Arnaud am Sitz der Thäl-

mann-Ausstellung empfangen worden zu sein. Herr Arnaud bat um eine Frist von zwei Stunden, pünktlich um 14 Uhr 30 war der Kommissar zurück und stellte fest, was inzwischen geändert worden war. Am nächsten Tag war der Kommissar wieder zur Stelle; nun wurde Herr Arnaud nicht mehr mit vier, sondern nur noch mit zwei Fragezeichen bedacht. Er blieb für den Kommissar ein Rätsel, seine Reaktionen überraschten, waren unvorhersehbar, während er die des Kommissars vorwegnahm. Ich fand keine Hinweise darauf, dass der Kommissar das Rätsel lösen konnte, wer der geheimnisvolle Herr Arnaud war, und ohne die Erzählungen meiner Mutter blieben auch mir nur Fragezeichen. Doch so weiß ich, wer unter diesem Namen agierte. Ernst hatte ihn gewählt, weil er in mehrere Richtungen verwendbar war: als deutscher Vorname Arno, als französischer Vorname Arnaud und als französischer Familienname Arnaud oder Arnauld, alle hinreichend verbreitet und entsprechend unauffällig. Die Fragezeichen des *commissaire divisionnaire* bestätigen, gestützt von einigen Fotos, das Bild, das ich mir von meinem Vater mache: tadellos gekleidet, Anzug und Krawatte, sicheres Auftreten, dem Gegenüber unergründlich, unangreifbar. Zudem muss seine Beherrschung des Französischen wirklich makellos gewesen sein. In keinem Augenblick kam der Kommissar auf den Gedanken, es nicht mit einem Franzosen zu tun gehabt zu haben, er erwähnte keinen Akzent und keinerlei Auffälligkeit.
Ich kann mir gut hinter der Gefasstheit und diplomatischen Geschicklichkeit des Monsieur Arnaud den Zorn vorstellen, den mein Vater empfunden haben muss. Mit ihrer Intervention gab die französische Regierung dem politischen Druck Nazideutschlands nach, eben des Deutschlands, das seit 1935 zunehmend dreist die Auflagen des Versailler Vertrages verletzte, erst seine Luftwaffe, dann seine Marine aufbaute (was nur der Anfang sein sollte), ohne dass Frankreich, darin England gleich, dagegen einschritt. Auch die Warnungen des sowjetischen Außenministers Litwinow angesichts der Kriegsvorbereitungen der Nazis und seine Bemühungen, mit England und Frankreich zu einem Bündnis gegen Hitlerdeutschland zu gelangen, wurden missachtet. Ernst machte sich nichts vor: Der Antikommunismus dieser Regierung war mächtiger als die Furcht vor Nazideutschland. Im Lebenslauf meiner Mutter lese ich dazu:

„Bei Ausbruch des Krieges kam mein Mann ins Lager und ich erhielt die Erlaubnis, Paris zu verlassen, da ich drei Wochen vor dem Ausbruch des Krieges mein Kind durch einen Verkehrsunfall verloren hatte, im vierten Monat schwanger war und nicht allein in der Wohnung zurückbleiben wollte. Durch Vermittlung eines Antifa-Komitees begab ich mich nach Clermont-Ferrand, wo ich bis zu meiner Niederkunft als Sekretärin in einem jüdischen Emigranten-Komitee arbeitete.“

Das von meiner Mutter erwähnte Lager befand sich in Meslay-du-Maine, etwa auf halbem Weg zwischen Paris und dem Atlantik. Ich fuhr 2007 für einige Tage nach Laval, der Département-Hauptstadt. In den *Archives départementales* wurden mir die Akten des Lagers Meslay-du-Maine zugänglich gemacht. Dem letzten Kommandanten des Lagers, Hauptmann Dubuc, war es zu verdanken, dass sie erhalten geblieben waren: Er war dem Befehl der Militärbehörde nicht gefolgt, bei der Auflösung des Lagers alle Unterlagen zu vernichten. Er hatte sogar ein Tagebuch geschrieben! Dieses vermittelt eine recht genaue Vorstellung von der Zeit, die mein Vater dort verbrachte. Es beschreibt ausführlich die Entstehung und die Geschichte des Lagers, bis zur Entlassung seiner Insassen neun Monate später, im Süden Frankreichs, wohin es vor dem Anrücken der deutschen Wehrmacht verlagert worden war. Der Hauptmann schildert, wie der Zug mit den *prestataires* (den Dienstleistern, man könnte auch mit Dienstverpflichteten oder mit Arbeitssoldaten übersetzen) parallel zur Straße fuhr, auf der die deutschen Panzer und Lastwagen rollten. Man braucht nicht viel Fantasie, um sich vorzustellen, mit welchen Gefühlen und Ängsten die Passagiere dieses Schauspiel erlebten.

Vielleicht durch die Fotos, die ich mitgebracht hatte, war die Neugier des Archivdirektors geweckt worden. Er schlug mir vor, mich zu begleiten. In den Akten befanden sich detaillierte Pläne, Grundrisse, gezeichnet von Häftlingen mit Fachkenntnissen, die uns helfen sollten, die Orte wiederzufinden. Wir fanden eine grüne Wiese, auf der Kühe friedlich grasten. Fern, doch noch gut erkennbar, zeichnete sich der Kirchturm von Meslay-du-Maine ab. Einen idyllischeren Ort konnte man sich schwerlich vorstellen. Mit Hilfe der Drahtumzäunung der Kuhweide konnten wir die Größe des einstigen Lagergeländes identifizieren, ebenso den Eingang. Gegenüber befand sich

ein kleines steinernes Gebäude mit einem Türmchen, wie von einem Schloss übriggeblieben. Hier könnte die Wache zum Lagereingang gesessen haben. Die Wiese war etwas abschüssig, ein kleines Gewässer war im unteren Teil sichtbar. Das muss der Bach gewesen sein, in dem mein Vater über die Stacheldrahtverhaue hinweg angelte. Ein Foto zeigt ihn, zusammen mit zwei anderen Insassen des Lagers, ebenso gekleidet wie er, mit schlotternden Hosen, Westen, einem Schal um den Hals geworfen, eine Art Baskenmütze auf dem Kopf; ihrem Aussehen nach glichen sie eher Landstreichern als Lagerinsassen.
Wir fuhren weiter, zu einem stattlichen Landhaus, von Weiden umgeben. Die Besitzerin war sehr erstaunt zu erfahren, dass vor gut siebzig Jahren der Kommandant des Lagers in ihrem Haus residierte, sie hörte zum ersten Mal von der Existenz eines solchen Lagers. Jetzt betrieb sie hier eine Pferdezucht. Ich versuchte, mich in das damalige Lager zu versetzen, zurück zu den Tagen, als ich in Clermont-Ferrand geboren wurde und mein Vater, 520 Kilometer weiter nord-östlich, von diesem Ereignis erfuhr, das dem zu Ende gehenden Jahr 1939 für ihn eine zusätzliche Bedeutung gab. Weihnachten stand bevor. Es gab bescheidene Versuche, in den Baracken eine festliche Stimmung zu verbreiten, hie und da ein Kerzenlicht, ja sogar Tannengrün, und besonders erfreute der Inhalt der Pakete, die die Freundinnen und Frauen oder auch Verwandte und Freunde schickten, die inzwischen andere Länder, oft andere Kontinente, erreicht hatten. Manche hatten Christstollen oder Lebkuchen gebacken oder Ähnliches zu kaufen gesucht, hatten gläserne Weihnachtskugeln und Lametta, manchmal auch Kinder- und Familienfotos dazugelegt.
In La Poterie konnte sich Ernst fast glücklich schätzen, wenn er an die ersten Wochen in der Kälte, der Nässe und an den Schlamm, das verfaulte Stroh und das verseuchte Trinkwasser zurückdachte, wenn er die unbeschreiblichen hygienischen Bedingungen, das ständige Frieren in der leichten Kleidung, mit der sie sich in den warmen Septembertagen im Olympiastation von Colombes in Paris für angeblich zwei Tage eingefunden hatten, mit den Umständen verglich, unter denen sie jetzt lebten. Auch dass Rose es geschafft hatte, von Paris nach Clermont-Ferrand zu ziehen, mithilfe von Freunden eine Wohnung zu finden und, wenn auch von ihm getrennt, ihr Kind zur Welt

zu bringen. Vermutlich erhielt er zu Weihnachten einen Brief von Rose, der ihm bestätigte, dass am 21. Dezember ein Sohn geboren wurde, den sie wie vereinbart unter dem Namen des Großvaters, Vincent, standesamtlich registrieren ließ. Aus diesen Lagermonaten sind außer einigen Fotos und offiziellen Papieren kein Brief und keine persönlichen Notizen meines Vaters erhalten. Er musste, jetzt erst recht, diese Zeit der absurden Internierung überstehen, in der Hoffnung, dass ihm glücklichere Umstände erlaubten, seinen zweiten Sohn kennenzulernen, seinen nunmehr einzigen nach dem tragischen Tod des ersten, vier Monate zuvor.

*

Mein Geburtstag blieb für mich lange mit einer historischen Gestalt verbunden, die verehrt und gefürchtet wurde wie wenige zuvor, und die Millionen Leben auf dem Gewissen haben müsste, wenn sie ein solches gehabt hätte. Während meiner ersten DDR-Jahre war der letzte Schultag vor den Winterferien mit einer Feier in der Aula verbunden. Der Direktor würdigte den großen Freund der DDR, den Führer der fortschrittlichen Welt, Josef Wissarionovitsch Dschugaschvili, bekannt als Stalin. Dieser wurde am 21. Dezember 1879, sechzig Jahre vor mir, in Gori geboren, im damals zum russischen Zarenreich gehörenden Georgien.

Selbst große Künstler huldigten ihm – Picasso mit einem Porträt des jungen Stalin, Aragon und Brecht mit Gedichten. Auch meine Mutter hatte Stalin verehrt. Wie viele Kommunisten sah sie in ihm vor allem den Sieger von Stalingrad, den Befreier vom Faschismus, jenen, der nach Thälmanns Voraussage „Hitler das Genick bricht". Dagegen verblasste die Erinnerung an die tiefe Krise, in die Stalin viele Kommunisten in aller Welt gestürzt hatte, als er im August 1939 den Vertrag mit Hitlerdeutschland abgeschlossen hatte. Für meinen Vater im französischen Lager nach der Nachricht über den Tod seines Erstgeborenen ein zusätzlicher, schmerzhafter Schlag.

Nach seiner Entlassung aus dem Lager gründete mein Vater in Clermont-Ferrand eine Kantine, die zwischen 1940 und 1942 regelmäßig 300 Flüchtlinge beköstigte und außerdem monatlich Päckchen mit

Nahrungsmitteln in verschiedene Lager schickte. Sein Organisationstalent und seine Begabung, Mittel zu beschaffen und sinnvoll zu verwenden, bewährten sich hier erneut. 1942 mussten wir Clermont-Ferrand verlassen, da meine Mutter als Jüdin nicht mehr das Recht hatte, sich dort aufzuhalten und fortan unter Polizeiaufsicht stand. Mein Vater (als heimlicher Halbjude) hingegen behielt das Privileg, in bestimmten Départements als Vertreter für chemische Laboratorien herumreisen zu können und so die Verbindung zu den Genossen der KPF in Clermont-Ferrand aufrecht zu erhalten. Einen subtilen Unterschied erwähnte meine Mutter jedoch nie: Er bestand zwischen den Nürnberger Rassengesetzen und den von der Pétain-Regierung in Vichy am 3. Oktober 1940 und 2. Juni 1941 erlassenen antisemitischen Bestimmungen. Letztere definierten Juden als jene, die drei oder mehr Großeltern „jüdischer Rasse“ haben, oder zwei jüdische Großeltern, wenn sie mit einem Juden oder einer Jüdin verheiratet sind. Meine Mutter war mit ihren vier jüdischen Großeltern demnach Jüdin. Mein Vater hingegen wäre mit seiner jüdischen Mutter und Großmutter für die Nazis ein Halbjude, für die Pétainisten jedoch, denen die Rassenbruchrechnung wohl zu kompliziert war, wegen dieser zwei jüdischen Großeltern und seiner jüdischen Ehefrau nicht Halb-, sondern ganzer Jude gewesen. Vorausgesetzt, sie hätten von seinen Großeltern gewusst, so jedoch war er nur ein Deutscher, genauer ein Saarländer.

Gewissermaßen bin ich genau in der Mitte von Frankreich geboren. An meine ersten zwei Lebensjahre in Clermont-Ferrand, der Hauptstadt der Auvergne, habe ich keine eigenen Erinnerungen, obwohl ich dort Gott und vor allem seinem Sohn begegnete. Gegenüber unserer Wohnung hatten katholische Schwestern, die aus dem Elsass in die nichtbesetzte Zone geflüchtet waren, einen Kindergarten eröffnet. Dort wurden wir von der Oberschwester in einem Büro empfangen, an dessen Wand hinter ihrem Schreibtisch ein großes Kruzifix hing. Auf den Gekreuzigten weisend, fragte ich:

„Pardon Madame, qui est ce Monsieur?“

Wie kommt es, fragte sie meine Mutter, dass der Junge den Heiland nicht kennt.

Sie antwortete: „Wir sind Juden.“

*

Rose versuchte vor allem, nicht zu oft an ihre Mutter zu denken. War sie noch am Leben, im jüdischen Altersheim, in dem sie sie zurückgelassen hatte? Und wie erging es ihrem älteren Bruder Paul? Glaubte er immer noch, sein Eisernes Kreuz aus dem Ersten Weltkrieg könne ihn schützen, ihn, seine Frau Cäcilie und ihren gemeinsamen 13-jährigen Sohn? Oft fand sie keinen Schlaf und machte sich Vorwürfe, doch wie hätte sie ihre Mutter in die Emigration mitnehmen können?

Am 20. Mai 1942 hatte meine Mutter eine letzte Möglichkeit, mit ihrer in Berlin zurückgebliebenen Familie Kontakt aufzunehmen. Zuvor hatte sie anlässlich der Weltausstellung in Paris 1939 ihrem Bruder ausrichten lassen können, er solle diese vermutlich letzte Gelegenheit nutzen, um Deutschland mit seiner Familie zu verlassen. Er ließ ihr antworten, er werde bald genug Geld gespart haben, um nach Shanghai zu emigrieren. China war damals eines der wenigen Länder, die noch bereit waren, jüdische Flüchtlinge aufzunehmen. Die Zeit verging, die Dollars hatten nicht gereicht, und so war er immer noch in Berlin. Über das Internationale Komitee des Roten Kreuzes hatten sie das Recht, auf einem offenen Formular maximal 25 Worte auszutauschen, und zwar nur persönliche Familiennachrichten.

„*Erbitten Adresse und Nachricht von Euch. Wir sind gesund. Haben einen Jungen von 28 Monaten. Ernst hat Arbeit. Tausend herzliche Gruesse. Ernst Rose Vincent.*“

Diese Nachricht muss im April 1942 geschrieben worden sein, gerichtet an Paul Wohlgemuth. Umseitig bestand auf dem Formular die Möglichkeit, eine Mitteilung an den Anfragesteller zurückzusenden. Diese wurde am 20. Juli 1942 geschrieben:

„*Erfreut über Nachricht. Vermisse Erwaehnung von Kleinernst. Wir gesund, habe Arbeit. Denken viel an Euch. Erhoffen baldmöglichst wieder Lebenszeichen. Innige Wünsche von uns allen. Paul.*“

Neben dem Stempel des Roten Kreuzes in roter Farbe befindet sich unten rechts ein roter Datumsstempel: 11. August 1942, vermutlich das Datum der Übergabe an meine Eltern. Diese letzte Nachricht aus

Berlin erreichte sie also gerade noch rechtzeitig, bevor sie Clermont-Ferrand verließen.
Jahre nach dem Krieg erhielt meine Mutter auf ihre Anfrage eine Antwort der Jüdischen Gemeinde Berlin: Ihre Familie war deportiert worden, es lägen keine weiteren Rückmeldungen vor. Paul Wohlgemuth, dessen Frau Cäcilie und ihr Sohn Siegfried wurden am 29. November 1942 in Berlin abgeholt und mit dem 23. Osttransport nach Auschwitz verfrachtet. Mit welchem Transport ihnen Bertha Wohlgemuth, meine Großmutter, vorausging oder folgte, habe ich bisher nicht herausgefunden.
In ihrer Rot-Kreuz-Botschaft an ihren Bruder Paul wusste meine Mutter noch nichts von der Krankheit, die bei meinem Vater noch im gleichen Jahr ausbrach. Seinen vierzigsten Geburtstag erlebte mein Vater nicht mehr. Er starb am 17. Oktober 1944. Da mein Vater starb, als ich knapp fünf Jahre alt war, und ich von meiner Mutter weiß, dass sie in seinem letzten Lebensjahr meinen jüngeren Bruder und mich Freunden anvertraut hatte, Emigranten wie wir, kann ich bei den wenigen Erinnerungen, die ich an ihn habe, nicht älter als vier Jahre gewesen sein. Wir wohnten nicht weit vom Zentrum des Ortes, das aus einem Platz, der Kirche und der Schule bestand. Hinter dem Haus war ein Garten mit Kaninchenkäfigen, ansteigend bis zu einem Weg, der ihn von Weidewiesen trennte. Ich fütterte die Tiere regelmäßig, doch eines Tages fühlte ich mich vermutlich zu sehr in ihr angenommenes Bedürfnis nach Freiheit ein, öffnete die Käfige und ließ sie frei. Das erregte den Zorn meines Vaters, der die wenigen fleischlichen Proteine, über die wir verfügten, entschwinden sah. Ich meine, mich an zwei Ohrfeigen erinnern zu können. Das sind die einzigen Erinnerungen, die ich von meinem Vater zu haben glaube. Erhielt ich wirklich Ohrfeigen oder handelt es sich bei diesen Szenen um nachträgliche Tagträume, deren Interpretation ich einem Analytiker überlassen sollte? Das tatsächliche Bild meines Vaters verdanke ich den wenigen Fotos, auf denen er mich liebevoll auf dem Arm hält.
Vom Beginn meiner Schulzeit in Moutier-Rozeille habe ich ebenfalls kaum Erinnerungen. Die Schule war eine typische Dorfschule mit vier Klassen, in der die Schüler der ersten und zweiten Klasse in einem

Klassenraum unterrichtet wurden. Da ich schon einige Lese- und Schreibkenntnisse mitbrachte und offensichtlich eine gute Auffassungsgabe hatte, war ich nach einigen Wochen Schüler der zweiten Klasse und wurde am Ende des Schuljahres in die dritte versetzt. Seltsamerweise kann ich mich an keinen Mitschüler, auch an keine Mitschülerin, erinnern.

Aus der ersten Schulzeit bewahre ich bis heute einige Schulhefte auf. Liebevoll hat die Lehrerin am linken Rand, auf jeder Zeile, mit roter Tinte und Feder die Gegenstände gezeichnet, deren Namen wir zu schreiben lernten: Früchte, Pflanzen, Tiere, Gegenstände ... Und andere, an denen wir Zählen lernten, zum Beispiel Johannisbeeren. Spätere Schulhefte aus meiner Zeit in Paris fand ich viel später in Berlin wieder. Ich kann mich gut an den Schock erinnern. Ich stieß auf Diktate und Aufsätze, die ich ohne Wörterbuch nur noch teilweise verstehen konnte. Die Themen, die sie behandelten – ein Spaziergang im Wald oder ähnliches – gehörten nicht mehr zu meinen Beschäftigungen, und wenn, dann nicht auf Französisch. Als Jugendlicher nicht mehr zu verstehen, was man als Kind geschrieben hat – eine befremdliche Erfahrung, die jeden Glauben an Fortschritt, vor allem an den eigenen, erschüttern kann!

Doch nicht nur die ersten Schulhefte sind mir aus Moutier-Rozeille erinnerlich. Eine andere, ungewisse Erinnerung geht auf die Zeit vor 1945 zurück. Die Creuse lag in der nicht besetzten Zone, doch das änderte sich ab November 1942, als mit Ausnahme des Departements der Alpes-Maritimes, das von Italien besetzt wurde, die deutschen Besatzer in die bis dahin nicht besetzte Zone einrückten. In der Creuse war der Widerstand besonders stark. Die für die Besatzungsmacht notwendige Infrastruktur, ohne die weder Transporte, Kommunikation noch die Wirtschaft funktionieren konnten, wurde zunehmend angegriffen. Die Zahl der zerstörten Gleisanlagen, der gesprengten Hochleistungsmasten nahm 1943 und vor allem 1944 stetig zu.

An diesen Sabotageakten hatte mein Vater seinen Anteil. Im schmalen Nachlass meiner Mutter fand ich eine „*Attestation*“, in der R. Belmont bestätigte, dass mein Vater ab September 1943 einer Gruppe des bewaffneten Widerstandes angehörte und „*aktiv am Schutz der Wi-*

derstandsbewegung in der Region und an der Bildung von ‚legalen' Sabotagegruppen teilnahm". In ihrem Lebenslauf erklärt meine Mutter hierzu:

„Im Jahre 1948 fand ich endlich die Möglichkeit, aus der Creuse herauszukommen. Um meine Kinder in dem Kinderheim der ‚Entr'aide Française' in Sèvres (bei Paris) unterbringen zu können [...], brauchte ich eine Bescheinigung darüber, dass Ernst in der Widerstandsbewegung war."

Angesichts der Hinterhalte und Angriffe, mit denen sie ständig rechnen mussten, waren die deutschen Soldaten und Offiziere besonders nervös. Ich erinnere mich, wie ein militärischer Konvoi der Wehrmacht durch das Dorf fuhr, stoppte und die Soldaten von ihren Fahrzeugen absaßcn. Es gab plötzlich einen großen Lärm, ein heftiges Hin- und Herlaufen, das ich von einem Fenster unseres Hauses aus beobachten konnte. Später hieß es, ein Soldat hätte seine Waffe an eine Wand gelehnt abgestellt und diese sei verschwunden. Die Häuser wurden durchsucht, auch unseres. Mein Vater hatte sich im Klohäuschen am Ende des Gartens so versteckt, dass man ihn nicht entdecken konnte. Doch sein Fahrrad stand im Hauseingang. Ein Soldat nahm es und stellte es beiseite, wohl um eine Tür öffnen zu können. Glücklicherweise kam er nicht auf den Gedanken, die am Rahmen befestigte, kleine Werkzeugtasche zu öffnen – er hätte darin den Revolver meines Vaters gefunden, und unsere, meine Geschichte hätte an dieser Stelle mit Sicherheit geendet.

*

Das Überleben hing oft von Zufällen ab, und auch von den Reaktionen auf diese. Dabei konnte auch die Sprache besonders verräterisch sein, ebenso wie die Entscheidung über die Muttersprache. Wenn die Muttersprache die Sprache der Mutter ist, dann gibt es keinen Zweifel, dann ist Deutsch meine Muttersprache. Wenn es jedoch die Sprache ist, die man als erste gesprochen hat, die man als Kind gesprochen hat, wird die Angelegenheit in meinem Fall komplizierter. Als ich zehnjährig von Paris nach Berlin kam, sprach ich kaum ein Wort Deutsch. Mein Vokabular beschränkte sich auf „*Gute Nacht, schlaf gut*", was meine Mutter mir vor dem Einschlafen sagte. Trotzdem vermute ich, dass ich in meinen ersten zwei oder drei Lebensjahren, solange ich meine Mutter und meinen Vater miteinander in ihren vier Wänden sprechen hörte, Deutsch von ihnen lernte. Doch in der Öffentlichkeit war es ratsam, nicht Deutsch miteinander zu sprechen, und das galt auch für mich. So erzählte mir meine Mutter aus der Zeit der deutschen Besatzung folgende kleine Geschichte: Sie saß mit mir im Wartesaal eines Bahnhofs, als eine deutsche Militärstreife durchkam. Genau in diesem Moment fragte ich laut: „WIE?“

Einer der Uniformierten drehte sich wie elektrisiert in unsere Richtung um, und meine Mutter sagte mir in einem Ton, dem ich entnehmen konnte, dass keine Widerrede angebracht war, dabei die ersten Wörter deutlich betonend:

„Oui, oui, tais-toi!“ Ja, ja, sei still!

Der Deutsche ließ sich davon überzeugen, *oui* und *wie* verwechselt zu haben, und meine Mutter hatte uns zwar durch ihre Geistesgegenwart gerettet, doch auch verstanden, dass es nicht mehr ratsam war, mit mir Deutsch zu sprechen. Mit dem Tod meines Vaters hatte sich die Sprachenfrage vermutlich von selbst geklärt.

Heute, da ich Frankreich besser kenne, kann ich meine Mutter besser verstehen. Lange hielt ich ihre damaligen Befürchtungen um die Zukunft ihrer Kinder für unberechtigt, sah sie uns doch als Knechte bei Bauern arbeiten. Hochmütig glaubte ich rückblickend, es genüge, ein guter Schüler zu sein, um einen interessanten, angenehmen Platz im Leben zu finden. In Moutier-Rozeille war meine Mutter jedoch nicht mehr die Hauptstadtbewohnerin mit einer guten Schulbildung, die in einem angesehenen Verlagshaus arbeitete – das war 1933 jäh beendet worden. Ihre Flucht nach Paris war zwar der Wechsel in eine andere Hauptstadt, doch trotz ihrer guten Französischkenntnisse war sie nichts anderes als die geduldete Ausländerin. Und dann fand sie sich plötzlich in einem Dorf wieder. Sie gab jedoch nicht auf, fühlte sich für das Leben von zwei kleinen Jungen verantwortlich. Ohne die Solidarität französischer Kommunisten, Antifaschisten oder einfach nur von humanen Menschen ohne Vorurteile wäre ihr Überleben deutlich schwerer gewesen.

Täglich ging sie zum Dorfbrunnen, ließ die Eimer an der langen Kette hinab, schleppte sie in das Haus, das sie gefunden hatten, als Ernst noch lebte. Die Dorfbewohner beobachteten sie, schmunzelten, bewunderten auch diese Frau, Städterin, die nicht aufgab und ihre Kinder mit den Möhren und Tomaten und Kartoffeln ernährte, die sie zu züchten gelernt hatte. So ernährte sie uns fast vegan, ganz und gar Bio. Auf ihrer alten Nähmaschine nähte sie für eine Fabrik Pelzstücke zu Mänteln zusammen, das „Anwerfen" der Ärmel war die größte Hürde. Für eine andere Fabrik, ebenfalls im nahegelegenen Aubusson, fertigte sie Badekappen aus Gummi, vor jeder Naht musste sie die Teile mit einer stinkenden, petroleumartigen Flüssigkeit bestreichen, damit die Nadel eindringen konnte. Für beides war ihre Maschine ungeeignet und es war eine Qual, mit der sie jedoch einige Francs verdienen konnte.

So überlebte sie das letzte Jahr des Krieges allein mit ihren Knaben, die keine Hilfe waren, höchstens ein Grund, nicht aufzugeben. Wir hatten nicht genug zu essen, hier lernte ich wohl zum ersten Mal in meinem Leben, was Hunger ist. In den letzten Lebensmonaten meines Vaters war eine andere Familie von Emigranten bereit, uns Kinder bei sich aufzunehmen, auch sie hatten größte Mühe zu überleben. Währenddessen erhöhte meine Mutter die Dosis der täglichen Morphiumspritzen, die sie auf dem Schwarzmarkt besorgte, und gab schließlich meinem Vater nach, der sie bat, mit einer Überdosis seine Qual zu beenden. Ihr Leben lang litt sie unter dem Gedanken, am Tod ihrer Mutter, die sie in Deutschland zurückgelassen hatte, ihres kleinen Jungen, den sie in die Schweiz hatte fahren lassen, und ihres Mannes eine Schuld zu tragen. Sie sprach nicht darüber, doch in unscheinbaren Bemerkungen spürte ich es immer wieder.

Dennoch denke ich zugleich an eine glückliche Kindheit zurück. Mit anderen Kindern sammelten wir Weinbergschnecken, die wir an Mauern, Ästen und im Gras fanden. Im Dorfladen tauschten wir sie gegen Bonbons. An den Wegrändern wuchsen Brombeeren und auf dem Boden sammelten wir Esskastanien, die wir in die heiße Asche unserer selbstgemachten Feuer warfen. Die Haselnusssträucher schenkten uns nicht nur ihre Nüsse, ihr Holz war für Flitzbogen und Pfeil, aber auch für Katapulte besonders gut geeignet. Selbstverständlich hatte jeder Junge neben seinem Taschenmesser auch Gummis, Murmeln und andere Wertgegenstände in seinen Taschen. Hütten bauten wir mit den Farnkräutern, in ihnen fühlten wir uns geborgen. In den Ritzen der vielen Steinmauern, zwischen denen sich die Wege schlängelten, verbargen sich Eidechsen, die wir zu fangen versuchten. Einmal gelang es mir, doch die Eidechse befreite sich, indem sie sich von ihrem Schwanz trennte. Erstaunt und benommen von dieser Lektion, dass ein Lebewesen sich lieber von einem Teil seiner selbst trennt als seine Freiheit oder gar sein Leben zu verlieren, sah ich auf diesen reglosen Schwanz in meiner Hand.

Doch selbst aus dieser Idylle hielten sich die Geschichte und die Politik nicht heraus. Dem Nachbarn jenseits der kleinen Steinmauer, einem Bauern, waren zwei deutsche Kriegsgefangene als Arbeitskräfte zugeteilt worden. Meine Mutter konnte hören, wie er sie mittags zum Essen rief: „Les boches, à la soupe!"

Meine Mutter bat ihn, sie nicht abwertend *boches* zu nennen. Diese jungen Männer könne man nicht für die Verbrechen der Nazis verantwortlich machen. Der Bauer sagte, das sei von ihm nicht böse gemeint, *boches* sei doch die übliche, verbreitete Bezeichnung für die Deutschen. Womit er nicht Unrecht hatte, das gilt teilweise noch heute, es galt damals erst recht. Doch meine Mutter war empfindlich für Nuancen, obwohl sie die letzte war, die Grund hatte, deutsche Soldaten in Schutz zu nehmen. In der DDR sagte sie Jahre später, Deutsche hätten ihre Familie umgebracht. Da wurde sie zurechtgewiesen:

„Das waren nicht Deutsche, das waren Nazis", worauf meine Mutter entgegnete:

„Das machte für mich keinen Unterschied."

In Moutier-Rozeille jedoch, wo sie trotz der Freundlichkeit und Hilfsbereitschaft der Dorfbewohner auch immer das Gefühl hatte, als Fremde, als Deutsche, also auch als *boche* wahrgenommen zu werden, machte es für sie einen Unterschied.

Zu Beginn der achtziger Jahre hatte das Antifa-Komitee, offiziell *Komitee der Antifaschistischen Widerstandskämpfer in der DDR* meiner Mutter angeboten, sich zum Grab ihres Mannes zu begeben. Man hatte bemerkt, dass die Deutsche Kriegsgräberfürsorge bei der Pflege deutscher Soldatengräber in Frankreich besonders aktiv war, und wollte dem etwas entgegensetzen, das daran erinnerte, dass nicht nur deutsche Soldaten in Frankreich ihr Leben gelassen hatten. Meine Mutter sagte zu,

wagte es jedoch, eine Bedingung zu stellen: Es müsse sie wenigstens einer ihrer Söhne begleiten. Ihre Forderung wurde abgelehnt.
Mein Bruder musste 1984 erst die DDR verlassen und meine Mutter heimlich, halbillegal mit ihm nach Moutier-Rozeille fahren, um vierzig Jahre nach dem Tod ihres Mannes sein Grab besuchen und dort einen Grabstein niederlegen zu können. Ich wartete einige weitere Jahre, um den Ort meiner Kindheit und die Ruhestätte meines Vaters zu besuchen – allerdings nicht mehr in Begleitung meiner Mutter.

*

Nach 1945 drängte es meine Mutter danach, aus der Isolation und dörflichen Enge von Moutier-Rozeille herauszukommen, wie aus ihren Aufzeichnungen hervorgeht:
„Nach dem Ende des Krieges musste ich noch eine verhältnismäßig [...] lange Zeit in Moutier-Rozeille bleiben, da es mir wegen der kleinen Kinder nicht möglich war, mich nach Paris zu begeben, wo ich [...] Schritte für eine Rückreise nach Deutschland hätte einleiten können. So gelang es mir erst im Februar 1948, nach Paris zurückzukehren, wo ich meine Kinder in Sèvres in einem Kinderheim unterbringen konnte [...].“
Meine Mutter verschweigt hier jedoch eine Zwischenphase, auch wenn diese mit etwa drei Monaten im Jahr 1946 gewiss nur von kurzer Dauer war; dennoch bedeutete sie für mich einen Einschnitt. Es war das erste Kinderheim, das ich kennenlernte, das erste von vier – zwei in Frankreich, zwei in der DDR. Ich kam mit Kindern zusammen, die mit meinen bisherigen Freunden, den Dorfjungen und -mädchen von Moutier-Rozeille, sehr wenig zu tun hatten. Das Heim war in Toulouse eingerichtet worden, kurz nach dem Krieg, als Waisenheim, das jüdische Kinder aufnahm, die aus Lagern befreit worden waren oder irgendwo versteckt überlebt hatten. Meine Mutter hatte die Gelegenheit genutzt, uns dort unterzubringen, weil sie von der Großstadt Toulouse aus besser als in Moutier-Rozeille eine Rückkehr nach Paris und dann Berlin vorbereiten konnte. Sie hatte eine Möglichkeit gefunden, in der Schneiderei des Heimes zu arbeiten und so bei uns bleiben zu können. Das Heim wurde von Golda Meir geleitet, der künftigen Präsidentin des Staates Israel. Trotz oder vielleicht grade wegen der Be-

kanntheit seiner Leiterin hat mir bisher niemand eine nähere Auskunft geben können.
Das Kinderheim war ein Provisorium, eine Durchgangsstation. Es sollte die jüdischen Waisen aufnehmen, durchbringen, und auf ein künftiges Leben in Israel vorbereiten. Golda Meir sprach zwei Jahre vor der Staatsgründung nicht von Palästina, sondern nur von Israel, denn für sie war die bevorstehende Staatsgründung eine Gewissheit. Sie wirkte auch für diese, und wusste, dass die Gründung und Etablierung des Staates nicht ohne Konflikte stattfinden würde. Das Heim diente auch als Deckadresse und Schutz für den Schmuggel von Waffen nach Palästina, wo die israelische Geheimarmee einen doppelten Kampf führte: gegen die englische Kolonialmacht, die die Einwanderung beschränkte, und gegen die Araber, die die Juden bekämpften. Davon spürten die Kinder des Heimes zwar nichts, doch auch unter ihnen fanden Kämpfe statt. Sie hatten nicht nur überlebt, weil sie Helfer gefunden hatten, sondern auch, weil sie sich durchgesetzt und in besonderem Maße eine Eigenschaft entwickelt hatten, die inzwischen über Fachkreise hinaus als Resilienz bekannt ist.
In Toulouse endete der Kampf nicht bei den Fleischtöpfen, soweit von ihnen überhaupt die Rede sein konnte, er ging nachts weiter. Das Heim hatte nicht Platz genug für alle Kinder, die ein Dach über dem Kopf brauchten, und so mussten sich je zwei nicht nur das Bett, sondern auch die Bettdecke teilen. Die Kinder waren von ihren Erlebnissen traumatisiert, keine normal und wohl behütet aufgewachsenen Kinder. Sie hatten Albträume, manche schrien im Schlaf, andere nässten ein. Meine lange Vorliebe für getrennte Betten stammt sicherlich aus jener Zeit.
Da wir auf ein künftiges Leben in Israel vorbereitet wurden, verbrachten wir einen großen Teil des Tages damit, Hebräisch zu lernen und hebräische Lieder zu singen. Diese Sprache ist mir zu meinem Bedauern stets fremd geblieben und das Erlernte vergaß ich bald, doch blieb mir ihr Klang vertraut, ich erkenne sie sofort, und sie hat für mich trotz allem etwas Selbstverständliches. Das gilt auch für die Musik, ich hatte für sie eine gute Auffassungsgabe. Golda Meir wollte auch meine Mutter davon überzeugen, dass unsere Zukunft in Israel liege. Sie würde glücklich sein, eines Tages einen israelischen Pass zu haben. Meine Mutter antwortete ihr, sie sei Kommunistin, nicht Zio-

nistin. Ihre Entscheidung ging weit in ihre Vergangenheit zurück, die Unvereinbarkeit von Zionismus und Kommunismus hatte bereits vor 1933 ihr Leben bestimmt, denn für sie waren Nationalismus, und sei es ein jüdischer, und Internationalismus nicht vereinbar. Sie hatte die Verlobung mit einem Zahnarzt aufgelöst, als sich dieser für den Zionismus entschied.

Zwei Jahre nach Toulouse, 1948, lernte ich das zweite Kinderheim meines Lebens kennen, in Sèvres bei Paris, einem der vornehmeren Vororte im Westen der Stadt, berühmt vor allem wegen seiner Porzellanmanufaktur. Die Leiterin des Kinderheims, Yvonne Hagnauer, war gegen 1918 Lehrerin geworden, 1937 war sie eine der Organisatorinnen des *Congrès international de l'enseignement*. Als Pazifistin und Feministin war sie im September 1938 Mitbegründerin der *Ligue des femmes pour la paix*. Ihr Mann war Kommunist und stammte aus einer jüdisch-elsässischen Familie, die sich 1871 für die französische Staatsangehörigkeit entschieden hatte. Während der Ruhrbesetzung 1923 leistete er seinen Militärdienst in der Ruhr. Einem Aufruf der Kommunistischen Jugend folgend, lehnte er es ab, gegen die deutschen Arbeiter vorzugehen. Von November 1923 bis Mai 1924 gehörte er zu dem Dutzend Soldaten, die im Gefängnis von Mainz auf ihre Verurteilung vor einem Kriegsgericht warteten. Er wurde amnestiert, nachdem das an die Macht gekommene Linksbündnis die Evakuierung der Ruhr beschloss. Mithilfe von Gewerkschaftsfreunden fand Yvonne Hagnauer 1941 Arbeit in der *Maison d'enfants de Sèvres*, gegründet als Ferienzentrum unter dem Schutz des *Secours national*, eine dem Marschall Pétain verbundene Organisation, die unterernährte Pariser Kinder aufnehmen sollte. Unter dem Einfluss des Ehepaars Hagnauer und ihrer pazifistischen, humanistischen und libertären Auffassungen entfernte sich das Haus schnell vom ursprünglichen Geist und wurde zum Zufluchtsort verfolgter jüdischer Kinder. Die Mehrzahl der Erzieher und Lehrer war aufgrund der antisemitischen Gesetze der Vichy-Regierung aus der Nationalen Volksbildung ausgeschlossen worden. Zwischen 1942 und 1944 waren in diesem Kinderheim über sechzig Kinder versteckt, deren Eltern deportiert worden.

Im August 1944, nach der Befreiung von Paris, versammelte Yvonne

Hagnauer alle Heimbewohner im großen Saal, stieg auf einen Stuhl und erklärte:
„Jetzt ist es vorbei, wir sind frei, jedes Kind hat ein Recht auf seinen Namen."
Nun war es nicht mehr lebensgefährlich, einen jüdischen Namen zu tragen. Doch ein Brauch aus der Zeit, als man seinen wirklichen Namen besser nicht nannte, wurde beibehalten – die Erwachsenen behielten ihre Pseudonyme, weil sie eine engere, intimere Beziehung zwischen Kindern und Erziehern schufen, umso mehr, als sie von den Kindern selbst ausgesucht worden waren. Die Lehrer und Erzieher wurden also nach wie vor weder mit „Monsieur" oder „Madame" noch mit ihrem richtigen Namen angesprochen, sondern trugen weiter ihre Spitznamen, die einen Bezug zu ihrer Person, ihrer Herkunft oder ihrem Aussehen hatten: Yvonne Hagnauer wurde *Goéland* genannt, wegen ihrer bretonischen Herkunft, ihr Mann Roger Hagnauer *Pinguin*, wegen seines schwarzen Anzugs, zu dem er stets ein weißes Hemd trug. Die Lehrerinnen hießen *Jabiru* (ein Storchenvogel), *Caribou* (Rentier), *Orchidee* oder *Grashüpfer*.
Zu den Betreuern der Kinder in Sèvres gehörte auch ein später berühmt gewordener Mime, ein junger Mann jüdisch-polnischer Abstammung: Marcel Mangel, der als Widerstandskämpfer ein Netz zur Rettung jüdischer Kinder schuf, das *réseau Marcel*. Nach dem Krieg wurde er als Pantomime Marcel Marceau mit der von ihm 1947 geschaffenen poetischen Gestalt des „Bip" berühmt; mehrere Gastspiele machten ihn auch in der DDR bekannt und beliebt. Schade, dass wir uns nie trafen, er hätte sicher nicht schlecht gestaunt, in Ostberlin einem Zögling des *Maison des enfants de Sèvres* zu begegnen.
Nach dem Kriegsende betreute das Heim viele Kinder, die durch den Krieg ihre Orientierung verloren hatten, zunehmend Kinder aus schwierigem sozialem Milieu, „soziale Fälle" aus durch Armut, Alkoholismus und Gewalt zerrütteten Familien. Ich selbst gehörte zur Gruppe von aufgenommenen Kindern, die ihre Eltern ganz oder teilweise im Widerstand verloren hatten. Das Kinderheim in Sèvres wandte moderne pädagogische Prinzipien an, um ein geistiges, moralisches Klima zu schaffen, das den oft traumatisierten Kindern ermöglichte, zu einem normalen, selbstbestimmten Leben zu finden.

Freude am Entdecken, künstlerische Ausdrucksformen nahmen einen großen Platz in Sèvres ein, den Schülern stand eine Druckerei zur Verfügung, sie konnten Flöte spielen, im Chor singen, weben, tanzen, töpfern, zeichnen, schneidern, modellieren, Marionetten erfinden und Aufführungen veranstalten, Pantomimen einüben oder Tiere aufziehen. Mein erstes Bühnenerlebnis geht auf Sèvres zurück, ein Foto aus dem Jahr 1948 erinnert daran. Die Darsteller stehen in einer Reihe, mit strahlenden Gesichtern, vermutlich nach gelungener Aufführung. Ich stehe neben einer hübschen Bretonin in ihrem lokalen Kostüm, stelle einen Köhler dar, mit kohleverschmiertem Gesicht, einen Sack mit Holzkohle über die Schulter geworfen. Häufig besuchten wir Museen, Opern, Theater, Baudenkmale, aber auch Flughäfen, Fabriken, Krankenhäuser, Märkte oder die Straßen von Paris. Nach solchen Ausflügen gestalteten die Schüler große Tafeln mit Texten und Zeichnungen, die in den Gängen des Heims ausgestellt wurden. Yvonne Hagnauers Verständnis von Erziehung war ihrer Zeit weit voraus. Zwar gab es in Sèvres keine Zensuren, doch wurde auf ein Bildungsniveau Wert gelegt, das den Schülern einen weiteren erfolgreichen Schulbesuch ermöglichte. Dabei stand nicht Anpassung im Vordergrund, sondern kritisches, selbständiges Denken. Ehemalige Schüler, die befragt wurden, betonten, wie das Heim ihr erwachsenes Leben beeinflusst hatte: Ihm verdankten sie künstlerische Sensibilität, einen Sinn für Verantwortung und Engagement, eine Öffnung anderen gegenüber, einen antikonformistischen, kämpferischen Geist.

An mein letztes Jahr in Paris habe ich kaum Erinnerungen. Meine Mutter hatte ihre alte Wohnung im Osten von Paris wieder beziehen können. Zwei Stockwerke darüber hatten bis 1939 Albert Norden und seine Frau Herta Fischer gewohnt. Mit ihm nahm meine Mutter Kontakt auf, um ihre Ankunft in Berlin anzukündigen und vorzubereiten. Ich besuchte die Schule in der Rue Pelleport, im 20. Arrondissement, die erste und letzte, in der ich ausschließlich unter Jungen war. Auf meinem Schulweg lag eine Kaserne, durch den Zaun beobachteten wir die Soldaten beim Exerzieren. Wir rissen von den Litfaßsäulen antikommunistische Plakate ab. Natürlich durfte man sich dabei nicht erwischen lassen. Im September 1949 besuchten wir gemeinsam das Fest der *Humanité*, ein heute noch beliebtes Volksfest.

In der Menge verlor ich meine Mutter, suchte sie eine Weile und machte mich dann auf den Heimweg. Ich hatte keinen Franc in der Tasche. Fuhr ich schwarz oder gab mir jemand das nötige Kleingeld oder einen Fahrschein, ich weiß es nicht mehr. Als meine Mutter nach vergeblicher Suche aufgelöst nach Hause kam, hatte ich den Vorfall bereits vergessen, und sie atmete erleichtert auf. Ich war ein großer Junge, der in der großen Stadt nicht verloren ging. Von diesem Tag an erhielt ich ein Taschengeld, sicherheitshalber. Ich genoss die neuen Möglichkeiten, nicht ahnend, dass in weniger als in einem Jahr meine Welt sich viel radikaler verändern würde.

II
1950–1989

„Nein", sagte der Geistliche, „man muss nicht alles für wahr halten, man muss es nur für notwendig halten."
„Trübselige Meinung", sagte K.
„Die Lüge wird zur Weltordnung gemacht."
K. sagte das abschließend, aber sein Endurteil war es nicht.
Franz Kafka: *Der Prozess*

Unheimliche Heimkehr

Ich konnte es immer noch nicht glauben: Wir verließen Paris, für unbestimmte Zeit. Der Zug entfernte sich weiter von der *Gare de l'Est*, bald lösten die Einfamilienhäuser der Banlieue die dichtbesiedelten Viertel der Großstadt ab, dann dehnten sich Wiesen und Felder aus, andere Städte tauchten auf. Wir hielten schließlich an einer Grenze, wo die Pässe kontrolliert wurden, neue Passagiere stiegen ein, sprachen deutsch, dann erreichten wir schließlich Frankfurt am Main. Auf dem Flughafen wartete ein amerikanischer Offizier mit uns auf den Abflug nach Berlin. Mit seinem seltsamen Schnurrbart, zwei Haarbalken, horizontal über dem Mund nach beiden Seiten spitz zulaufend, glänzend, durch Pomade zusammengeklebt, glich er einem aus einem Comic entsprungenen Kater. Die kleinen französischen Jungen, mein Bruder und ich, sechs und zehn Jahre alt, hatten sein Interesse geweckt. Er war freundlich zu uns, spendierte uns Coca-Cola, die ich zum ersten Mal in meinem Leben trank. Die Füße hatte er bequem auf die gegenüberliegende Bank gelegt, auch das war neu für mich. Ich fragte meine Mutter, warum der Mann dies tat, sie antwortete: „Parce qu'il est mal élevé."

Den Offizier störte es nicht, schlecht erzogen zu sein, wohl auch, weil er kein Französisch verstand.

Als Reiseziel hatte meine Mutter Westberlin genannt – für Ostberlin hätten die jüdischen Hilfsorganisationen, die die Rückkehr finanzierten, kein Geld gegeben. So waren wir schließlich, nach einigen Umwegen und schwierigen Vorbereitungen, in der *Gare de l'Est* in den Zug gestiegen und über den Rhein bis zum Main gefahren. Von dort überflogen wir zuerst den Westen, dann den Osten Deutschlands und landeten im amerikanischen Sektor, in Tempelhof. Die Szene habe ich mir oft vorgestellt, ich halte sie für eine genaue Erinnerung, sehe sie wie eine Filmsequenz: Die Maschine der *Pan American Airline* setzt zum Landeanflug an, es ist ein klarer Tag im Mai, wolkenloser Himmel, der zehnjährige Knabe drückt seine Stirn an die dicken Scheiben des Fensters, es ist sein erster Flug, seine erste Landung. Immer deutlicher werden leere Straßen, einzelne Häuserblöcke, seltsame Gebäude, fensterlose Wände ragen empor, gespenstische Gebilde, die Stadt kommt näher, immer schneller, er sieht schon Menschen, kleine Punkte. Der Junge erinnert sich an den Film, den er wenige Wochen zuvor in Paris gesehen hat. Er erinnert sich sogar noch an den französischen Titel – *Allemagne année zéro* („Deutschland im Jahre Null"). Der Film erzählt die Geschichte eines 12-jährigen Jungen, gerade mal zwei Jahre älter als er, er konnte sich leicht in ihn hineinversetzen, er lebt in Berlin, nach einem schrecklichen Krieg, die Menschen haben Hunger, sie kämpfen um alles, um eine Matratze, einen geschützten Platz zum Schlafen, um Wasser, um Brot und Kartoffeln. In dieser Stadt werden sie in wenigen Minuten landen. Hier will seine Mutter nun leben, mit seinem kleinen Bruder Clément und ihm. Er konnte es zuerst nicht glauben, doch dann wurde es ernst, sie packte das Wichtigste ein, Kleidung, Wäsche, Geschirr, Bücher, ihr Bügeleisen. Sie ist verrückt geworden, dachte er.

Ein Taxi fuhr uns durch die Berliner Straßen, an deren Rändern ich die Ruinen erkennen konnte. Zarte Birken wuchsen aus ihnen heraus, dazwischen Häuser, einige fast unversehrt. Ein Schild, von meiner Mutter übersetzt: *Sie verlassen den amerikanischen Sektor*, kurz danach ein ähnliches: ^ *Sie betreten den sowjetischen Sektor.* Wenige Minuten später waren wir in der Wallstraße, im Zentrum der Stadt. Seit acht

Monaten war dieser Teil Berlins offizielle Hauptstadt der am 7. Oktober 1949 gegründeten DDR. Was sollte ich hier, wie kam meine Mutter nur auf die Idee, freiwillig in diese Stadt zu ziehen, in der Menschen hungerten, froren, und um eine Schlafecke oder eine Decke kämpften? Sie versuchte, dem Zehnjährigen verständlich zu machen, warum sie ihn von den Freunden, der vertrauten Sprache, dem gewohnten Pariser Alltag trennte, ihm eine neue Sprache aufzwang, von der er glaubte, er würde sie nie sprechen können, eine fremde, furchteinflößende Umgebung. Für sie, das glaubte sie, war es eine Heimkehr aus der Fremde in die Heimat. Nun lag das Land am Boden. Lohnte es sich nicht, es wieder aufzubauen, es zu dem freundlichen, zivilisierten, kulturvollen Land zu machen, an das sie sich erinnerte, trotz der Antisemiten und Nazis, das Land, nach dem sie sich siebzehn Jahre lang in der ihr fremden, doch auch vertraut gewordenen Umgebung gesehnt hatte? Und sie dachte an die Zukunft ihrer Söhne. Als ich sie viele Jahre später, halb im Scherz und mehr noch im Ernst, fragte:
„Womit habe ich es verdient, einmal lebenslänglich zur DDR verurteilt zu sein?“, reagierte sie sehr ernst, tief betroffen, stellte nicht ihren damaligen Glauben an eine bessere Welt in den Vordergrund, erklärte mir, wie sie 1950 als Ausländerin, allein mit zwei kleinen Jungen, um unsere Zukunft besorgt war.
Wir fanden in der Wallstraße, in der Nähe vom Alexanderplatz, ein erstes Dach über dem Kopf – auch dieses Haus war zur Hälfte eine Ruine. Bald gehörten Ruinen zu meiner vertrauten Umgebung, zu meinen Lieblingsorten. Im erhaltenen Teil des Gebäudes waren der Dietz Verlag und ein Gästehaus der SED untergebracht, das rückkehrende Emigranten beherbergte. Hier konnten sie wohnen, bis eine Wohnung für sie gefunden war.
Meine Mutter, mein Bruder und ich teilten uns ein Zimmer. Der Mai war warm, meine Mutter schlief, wie sie es gewohnt war, bei offenem Fenster. Eines Morgens, an einem unserer ersten Tage in diesem Gästehaus, weckten mich verzweifelte Laute meiner Mutter. Zuerst hatte sie wie gewohnt auf den Wecker geschaut, der an ihrem Bett stand, und gesehen, dass er verschwunden war. Dann bemerkte sie, dass auch ihr Ring fehlte, und ihre Uhr, ebenso wie die französischen Francs, die sie mitgebracht hatte und ihr Pass sowie ihre Papiere. Es gab kei-

nen Zweifel, jemand war an der angrenzenden Ruine bis zur ersten Etage hochgeklettert und ins offene Fenster gestiegen, hatte alle diese Gegenstände eingesammelt, ohne uns zu wecken, und war unbemerkt mit ihnen verschwunden. Was wollte er mit dem Pass, den Papieren? Es war eine erste Lektion in Sachen Kalter Krieg. Wie konnte man einige hundert Meter von der Sektorengrenze entfernt, in einem Haus der SED, bei offenem Fenster schlafen?

In den ersten Berliner Tagen wurde meine Mutter, wie wohl alle rückkehrenden Emigranten, zu einem Gespräch ins Zentralkomitee der SED eingeladen. Dort warf man ihr vor, dass sie erst so spät käme, nicht gleich 1945 zurückgekehrt war. „Jetzt kommst du, wo es uns gut geht", hielt man ihr vor. Sie hätte sich um die Mühen der ersten Jahre gedrückt, setze sich ins gemachte Nest. Meine Mutter ahnte nichts vom Misstrauen gegenüber den aus der „Westemigration" zurückgekehrten Emigranten, von den Kämpfen der aus Moskau unterstützten Ulbricht-Gruppe um die Vormacht, um die alleinige Herrschaft. Sie versuchte den sie derart anklagenden Genossen verständlich zu machen, dass sie mit zwei kleinen Kindern aus einem französischen Dorf nicht sofort aufbrechen konnte, um sich dem Aufbau der neuen Gesellschaft zur Verfügung zu stellen. Man forderte sie auf, einen detaillierten Lebenslauf zu schreiben, erklärte ihr, sie solle nur nicht glauben, je eine führende Rolle in entsprechender Funktion übernehmen zu können. Das war das Letzte, woran meine Mutter dachte. Hätte sie nicht alle Brücken hinter sich abgerissen, die Pariser Wohnung aufgegeben, ihr bescheidenes Hab und Gut nach Berlin überführt, wäre sie zurückgekehrt.

Bald bekamen wir eine kleine Wohnung in einem Neubau, zwei Zimmer. Für eine Einschulung war es in diesem Mai zu spät oder zu früh. Und was sollte ich in einer Schule, ohne die Sprache zu verstehen? Meine Mutter meinte, am schnellsten würde ich in Gesellschaft Gleichaltriger lernen. Sie fand einen Kinderhort, den ich am Tag besuchte. Bereits am ersten Abend konnte ich ihre Erwartung bestätigen, und durch die gemeinsamen Spiele mit den anderen Kindern machte ich zur großen Freude meiner Mutter rasch große Fortschritte

Auch im Hort wurde ich mit den zunächst befremdenden, später vertrauten deutschen Gepflogenheiten bekanntgemacht. So war es den

Betreuerinnen an einem Tag gelungen, irgendwo Kakao aufzutreiben und den Kindern zu servieren. Alle genossen dieses außergewöhnliche, unbekannte Getränk mit gebührender Freude und Dankbarkeit – nur mein Bruder und ich nippten daran, zogen eine Grimasse und stellten die Tassen zurück. Die Betreuerinnen fragten meine Mutter enttäuscht bei der nächsten Gelegenheit:
„Kennen Ihre Kinder keinen Kakao?“
Sie fragte zurück:
„Haben Sie ihn mit Milch oder mit Wasser aufgekocht?“
Etwas pikiert über derartig maßlose Ansprüche antworteten sie:
„Mit Wasser natürlich“, und meine Mutter darauf:
„Dann ist es nicht erstaunlich, dass meine Kinder ihn nicht tranken.“
Auch sie hatte ihre Schwierigkeiten mit dem neuen Leben. Nach siebzehn Jahren Abwesenheit erkannte sie ihre Stadt nicht wieder. Ich begleitete sie oft auf ihren Erkundungen durch die Ruinen der für sie einst vertrauten Orte. Straßenbahnschienen, nach denen sie sich zu orientieren versuchte, verloren sich unter Bergen von Steinen und Schutt. Von manchen Gebäuden standen nur noch die Fassaden, manchmal führte dahinter eine Treppe bis zur dritten, vierten Etage, auf den ehemaligen Eingang einer Wohnung wies ein Stück erhaltener Tür, die schief in den Angeln hing. In der Luft hingen Rohre und ein schwebendes Spülbecken zeigte an, dass hier einst eine Küche gewesen war. Oben, wo früher ein Dach war, wuchsen kleine Bäume aus den Fassaden.
Die Auerbachschen Anstalten fand meine Mutter nicht wieder, denn die Schönhauser Allee war ein Trümmerfeld. Auch der Ullstein Verlag in der Kochstraße war zunächst unauffindbar. Nicht nur die Gebäude waren verschwunden oder entstellt, auch die vertrauten Orientierungspunkte fehlten, besonders die Eckhäuser. Später erfuhr ich den Grund: Hier verschanzte sich das letzte Aufgebot, das die Nazis zur Verteidigung der Hauptstadt aufgebracht hatten, Greise und Kinder, der sogenannte Volkssturm. Sie schossen mit Panzerfäusten, warfen Granaten, zielten mit Gewehren und Maschinenpistolen aus Fensternischen auf die heranrückenden sowjetischen Panzerkolonnen und die in ihrem Schutz laufenden Infanteristen. Daraufhin zerstörten diese auf ihrem Vormarsch mit ihrer Artillerie und ihren Panzern die Eckhäuser, quasi

vorbeugend. Auch die von Kugeleinschlägen pockennarbigen Fassaden zeugten damals, aber auch noch sehr viel später, von den Kämpfen, die bis zur letzten Stunde in Berlin stattfanden, bevor die rote Fahne auf dem Reichstag gehisst werden konnte.

Nicht nur die Stadt war für meine Mutter unkenntlich geworden, die Menschen waren es fast noch mehr. In Frankreich war sie eine Fremde, trotz guter Freunde und Menschen, die ihr uneigennützig geholfen hatten. Hier, in ihrer Geburtsstadt, in der Stadt ihrer Kindheit und Jugend, ihrer ersten Arbeit, ihrer ersten Liebe, war sie nun noch fremder. Manchmal fuhren wir mit der S-Bahn und sprachen miteinander auf Französisch – eine andere gemeinsame Sprache hatten wir vorläufig nicht. Setzte sich ein Mann zu uns, befürchtete meine Mutter, was fast unvermeidlich eintrat: „Sie sind aus Frankreich? Was für ein schönes Land. Ich war dort 1943 stationiert, in der Nähe von Bordeaux."

So oder ähnlich begannen die Konversationen, auf die meine Mutter nicht den geringsten Wert legte. Es war immer wieder erstaunlich, wie diese jungen oder weniger jungen Männer annahmen, ihr französisch sprechendes Gegenüber müsse sich mit ihnen über die schöne Zeit freuen, die sie als Besatzer dort verbracht hatten, könnte ihre Erinnerungen teilen, sich gewissermaßen über das Wiedersehen alter Bekannter freuen. Für viele war es tatsächlich der bisherige Höhepunkt ihres Lebens. Zum ersten Mal waren sie aus ihrem Dorf, ihrer Kleinstadt oder auch aus Berlin hinausgekommen, in die weite Welt; ihre Uniform war manchmal etwas unbequem und störend, verlieh ihnen aber auch Selbstgewissheit, Sicherheit, Überlegenheit. Hinweisschilder auf Deutsch erleichterten ihre Orientierung, gaben ihnen so etwas wie ein Heimatgefühl. Der Gedanke, nicht willkommen zu sein, kam ihnen nicht. Sie verwechselten höfliche Distanz mit Gastfreundschaft, käufliche Liebe mit Bewunderung ihrer Männlichkeit; ein schlechtes Gewissen kannten sie nicht. Das hatten sie als Sieger nicht gekannt und kannten sie nun noch weniger, seitdem sie besiegt worden waren. Denn nun waren sie Opfer, verführt von Hitler und einer Handvoll seiner Anhänger, gestern noch von vielen vergötterte Helden und Übermenschen, denen sie fanatisch zugejubelt hatten und die nun für begangene Verbrechen allein verantwortlich waren. Opfer einer

Siegerjustiz, die die Angehörigen einer so stolzen und ehrenwerten Organisation wie die SS, unsere Ehre heißt Treue, sogar einschließlich der Waffen-SS, wegen Kriegsverbrechen und Verbrechen gegen die Menschlichkeit anklagte, Opfer ungerechter Launen des Zufalls, der die Bombe ausgerechnet auf ihr Haus und nicht auf das des Nachbarn fallen ließ, Opfer der Polen und Tschechen, die sie vertrieben hatten, und der Russen – vor allem der Russen. Je besser ich Deutsch verstand, desto mehr hörte ich solche Klagen. Das Opferthema begegnete mir in den folgenden Jahren, im Grunde bis heute, immer wieder.

*

Ich hatte Paris, wo sich das Leben weitgehend normalisiert hatte, wo Kakao mit Milch, Apfelsinen und Bananen zu meinem selbstverständlichen Alltag gehörten, gegen Ostberlin eingetauscht, wo ich stattdessen Ruinen als einen Abenteuerspielplatz entdeckte, den Paris nicht zu bieten hatte. Im September wurde ich mit zehn Jahren noch einmal „eingeschult“. Da ich in Moutier-Rozeille nach dem Ende des ersten Schuljahres in die dritte Klasse versetzt worden war, gehörte ich in meinen französischen Schulen zu den jüngsten Schülern der Klasse. Nun beschloss der zuständige Lehrer, ich müsste der vierten und nicht der fünften Klasse zugewiesen werden, die meinem Alter entsprochen hätte. Da in der fünften Klasse der Russisch-Unterricht beginne und ich auch noch Deutsch zu lernen hätte, wäre ich mit dem Erlernen von zwei Fremdsprachen überfordert. So war ich plötzlich nicht mehr einer der jüngsten, sondern der ältesten Schüler der Klasse. Allerdings hatte der Lehrer nicht Unrecht, was meine Deutschkenntnisse betraf. Ich erinnere mich noch an das Diktat, das wir in den ersten Tagen zu schreiben hatten. Ich verstand wenig und wusste noch weniger, wie sich das Diktierte schrieb. Ich schrieb also das Gehörte so, wie es auf Französisch zu schreiben war. Die Lehrerin, die von mir nichts wusste, dachte zunächst, ich sei versehentlich in ihre Klasse statt in die Hilfsschule geraten. Als sie die Gründe meiner Schreibschwäche erfuhr, traf sie eine kluge pädagogische Maßnahme: Sie setzte mich neben die beste Schülerin der Klasse und ermächtigte diese, mir zu helfen. Schließlich war

ich sehr stolz, als ich am Schuljahresende das einzige fehlerfreie Diktat schrieb. Und ganz ohne die Hilfe meiner Mitschülerin!
So lernte ich also spielend Deutsch sprechen, lesen, schreiben, insgesamt in weniger als einem Jahr, vermutlich erleichtert durch meine frühe, kurze Berührung mit dieser dann verschütteten Sprache. Nichtverstehen konnte dabei zu überraschenden Entscheidungen und einigen absurden Situationen führen: So hob an einem der ersten Schultage die Hälfte der Klasse auf eine Frage des Lehrers, die mir unergründlich blieb, den Arm, die andere Hälfte ließ es sein. Ich begriff, dass man sich hier für oder gegen etwas entschied, aber wofür, wogegen? Ich sah zu dem Jungen hinüber, für den ich eine erste Sympathie empfand. Er hob den Arm, also tat ich es ihm gleich. So hatte ich mich für die Schulspeisung eingetragen.

*

Ich weiß nicht mehr, wie lange wir insgesamt in Baumschulenweg wohnten, erinnere mich jedoch, dass ich einige Male zur Schule abgeholt wurde, von einer großen Limousine, in der Rosa Thälmann saß, die Witwe des großen Arbeiterführers. Das Originalfoto von Ernst Thälmann, das bei uns auf dem Buffet stand, war von ihr unterzeichnet. Wie lange kannte meine Mutter sie schon? Auch das eine der vielen Fragen, die wohl für immer unbeantwortet bleiben werden.
Im August 1951 wurden in Berlin die Weltfestspiele der Jugend und Studenten veranstaltet. Beim Ehepaar Kurt und Jeanne Stern, er ein nach Frankreich geflohener Emigrant, der, wie es das oft gab, mit einer Französin verheiratet zurückgekehrt war, legte ich eine Prüfung ab. Sie bestätigten mir, als Dolmetscher qualifiziert zu sein. Doch dann kam eine meiner frühesten, tiefsten Enttäuschungen: Trotz des Mangels an qualifizierten Dolmetschern hielten die Veranstalter mich, den Elfjährigen, für zu jung. Ich wollte von diesen Weltfestspielen daraufhin nichts sehen und nichts hören. Eine Gelegenheit, aus Berlin zu fliehen, bot das Ferienlager der Pioniere am Hölzernen See.
Einige Jahre später befand ich mich erneut in einem Pionierlager. Allerdings hatte ich die Seite gewechselt, ich gehörte nicht mehr zu den Pionieren, sondern zu den „Erwachsenen“. Dabei hatte ich gerade

erst die Grundschule beendet. Trotz meiner erst fünfzehn Jahre hatte man mich nun als Dolmetscher akzeptiert. Ohnehin war es auch kein gewöhnliches Pionierlager mehr. In der Pionierrepublik „Wilhelm Pieck“ am Werbellinsee gab es neben den deutschen Kindern nun „Delegationen“ aus verschiedenen Ländern. Sie kamen aus den „Bruderländern“, aber auch aus dem Westen. Und ich wurde sogar entlohnt, wenn ich mich richtig erinnere, mit zehn Mark am Tag, bei drei Wochen eine beachtliche Summe für einen Fünfzehnjährigen. Die erste Lohnarbeit meines Lebens und der Beginn einer langen Dolmetscherkarriere.

Es war nicht abwegig, dass die verantwortlichen FDJ-Funktionäre meinen Dolmetscherkünsten zunächst misstrauten, nicht nur wegen meiner fünfzehn Jahre. Diese machten zwar offensichtlich, dass ich keine Ausbildung in diesem Beruf absolviert hatte, doch das war damals in der DDR eher Norm als Ausnahme. Es gab noch keine universitäre Vorbereitung auf diese Arbeit, oder keine Absolventen mit entsprechenden Zeugnissen. Die meisten Dolmetscher und Übersetzer aus dem Französischen, Englischen und Russischen waren zurückgekehrte Emigranten und ihre Kinder, soweit sie alt genug waren. Heute würde man sie als „Seiteneinsteiger“ bezeichnen. Dolmetscher, die diesen Beruf bereits vor 1945 in Deutschland ausgeübt hatten, sind mir nicht begegnet; vermutlich hatten sie es vorgezogen, ihre Karriere im westlichen Teil fortzusetzen.

*

Die Zahl der zurückgekehrten Emigranten war überschaubar, und die Wahrscheinlichkeit, Freunde und Genossen wiederzutreffen, dementsprechend sehr gering. Doch durch einen glücklichen Zufall hatte meine Mutter Traute Feigl wiedergetroffen, die nach dem Kriegsende aus der englischen Emigration zurückgekehrt war. Sie kannten sich aus der Zeit vor 1933, waren befreundet. Obwohl sie in vielerlei Hinsicht entgegengesetzte Persönlichkeiten waren, beschlossen die beiden Frauen, zusammenzuziehen. Es fand sich ein geeignetes Haus mit Garten in Kleinmachnow bei Berlin. Sie mieteten es und wir zogen dort ein. Das Haus war Teil eines Villenviertels südwestlich von Berlin, nahe Potsdam, viele Künstler und Intellektuelle hatten sich hier niedergelassen.

Meine Mutter war erschüttert, in ihren Gefühlen und in ihren Überzeugungen, als Julius Meyer, der Vorsitzende der jüdischen Gemeinde Ostberlins, mit der Mehrheit der Mitglieder über Nacht nach Westberlin umzog. Es hatte Durchsuchungen in vielen jüdischen Gemeinden in der DDR gegeben. Meine Mutter nahm die besonders gegen Juden gerichteten Verdächtigungen nicht in ihrer ganzen Tragweite wahr. Als der Staat Israel 1948 gegründet wurde, war er zunächst als Befreiung von englischer kolonialer Bevormundung, als vielversprechendes Regime gegen die ihn umgebenden reaktionären arabischen Staaten begrüßt worden. Die Sowjetunion war das erste Land in der kurz zuvor gegründeten UNO, das den neuen Staat anerkannte und ihm Waffen zu seiner Verteidigung schickte. Doch ihre Haltung kehrte sich im Laufe des Kalten Krieges um. Anfang der 1950er Jahre wurde der russische Antisemitismus, der schon unter der Herrschaft der Zaren ein Herrschaftsmittel war und unter Stalin mit den „Säuberungen" von 1937 einen neuen Höhepunkt erreicht hatte, wieder virulent. Israel wurde bald als „Speerspitze des Imperialismus" entlarvt, gerichtet vor allem gegen die nunmehr arabischen Brüder und ihren antiimperialistischen Kampf um Unabhängigkeit.

Traute arbeitete im Bundesvorstand des FDGB, war für dessen internationale Beziehungen zuständig. Ihre Fremdsprachenkenntnisse (Französisch, Englisch, Russisch) befähigten sie neben ihrem politischen Wissen und ihrem selbstsicheren Auftreten besonders für diese Arbeit. Um von Kleinmachnow zum Sitz des FDGB ins Zentrum von Berlin zu fahren, musste man nach Potsdam und von dort mit der S-Bahn Richtung Erkner über Friedrichstraße bis Jannowitzbrücke. Der größte Teil dieser Strecke lag in Westberlin. Bald verbot die Logik des Kalten Krieges verantwortlichen „Geheimnisträgern" durch Westberlin zu fahren. Die Alternative bot ein Zug, der von Potsdam, am südlichen Rand Berlins entlang, bis Schönefeld fuhr, dann konnte man weiter mit der S-Bahn das östliche Stadtzentrum erreichen, was eine wesentlich längere Fahrzeit bedeutete. Traute war davon betroffen, meine Mutter nicht, solange sie in Kleinmachnow bei der Stadtbücherei arbeitete – aber selbst diese blieb nicht von der Politik verschont. Eines Tages beschloss die Bibliotheksleitung, den Bestand noch einmal zu überprüfen: Waren Bücher übersehen worden, deren Verbreitung gefährlich war? Meine Mutter brachte ein gefährliches Buch mit nach Hause. Sie hatte es vor der Aussortierung und Vernichtung gerettet. Auf dem Deckblatt der Titel *Deutschland, Deutschland über alles*, ein Zylinder, eine schwarz-weiß-rote Fahne. Der Fall war klar, ein Nazibuch, das übersehen worden war. Heute steht eben jenes Buch von Kurt Tucholsky, gestaltet von John Heartfield, in meiner Bibliothek.

Meine Mutter arbeitete nicht lange in der Stadtbücherei. Sie hätte vielleicht weitere Bücher retten können, doch hatte sie eine andere Aufgabe in Berlin gefunden. Sie begann ihre Karriere als Übersetzerin und Dolmetscherin beim *Demokratischen Frauenbund Deutschlands* (kurz DFD), doch beschäftigt war sie bei einer internationalen Organisation, der *Internationalen Demokratischen Frauenföderation*, kurz IDFF. Sie hatte ihren Sitz Unter den Linden, wo heute die Kunsthalle der Deutschen Bank ist und 1997 bis 2012 die Deutsche Guggenheim moderne Kunst ausstellte. Sie trug, wie der Weltfriedensrat und der Weltgewerkschaftsbund *Fédération Mondiale des Syndicats* einen französischen Namen, Französisch war auch die offizielle Sprache der von ihr veröffentlichten Dokumente, auch die Präsidentin war eine Französin. Der Sitz in Ostberlin war zwar in erster Linie aus ökonomischen Gründen gewählt worden, aber vielleicht auch wegen der Mittellage zwischen Ost und West. Sie war eine der internationalen Organisationen, die kommunistisch orientiert oder geführt waren, jedoch nach außen auf eine demokratische Ausstrahlung Wert legten. Die DDR, die während ihrer gesamten 40-jährigen Geschichte unter einem Mangel an konvertierbarer Währung litt, glich ihn aus, indem sie die Kosten für Gebäude und Personal übernahm. Das war ihr Mitgliedsbeitrag, der sie davon befreite, ihr schmächtiges Devisenkonto zu belasten.

Mit der IDFF verbindet sich meine insgesamt dritte, jedoch erste deutsche Heimerfahrung. Der DFD verfügte, wie viele Organisationen, über ein eigenes Kinderheim. Meine Mutter meinte, ein geregeltes Leben zusammen mit anderen Kindern sei besser, als allein zu

Hause zu sein, während sie arbeitete. Das Heim war in Wilhelmshagen, an der Stadtgrenze zu Berlin, auf halber Höhe der Püttberge. Später verließ meine Mutter die IDFF und wechselte zum Allgemeinen Deutschen Nachrichtendienst, dem ADN. Nein, kein Geheimdienst, obwohl auch er seine Geheimnisse hatte. Das sollte ich ein Dutzend Jahre später erfahren, als ich selbst ein halbes Jahr dort arbeitete, in der DDR-Entsprechung zur Deutschen Presseagentur und zur französischen Agence France-Presse, mit denen er in Konkurrenz stand, wenn es darum ging, bestimmte Nachrichten – vor allem Sportnachrichten – als erster in die Medien zu bringen. Meine Mutter war, wie auch ich später, in der Auslandsredaktion im Schichtdienst tätig. Dadurch konnte sie sich noch weniger um ihre Söhne kümmern als bei ihrer Arbeit für die Frauen der Welt. Der ADN hatte ebenfalls sein Kinderheim, das sich noch weiter draußen, in Grünheide, befand. Grünheide lag auf dem Weg, auf dem die Rote Armee von der Oder aus nach Berlin vordrang – die Heimkinder wurden mehrfach daran erinnert. Einmal brachten sie von einem Spaziergang im nahegelegenen Wald einen gewichtigen, ovalen metallenen Körper ins Haus, stolz über ihren Fund, den sie für einen Feuerlöscher hielten. Eine Betreuerin war jedoch misstrauisch geworden und rief die Feuerwehr, die sofort erkannte, dass das Fundstück nicht zum Löschen von Feuer bestimmt war, im Gegenteil: Es war ein Blindgänger aus dem Zweiten Weltkrieg, der glücklicherweise weder beim Transport ins Heim noch beim Abtransport explodierte.

*

Auch wenn ich an die Lehrer zurückdenke, an die ich mich noch erinnern kann, wird mir bewusst, wie sehr in den ersten Jahren der DDR, keine zehn Jahre nach Kriegsende, die jüngere Vergangenheit noch allgegenwärtig war. Nach 1945 hatten sich die überwiegend alten führenden Genossen, die in Konzentrationslagern oder in der Emigration überlebt hatten, vorgenommen, das Nachleben der Naziherrschaft sowohl wirtschaftlich als auch politisch, ideologisch und kulturell zu überwinden. Im Schulwesen bedeutete das, die alten durch neue Lehrer zu ersetzen, doch dafür mussten die sogenannten Neulehrer erst aus-

gebildet werden, was oft überstürzt und mit entsprechenden Ergebnissen geschah. Die Lehrer, die mir in den ersten Jahren begegneten, waren vor allem die alten Lehrer, die bereits in der Nazizeit gelehrt hatten, ohne sich, soweit bekannt, allzu sehr zu belasten. Auf sie konnte man nicht verzichten, wollte man die Schüler angemessen unterrichten.
Eine Geschichte aus dieser Zeit, die unser Deutschlehrer Herr Berger im Unterricht erzählte, beeindruckte mich tief und prägte sich mir unvergesslich ein: Er war als Soldat der Wehrmacht von den Amerikanern gefangen genommen worden und fand sich in einem Kriegsgefangenenlager in den USA wieder. Eines Tages brach er mit einem Mitgefangenen aus, doch sie kamen nicht weit. Er hatte kein Geld, doch das starke Verlangen zu rauchen. So hob er eine Zigarettenkippe auf der Straße auf, was ein amerikanischer Polizist beobachtete. Es war offensichtlich, dass dieses Individuum kein Amerikaner war, kein US-Bürger würde sich so weit herablassen. Das Individuum wurde festgenommen und ins Lager zurückgebracht. An dieser Geschichte passte alles zu Herrn Berger: die Handlung, die Naivität, das Unheroische, der sympathische Zug, zu seiner Verliererrolle zu stehen.

*

Im Sommer 1953 entdeckte ich in Karlshorst in einem Wäldchen mit einigen gleichaltrigen Freunden ein Militärlager mit vielen Panzern, Jeeps, Lastwagen, versteckt unter großen Tarnplanen. Von den Soldaten wurden wir freundlich empfangen, bekamen Abzeichen geschenkt, durften sogar in die Panzer hineinkriechen und sie von innen kennenlernen. Trotz des Russisch-Unterrichts waren unsere verbalen Austauschmöglichkeiten sehr begrenzt, auch in den kommenden Tagen blieb uns die historische Tragweite der damaligen Ereignisse verschlossen. An einiges erinnere ich mich allerdings. Wir nahmen die mit dem dekretierten Ausnahmezustand verfügten Verhaltensregeln sehr ernst. Zusammenrottungen von mehr als drei Personen waren unter Androhung strenger Strafen verboten. Entsprechend achteten wir während der Unterrichtspausen auf dem Schulhof streng darauf, nicht etwa versehentlich zu viert oder gar fünft zusammenzustehen. Dennoch wur-

den intensiv Beobachtungen ausgetauscht, das Warum und Wohin der Ereignisse besprochen.
Der nur acht Jahre zurückliegende Krieg hatte bei vielen Eltern reflexartige Reaktionen ausgelöst. Hamsterkäufe ließen sehr schnell die unverderblichen Waren des täglichen Bedarfs, Salz, Zucker, Mehl, Teigwaren aus den Läden verschwinden, ebenso wie das Brot. Ich fing einmal ein Gespräch zwischen Bäckersohn und Fleischersohn auf, die sich darüber austauschten, welche HO- und Konsumläden ihre Väter übernehmen würden, wenn frühere Verhältnisse wiederhergestellt würden. Es wäre vielleicht nicht die erste Umverteilung von freigewordenem Eigentum, an der sie beteiligt gewesen wären.
Meine Mutter hatte eine realistische und gelassene Sicht auf den Gang der Dinge. Als ich aufgeregt nach Hause kam und darauf drängte, so viel wie möglich auf Vorrat zu kaufen, stoppte sie meinen Elan mit der Bemerkung, der Ausnahmezustand würde nicht lange dauern. Sie begleitete in jenen Tagen eine Delegation vietnamesischer Frauen und ließ sich auch nicht von der Hysterie einiger DDR-Funktionäre der IDFF anstecken, die meinten, sich vor dem Volkszorn verstecken zu müssen.

*

Die Grundschule lag hinter mir, ich war auf dem Weg in die Welt der Erwachsenen, konnte sogar auf eine erste „berufliche" Erfahrung als Dolmetscher zurückblicken. Doch die drei Wochen in der Pionierrepublik am Werbellinsee waren mehr als ein Ferienjob gewesen, denn nach fünf Jahren war ich erstmals wieder mit gleichaltrigen Franzosen zusammen. Am ersten Tag erlebte ich einen Schock, ähnlich dem, als ich in Schulheften auf Texte stieß, die ich früher geschrieben und nun nur noch teilweise verstand. Ich verstand die französischen Mädchen und Jungen nicht, oder war nicht sicher, sie richtig zu verstehen. Ich hatte Wörter vergessen, und natürlich drückten sich die 14- oder 15-Jährigen anders aus als der Zehnjährige, der Jahre zuvor Paris verlassen hatte. Doch mit jedem Tag wurden sie mir vertrauter, nicht nur sprachlich. Vieles, woran ich mich fast schon gewöhnt hatte, sah ich nun mit ihren Augen, es wurde mir wieder so fremd wie während meiner ersten Wochen in Deutschland. Das galt

nicht nur für die Fahnenappelle, das Antreten und im Gleichschritt marschieren und alles, was mit „Ordnung und Disziplin" zusammengefasst wurde. Meine Mutter bezeichnete das als *gojim naches* und übersetzte es mit GN, „germanische Neigungen".
Auf diese GN stieß ich wieder im Schloss Wiesenburg, das das dortige Oberschulinternat beherbergte. Die Schule – oder vielmehr ihre Leitung – hatte den Ehrgeiz, die erste sozialistische Schule zu sein. Vielleicht nicht auf der Ebene der gesamten DDR, doch möglichst weit sichtbar. Sie übte Druck auf die Schüler aus: Alle sollten Mitglied nicht nur der Jugendorganisation FDJ, sondern auch der paramilitärischen GST, der Gesellschaft für Sport und Technik, werden. Und natürlich gab es jeden Sonnabend einen Fahnenappell und eine wegweisende Ansprache des Direktors. 1955, zehn Jahre nach dem Ende des Dritten Reichs, verwiesen diese GN auf eine Kontinuität, die man nicht wahrnehmen wollte oder konnte, vielleicht war man sich ihrer nicht mal bewusst, so selbstverständlich gehörte sie zur herrschenden Vorstellungswelt, zu gewohnten Erziehungsmustern, zu immer wieder reproduzierten Verhaltensweisen. Ein sozialistisches Schloss – wie geht das zusammen? Kaum besser als meine französische Sozialisation und meine deutsche Situation, als meine sozialistische Wirklichkeit und mein adliger Schein. Von der adligen Abstammung väterlicherseits waren nur drei Buchstaben zwischen Vor- und Nachnamen geblieben. Doch plötzlich fand ich mich in einem Schloss wieder, und die drei Buchstaben erregten ein Aufsehen, das mich überraschte.
Es war nicht lange her, am Ende der Grundschule, da war mein Adel schon einmal, weniger scherzhaft, zum Stein des Anstoßes geworden; ein Stein, der meinen weiteren Weg ernsthaft hätte behindern können. In der achten Klasse wurde Ende Juni entschieden, wer ab September die Erweiterte Oberschule besuchen oder eine Lehre beginnen sollte. Diese für das weitere Leben wichtige Wegscheide sollte von den schulischen Leistungen, den Zensuren, dem Zeugnis abhängen. Doch nicht nur von ihnen. Es gab andere, weniger messbare, weniger eindeutige Faktoren, die entscheidend sein konnten. Zu ihnen gehörte die „soziale Herkunft". Es sollten die Arbeiter- und Bauernkinder besonders gefördert werden. Aus ihnen sollten die neuen Eliten

hervorgehen. Es war historisch und moralisch einsichtig, früher sozial benachteiligte Klassen besonders zu fördern. Doch hinter dieser herausgestellten Absicht lag eine verborgene politische und ideologische Motivation. Die Partei wollte hinter dem erklärten Ziel sozialer Gerechtigkeit und gleicher Bildungschancen den Anteil an Kindern aus jenen Schichten verringern, denen die führenden Vertreter der Arbeiterklasse nicht über den Weg trauten – Selbständige, Handwerker, kleine Geschäftsleute.

Bauernkinder waren keine in meiner achten Klasse in Berlin-Karlshorst, aber auch an wirkliche Arbeiterkinder kann ich mich nicht erinnern. Dem Charakter des Stadtviertels entsprechend, einst gutbürgerlich, jetzt etwas durchmischter: Die Eltern waren eher kleine Angestellte, Kaufleute, das heißt kleine Ladenbesitzer, Intellektuelle, im DDR-Deutsch Angehörige der Intelligenz, vorwiegend der technischen, kurz alles, was damals unter dem Begriff „Kleinbürger" zusammengefasst wurde.

Ich erinnere mich an die beste Schülerin der Klasse, unscheinbar, freundlich, zurückhaltend. Ihr Vater war Arzt, verantwortlich für einen medizinischen Bereich der Reichsbahn, wie sie im Osten bis zum Ende der DDR aus Rechtsnachfolgegründen hieß. Die Familie war katholisch, das Mädchen in ihrer Kirchengemeinde engagiert, was Grund genug war, ihr den Zugang zur Oberschule zu verweigern. Als ich das erfuhr, war ich empört. Ich erzählte es meiner Mutter, die meine Empörung teilte. Ich konnte nicht ahnen, dass sie in ihrer naiven Gutgläubigkeit bei der Partei intervenieren würde, um dieses Unrecht zu verhindern. Das Ergebnis war nicht, dass die Entscheidung korrigiert wurde, sondern dass sich die Stasi für die zu erwartende „Republikflucht" interessierte, was genau zu dem führte, was meine Mutter in gutem Glauben in die politische Klugheit der Partei vertrauend verhindern wollte. Die Familie verließ Hals über Kopf Ostberlin, und meine Mitschülerin setzte ihre Schulbildung in Westberlin fort – eine von vielen, die von bornierten Funktionären aus Dummheit und politischem Übereifer vertrieben wurde. Und, was meine Mutter betrifft, ein schönes Beispiel für einen von Sartre gern gebrauchten Begriff, die Gegenfinalität – einen Zweck verfolgen und dabei das Gegenteil erreichen.

Mir wurde immer bewusster, dass ich die Geschichte von einer anderen, manchmal entgegengesetzten Seite betrachtete als die meisten meiner Mitschüler, die zu anderen Gedanken und anderen Wahrnehmungen führte. Das verdankte ich meinen abweichenden Erfahrungen und denen, die meine Mutter mir vermittelte. Später, während meines Philosophiestudiums, lernte ich den Begriff der Intentionalität der Wahrnehmung kennen, ein ebenfalls für Sartre wichtiger Begriff. Demnach ist keine Wahrnehmung voraussetzungslos, sie ist immer von vorausgehenden Erfahrungen und mit ihnen verbundenen Erwartungen und Absichten geleitet, sie ist auch nicht unabhängig von gesellschaftlichen Codes und Vorstellungen. In meine Wahrnehmungen gingen eigene und vermittelte jüdische, französische und kommunistische Erfahrungen ein, genauer ein Gemisch von diesen. Diese anderen Wahrnehmungen ließen mich zunehmend die Differenz zwischen mir und meinen Zeitgenossen spüren, auch sie spürten diese. Das hätte zu einer Ausgrenzung, einer Isolierung führen können, doch tatsächlich war das selten der Fall. Dagegen verstand ich es, aus meinem Anderssein (später hätte ich es Alterität genannt) Vorteile zu gewinnen. Früh hatte ich entdeckt, dass ich eine gewisse Neugier als Exote erweckte und es mir Freiräume verschaffen konnte, die ich mitunter schamlos ausnutzte. Ich musste mich weniger anpassen, um trotzdem in den Rahmen zu passen.

Durch die regelmäßige Post meiner neuen französischen Freunde aus der Pionierrepublik am Werbellinsee hatte ich bald eine ansehnliche Sammlung von Ansichtskarten, vor allem aus Paris. War es meine Idee, aus diesen eine Wandzeitung über die französische Hauptstadt zu gestalten? Wäre es einige Jahre später noch denkbar gewesen, eine Tafel mit dem Plan von Paris, den Orten, die bald für DDR-Bürger nicht mehr erreichbar waren, zu gestalten? 1955 konnten die Schüler, mindestens theoretisch nach Frankreich reisen, wenn sie eingeladen wurden, alle Passformalitäten auf sich nahmen oder illegal über Westberlin reisten und sich das entsprechende Kleingeld in Devisen besorgten. So konnten sie den Eiffelturm, den Triumphbogen, die Champs-Elysées, das Sacré-Coeur oder die Kathedrale von Notre-Dame bewundern und davon träumen, sie irgendwann in naher Zukunft in natura zu sehen. Auf der Wandzeitung waren die Sehenswürdigkeiten durch Schnüre mit den Punkten verbunden, die ihren Orten auf dem Plan der Metro in der Mitte der Tafel entsprachen.

Manchmal zogen wir es vor, am Wochenende nicht nach Hause zu fahren. Unser Zuhause konnte dreierlei sein, je nachdem, zu welcher Gruppe von Schülern wir gehörten. Sie unterschieden sich nach der Herkunft der Schüler, der geografischen und auch der sozialen; beide waren miteinander verbunden, manchmal sogar ziemlich eng. Die erste Gruppe waren die Berliner, vornehmlich Kinder von Funktionären der Partei oder der Massenorganisationen, die derart verantwortungsvolle Aufgaben hatten oder meinten, sie zu haben, dass ihnen keine Zeit blieb, sich ihren Kindern zu widmen. Oder Kinder von Diplomaten, die die DDR in Ländern vertraten, wo es keine Schulen für ihre Kinder gab (das heißt keine DDR- oder sowjetische Schule). Ich gehörte zu den Berlinern, ohne die genannten Kriterien zu erfüllen. Die zweite Gruppe waren die Leipziger, soziologisch den Berlinern vergleichbar, doch unterschieden sie sich von diesen durch ihre Sprache oder ihren Dialekt, wie man will, die für ihren Zusammenhalt und ihre Abgrenzung eine Rolle spielte. Die dritte Gruppe waren die sogenannten Tagesschüler. Sie wohnten nicht im Internat, sondern bei ihren Familien, in Wiesenburg und den umliegenden Dörfern. Viele waren Bauernkinder oder ihre Eltern arbeiteten in der Brauerei, in der Forstwirtschaft, im Sägewerk, als Traktoristen in der MTS, der Maschinen- und Traktoren Station, der erste Schritt zur bald einsetzenden Kollektivierung der Landwirtschaft, oder der Molkerei.

*

Der widersprüchliche Charakter der Schule, ihr Spagat zwischen Vergangenheit und plakatierter sozialistischer Zukunft zeigte sich, mehr noch als bei den Schülern, an den Lehrern. Wie ich es bereits aus der Grundschule in Karlshorst kannte, gab es „Neulehrer“ und altgediente – wobei ein enger preußischer Charakter nicht alle alten, und eine weltoffene, tolerante Haltung nicht alle jungen Lehrer kennzeichnete.

Herr Gast lehrte die Fächer, zu denen ich mich besonders hingezogen fühlte: Deutsch, Musik und Kunstgeschichte. Die Literatur begleitete mich schon lange, und die bildende Kunst, besonders die Malerei, hatte ich vor nicht langer Zeit für mich entdeckt, als die von der Sowjetunion zurückgegebenen Gemälde der Dresdner Gemäldegalerie in Berlin ausgestellt worden waren. Herrn Gast begegnete ich zuerst mit hohen Erwartungen. Doch eine erste Ernüchterung trat ein, als wir in seinem Musikunterricht ein Lied anstimmen sollten. Ich begann das „Lied der Spanienkämpfer“, doch ich kam nicht weit – Herr Gast unterbrach mich mit den Worten: „Hören Sie auf, das haben Sie schon in Ihrer Kinderstube gesungen.“ Vorausgegangen war (was ich nicht wusste) ein Gespräch mit meiner Mutter beim ersten Besuch der Eltern in Wiesenburg. Er hatte ihr gegenüber betont, dass ich mich mit meinem (von ihm angenommenen) adligen Hintergrund wohltuend von den Bauernkindern unterschied. Meine Mutter hatte ihn daraufhin hinsichtlich unserer Herkunft ohne diplomatisches Feingefühl eines Besseren belehrt. Das rächte sich nun und sollte sich immer mehr zu einem konfliktbeladenen Verhältnis zwischen uns entwickeln. Es gab viele Gelegenheiten, wo unsere verschiedenen Weltsichten aufeinanderstießen.

Herr Gast war stolz darauf, vor 1945 Flieger-Offiziersanwärter geschult zu haben – „mit denen bin ich fertig geworden, mit euch werde ich auch fertig.“ Zinnsoldaten waren eine seiner weiteren Leidenschaften. Er sammelte sie und bemalte sie historisch korrekt. Sie hätten ein ideales Anschauungsmaterial für den Geschichtsunterricht sein können, ich sah jedoch in diesen disziplinierten Abteilungen eher das Ideal, das unser Deutsch-, Musik- und Zeichenlehrer gern mit uns verwirklicht hätte.

Im langen Schulflur, von dem die Klassenräume abgingen, hatte Herr Gast seine Heere in Vitrinen aufgestellt, wohlgeordnet in ihren jeweiligen Truppeneinheiten. Für meinen Antimilitarismus, meine Allergie gegen militärische Disziplin und uniformierte Gleichförmigkeit, waren sie eine reine Provokation. Ich gewann einige Mitschüler dafür, mit mir in einem bestimmten Rhythmus den Flur entlang zu stampfen. Die Kompanien der Husaren, Grenadiere, Dragoner, Jäger, die Reiter der Kavallerie fielen um wie Dominosteine.

Im Oktober 1956 brach die Weltgeschichte in die fast heile sozialistische Welt Wiesenburgs ein. Der Direktor erklärte in seiner Sonnabendansprache, in Ungarn sei eine Konterrevolution ausgebrochen, und vom westlichen Imperialismus gesteuert versuche diese nun, den Sozialismus in Ungarn zu beseitigen. Er wiederholte dabei die Argumente und Beweise, die das *Neue Deutschland* verbreitete. Ich war misstrauisch, gespalten, wusste nicht, ob ich an die entdeckten Waffenlager glauben sollte. Doch die Fotos von an den Füßen aufgehängten kommunistischen Funktionären erschreckten mich. Sie verbanden sich mit der Erinnerung an die nicht allzu lange zurückliegende Vergangenheit Ungarns, an die Horty-Faschisten, das Bündnis mit Hitlerdeutschland, die Verfolgung und Deportationen der Juden. Dagegen standen die im westlichen Rundfunk verbreiteten Informationen über friedliche Demonstrationen der Studenten in Budapest, die demokratischen Umwandlungen, die Rolle von Künstlern und Intellektuellen. Die „Konterrevolution" dauerte nicht lange: Keine zwei Wochen später griffen sowjetische Panzer ein, eine prosowjetische Regierung unter János Kádár übernahm die Macht.

In Wiesenburg schliefen wir zu viert in einem Zimmer, in zwei Doppelbetten, die sich gegenüberstanden, getrennt von einem Tisch in ihrer Mitte. In den unteren schlief Kurt, der beste Schüler unserer Klasse, und ich ihm gegenüber. Abends, im Dunkeln, führten wir leise lange heftige Diskussionen. Ich erinnere mich nur an einen seiner Sätze, den ich nicht mehr vergaß, und dem ich entschieden widersprach. Er markiert für mich eine Grenze, einen Markstein, der für meine Entwicklung wichtig geworden war. Kurt sagte: „Manchmal muss man das Volk auch zu seinem Glück zwingen."

An diesem Satz empörte mich alles, die Vorstellung, ein aufgezwungenes Glück könne Glück sein, und die Anmaßung einer angeblichen Elite, die besser als das Volk selbst wisse, was für dieses gut sei. Das entsprach auch der Haltung von Partei und Regierung in der DDR, die meinten, dem Volk ihre Sozialismusvorstellungen zu seinem Glück aufzwingen zu können.

*

In den folgenden Jahren schritt die Schule, die noch zu meiner Zeit in „Erich-Weinert-Oberschule“ umbenannt wurde, erfolgreich weiter auf dem Weg einer Ausbildungsstätte für künftige Eliten der DDR. Für sie war der Weg vorgezeichnet: Nach dem Abitur Besuch der Arbeiter- und Bauernfakultät in Halle als Vorbereitungsstufe für ein Studium in der Sowjetunion, dann Aufstieg in die Führungsposten auf allen Ebenen der Gesellschaft. Eine wichtige Voraussetzung waren gute, besser noch sehr gute Kenntnisse der russischen Sprache. Zu meiner Zeit herrschte in Wiesenburg noch der sogenannte B-Zweig vor, die naturwissenschaftlichen Fächer hatten Vorrang, dann gewann jedoch der R-Zweig zunehmend an Gewicht. Eine kleine Vorstellung der Veränderungen, die das mit sich brachte, erhielt ich etwa vierzig Jahre später.

Marina, mit der ich eng befreundet war, erzählte mir nach 1990 von ihren Erfahrungen mit Wiesenburg. Ein seltsamer Zufall – sie hatte dieselbe Internatsschule, die ich zwei Jahre lang besucht hatte, etwa zwanzig Jahre nach meiner Zeit kennengelernt. Wiesenburg war zu einer Spezialschule mit verstärktem Russisch-Unterricht geworden; Marina besuchte damals in Moskau eine Spezialschule mit verstärktem Deutsch-Unterricht. Die Schülerinnen und Schüler der Moskauer Schule und jene in Wiesenburg schrieben sich Briefe, schließlich kam es sogar zu einem Schüleraustausch, der die Kenntnisse der jeweils anderen Sprache fördern sollte. Marina erlebte die deutschen Schülerinnen als leistungsorientierte und sehr angepasste Mädchen. Sie lehnten es ab, mit den russischen Mädchen deutsch zu sprechen, denn sie wollten deren Aufenthalt maximal nutzen, um ihre Russischkenntnisse zu verbessern. Von einem „Austausch“ konnte keine Rede sein. Als die russischen Mädchen das Radio anschalteten und Musik fanden, die ihnen gefiel, wurden sie sofort zurechtgewiesen: Dies sei ein Westsender, den höre man nicht. Die Mädchen sangen gemeinsam und trugen sich auch Lieder vor. Als Marina ein jiddisches Lied anstimmte (Marina sang gern, viel und sehr gut, vorzugsweise russische Romanzen), wurde sie von den russischen Betreuern ihrer Gruppe zurechtgewiesen, denn dieser Teil ihres Repertoires war unerwünscht.

Nach zwei Jahren Schlossherren-Existenz war mein Bedarf an sozialistischer Erziehung in verblichener herrschaftlicher Umgebung mehr als befriedigt. Meine Mutter sah ein, dass ich diese Erfahrung nicht bis zum Abitur verlängern wollte und nun alt genug war, für mich auch dann zu sorgen, wenn ihre Arbeit ihr nicht erlaubte, sich so um mich zu kümmern, wie sie es gern getan hätte. Ich sollte wieder in Karlshorst wohnen und die Schule in Berlin besuchen.

*

Im Rückblick ist die DDR nicht ohne die Assoziation Mauer denkbar. Und nicht ohne die mit ihr verbundenen Einschränkungen, vor allem die der Bewegungsfreiheit. Doch es gab eine DDR vor dem Mauerbau, auch mit vielen Einschränkungen, jedoch mit Möglichkeiten, die für die Zeit nach dem Einschließen der Bevölkerung unwahrscheinlich scheinen. Die Grenzen waren noch offen und es war jedem Bürger möglich, ein Visum für eine Reise zu beantragen, auch in den Westen, so wie es nicht ungewöhnlich gewesen war, in Wiesenburg eine Wandzeitung mit Pariser Sehenswürdigkeiten zu gestalten. Die zu überwindenden Hürden waren nicht Mauer und Stacheldraht (wie vier Jahre später), sondern Behördenwege, die den selbst zeitlich begrenzten Wechsel zwischen den Fronten des Kalten Krieges zu einem Hindernislauf machten. Man brauchte eine Einladung, beantragte dann ein Ausreisevisum aus der DDR, ging nach Westberlin, um sich vom Interallierten Traveloffice einen Pass – mit dem Stempel *presumed german* – ausstellen zu lassen, und in diesen Pass konnte das französische Konsulat in Westberlin sein Einreisevisum nach Frankreich einfügen. Einfacher war es natürlich, sich in Westberlin einen Pass als Bundesbürger ausstellen zu lassen und mit diesem frei zu reisen; wobei man es vermied, durch die DDR zu fahren, dafür musste man über ausreichende konvertierbare Währung verfügen. Der Flug ab Westberlin schloss das Risiko aus, die Reise früher als beabsichtigt beenden zu müssen. Diese Möglichkeit war auch den DDR-Behörden bekannt – vielleicht war das ein Grund für ihre Großzügigkeit.

Im Sommer 1957 fuhr ich zu Besuch nach Frankreich. Gern wüsste ich, wie viele Bürger wie ich damals den umständlichen, aber legalen Behördenweg auf sich nahmen und wie viele die aus DDR-Sicht illegale Alternative bevorzugten. Einen Vorteil hatte der legale Weg allerdings: Man konnte seine Hin- und Rückfahrkarte (nur eine Hinfahrt wäre wahrscheinlich aufgefallen) in DDR-Mark kaufen. Von Köln war ich bis zur *Gare de l'Est* gefahren, dann in die Métro umgestiegen, bis zur *Gare de Lyon*, um von dort südwärts weiterzufahren, nach Vierzon an der Loire. Stolz und etwas unsicher bewältigte ich diese Aufgaben und fühlte mich ziemlich erwachsen, als ich die Fahrkarten kaufte, mir einen Métroplan geben ließ, erkannte, wie ich wo umsteigen musste, und das alles in der mir vertrauten und doch etwas fremd gewordenen Sprache. Ich wollte auf keinen Fall als Fremder auffallen, selbstverständlich dazugehören, ein Franzose unter Franzosen. In der Métro fielen mir wieder die riesigen Werbeplakate auf, ihre Farbigkeit, Kindheitserinnerungen wurden wach. Dann die Vielfalt der Hautfarben, der Kleidung. Selbst den typischen Geruch erkannte ich wieder. Und das Tempo, mit dem sich die Menschen bewegten. Paris war eine echte Großstadt, eine Weltstadt, ganz anders als Ost- und selbst Westberlin!

In Vierzon erwarteten mich Marinette und Henri. Sie waren alte Freunde meiner Mutter, hatten auch noch meinen Vater gekannt, mich als Kleinkind. Henri war in Vouzeron Direktor eines Heimes der Gewerkschaft, das in einem alten Schloss untergebracht war. Nun war ich also wieder Schlossbewohner! Das Ende des 19. Jahrhunderts im neugotischen Stil erbaute Schloss Vouzeron hatte die Metallarbeitergewerkschaft der CGT der Pariser Region 1937, ein Jahr nach der Volksfront und der Einführung des bezahlten Urlaubs, erworben und in einen Urlaubs- und Ferienort verwandelt. Doch im Unterschied zum FDGB, der Gewerkschaft in der DDR, war es nicht die Hauptaufgabe der CGT, Urlaubsplätze an ihre Mitglieder zu verteilen. Bei der Besichtigung stolperte ich dennoch über eine Gemeinsamkeit zwischen dem Schloss in Vouzeron und öffentlichen Gebäuden in der DDR: Im Speisesaal befand sich ein riesiges Wandgemälde, auf dem kampfentschlossene Arbeiter rote Fahnen schwenkten. Es wäre bei einer Dresdner Kunstausstellung kaum aufgefallen und wahrscheinlich als Beispiel für den sozialistischen Realismus in der Malerei von der Kritik gewürdigt worden.

Von Vouzeron fuhr ich über Vierzon nach Paris zurück. Dort wohnte ich bei Albert und seiner Frau Claire, meine Mutter hatte sie in Berlin beim Dolmetschen kennengelernt. Sie boten mir an, in ihrer Wohnung zu bleiben, solange ich wollte, und gaben mir die Schlüssel. Nun war ich zwar wieder in Frankreich, fühlte mich zunehmend zu Hause, blieb jedoch ein Fremder, fühlte mich wie ein Franzose auf Abruf. Ich konnte ihr großzügiges Angebot jedoch nicht annehmen, denn mein Visum lief ab und ich hatte auch kein Geld, genauer keine Devisen. Auch in dieser Beziehung war ich inzwischen mehr DDR-Bürger als Franzose: Mit Visa-Angelegenheiten war nicht zu scherzen! Ich ging zur Polizeipräfektur und fand eine Stelle, bei der ich meinen Wunsch vortrug, mein Aufenthaltsvisum verlängern zu lassen. Man bestätigte mir, was Claire und Albert bereits gesagt hatten – es gäbe so viele Menschen in Frankreich, die Wochen, ja Jahre ohne gültigen Aufenthaltsstatus blieben, auf ein paar Tage käme es wirklich nicht an. Und vor allem: Aus meinen Papieren gehe hervor, dass ich in Frankreich geboren bin, ich spräche Französisch wie ein Franzose, müsste also erstmal beweisen, dass ich kein Franzose bin – was ich ja vermutlich ohnehin sei, und als Franzose brauche ich keine Aufenthaltserlaubnis. Von so viel kartesianischer Logik fast sprachlos, fragte ich, wie ich das beweisen könne. Wie beweist man, was man nicht ist?

Man gab mir die Adresse einer anderen Dienststelle, in der zu meiner Verwunderung sofort eine Akte über unsere Familie hervorgeholt wurde, sie reichte zurück bis Clermont-Ferrand und Moutier-Rozeille, bei einem Blick über den Tisch konnte ich Aussagen von Nachbarn über uns erkennen. Es fand sich kein Antrag auf Einbürgerung noch irgendein Beleg für eine französische Staatsbürgerschaft. Sie mussten feststellen, dass das *droit du sol*, die Zuordnung der Nationalität nach dem Ort der Geburt, in meinem Fall durch den Krieg außer Kraft getreten war, ich demnach als Staatenloser auf die Welt gekommen war. Da hatte ich die Bestätigung, kein Franzose zu sein. In der Polizeipräfektur wurde mir schließlich eine Verlängerung meines Aufenthaltsrechts gewährt, nicht ohne Kopfschütteln über diesen Aufwand, und ich konnte länger in Paris bleiben.

Die zwei Sommermonate in Frankreich hatten eine Bedeutung für mein weiteres Leben, die mir bei der Rückfahrt nach Berlin anfing, bewusst zu werden. Mein Gegenüber im Zug fragte mich etwas, und an seinem erstaunt fragenden Gesichtsausdruck erkannte ich, dass ich auf eine in Deutsch gestellte Frage französisch geantwortet hatte, ohne mir dessen bewusst zu sein. Sieben Wochen lang hatte ich kein deutsches Wort gesprochen. Zwar war ich das Gefühl nicht losgeworden, in Frankreich nicht zu Hause zu sein, bestenfalls ein Franzose auf Zeit, doch die Sprache war wieder zu meiner Welt geworden, zu meiner Weise, in der Welt zu sein, sie wahrzunehmen und zu reflektieren. Ich war auf die eine oder andere Weise in beiden Sprachen zu Hause, sie koexistierten friedlich in meinem Kopf und bildeten eine Welt, mit allen ihren interessanten Widersprüchen.

Es war seltsam: In der DDR erlebte ich es als einen Vorteil, nicht ganz dazuzugehören, war mir der Distanz bewusst und schätzte sie. In Frankreich litt ich ein wenig darunter, mich als Fremder zu fühlen. Dennoch kam mir nicht der Gedanke, in Frankreich zu bleiben. Zu sehr war ich mit meiner Mutter, meinem Bruder, meinen Freunden, der Schule, den Gegensätzen, die eine Herausforderung waren, verbunden. Und der Wechsel zwischen den Welten, den ich gerade erlebt hatte, hatte für mich noch etwas Selbstverständliches. Ich konnte mir nicht vorstellen, dass sich daran bald etwas radikal ändern würde. Grenzen waren hinderlich, doch glaubte ich, mit ihnen leben zu können. Ich sah mich, wie auch später, dann jedoch unter anderen Bedingungen, als Weltbürger, als Europäer, als jemand, wie ich gern sagte, mit variabler Identität – so wie man von variabler Geometrie spricht. Vermutlich Deutscher, das auch, und so vieles mehr.

*

Im September 1957 fand ich die gewohnte deutsche Ordnung wieder, diesmal in ihrer Ostberliner Variante. Wie vereinbart durfte der Heimschüler aus der Provinz in ein selbstständigeres Leben zurückkehren: eine neue Umgebung, eine neue Schule, neue Mitschüler, neue Lehrer. Keine Fahnenappelle und Burggraben-Reinigungen mehr, keine plötzlichen Aktionen in Wäldern und auf Äckern, um von Amerikanern oder anderen Klassenfeinden abgeworfene Kartoffelkäfer oder Flugblätter einzusammeln.

Ich übernahm in der FDJ vorwiegend Funktionen in der Kulturarbeit.

Vielleicht waren meine „weit über den Schulrahmen“ hinausgehenden Interessen und die „sozialistische Weltanschauung“ auch der Grund, warum meine Lehrerin Fräulein Seifert mir eines Tages anbot, mit ihr in Westberlin die Politik der DDR dortigen Bürgern nahe zu bringen. Lange, bevor Westberlin seit dem 13. August 1961 durch eine Grenze eingeschlossen war, die mit ihrer Mauer, dem Stacheldraht, dem glatt geharkten Sand und den elektrischen Drähten, dem sogenannten Todesstreifen, zu einem weltbekannten Bauwerk wurde, blieb mir dieses Gebiet verschlossen. Nicht durch eine äußere Grenze – die es zwar gab, die jedoch recht durchlässig war – sondern durch eine innere Schranke. Die geografisch so nahe andere Welt war mir damals fremder als die ferne französische. Das lag sicher auch daran, dass in politischer Hinsicht Nähe und Ferne in einem umgekehrten Verhältnis zur Geografie standen. Die französischen Freunde meiner Mutter, die mich herzlich aufgenommen hatten, waren wie sie Kommunisten, hatten die Nazis bekämpft, hegten für die DDR, in der sie das andere, bessere Deutschland sahen, eine Sympathie, der ich einen zusätzlichen Bonus verdankte. Das westliche Berlin war dagegen die Frontstadt, der Pfahl im Fleische des Sozialismus, dort hatten die alten Nazis weiterhin das Sagen. Die Stadt atmete die Aura des Verbotenen, auch wenn es ein ausdrückliches Verbot nur für bestimmte Kategorien der östlichen Bevölkerung gab. Für andere war es selbstverständlich, in Westberlin zu arbeiten, einzukaufen, Geld zu tauschen und entlang der Grenze Kinos zu besuchen, die auch für Ostgeld den ganzen Tag lang Filme zeigten, die den Bedürfnissen ihrer östlichen Besucher angepasst waren. Mich interessierten diese Filme nicht, auch die Zigaretten und die Schokolade reizten mich nicht, und vor allem: Ich kannte niemanden in Westberlin. Also gab es keinen Grund für mich, hinüberzufahren.

Das änderte sich im Herbst 1958: In Westberlin wurde gewählt. Eine sich um Plätze im Abgeordnetenhaus bewerbende Partei war die zugelassene SED-West, die es auf Grund des im Potsdamer Abkommen festgelegten besonderen Status von Berlin geben konnte. Natürlich unterstützte die SED-Ost, das heißt die in der DDR herrschende Partei, die einfach nur SED hieß, mit legalen, und ohne Zweifel auch mit weniger legalen Mitteln den Wahlkampf ihrer westlichen Genossen. Zu den legalen gehörte eine Rede des Mitglieds des Politbüros des ZK der SED, Albert Norden, im Sportpalast am Potsdamer Platz. Ich wollte mir selbst ein Bild davon machen, wie dieser Mann, den ich aus den Erzählungen meiner Mutter kannte, in Westberlin auftrat, wie seine Zuhörer reagieren würden. Ich brach mit meinem Mitschüler Peter Franz auf, auch er wollte wissen, wie auf Albert Norden reagiert werden würde, misstraute ebenso wie ich den offiziellen Berichten in der DDR-Presse und zog eine eigene Anschauung vor. In den Sportpalast kamen wir nicht hinein. Es hieß, er sei überfüllt, aus Sicherheitsgründen könne niemand mehr eingelassen werden. Enttäuscht wandten wir uns ab, doch dann fiel mir ein Schauspiel auf, das vielleicht spannender als Nordens Rede war. Im Umkreis des Sportpalastes hatten sich kleine Gruppen gebildet, in deren Mittelpunkt jeweils ein Redner sich mühte, ein politisches Gespräch mit seinen Zuhörern zu führen und ihnen die Ziele der SED-West zu erklären, und auch die Friedenspolitik der DDR. Bei vielen war es sehr schnell offensichtlich: Sie waren aus dem Osten geschickte Propagandisten, die sich schon allein durch ihre Sprache verrieten. Unter den Zuhörern fanden sich bald einige Schreier, Rufe wurden laut: „Geh doch in den Osten, wo du herkommst!"

Dann tauchten Polizisten auf, nahmen die Bedrohten vor dem Volkszorn in Schutz und führten sie ab. Ich beobachtete mehrfach die gleiche Szene, es gab keinen Zweifel, das war zwischen den Schreiern und den Polizisten gut abgestimmt. Einige erkannte ich später bei einer anderen Gruppe wieder. Dann blieb ich erneut bei einer Gruppe stehen, das gleiche Szenarium schien abzulaufen, doch dann nahm die Veranstaltung einen anderen Verlauf: Ein kräftiger junger Mann stand selbstsicher in der Mitte, fast glatzköpfig, mit scharf gezeichneten Gesichtszügen – ein Charakterkopf, der gut reden konnte und die Zuhörer schnell in seinen Bann zog, wobei er sich von den Schreiern nicht beirren ließ. Er konnte sich überzeugend als Westberliner Student ausweisen, sprach von seinen Erfahrungen während seines Studiums in Frankreich, von den Folgen des Algerienkrieges für die französische Gesellschaft. Er warb nicht für die SED-West, sein Thema war der kritikwürdige Zustand der westlichen, kapitalistischen Gesellschaft, die Wiederaufrüstung, die Gefahr eines Atomkrieges, die Notwendigkeit einer friedlichen Koexistenz mit dem Osten.

Wolfgang Fritz Haug, so hieß der junge Student, wurde damals mein wichtigster Bezugspunkt, der kaum ältere Freund, durch den ich neue Blicke auf die mich umgebende Welt gewann. Ich verbrachte fast jedes Wochenende bei ihm, nahm Teil an seinen Aktivitäten, heftete Flugblätter gegen die Atomgefahr. Bald half ich bei der Herstellung der Zeitschrift *Das Argument* und nahm an den Redaktionssitzungen teil, bei denen der Rotwein nicht fehlen durfte. Wolf arbeitete an seiner Dissertation über Sartre und führte mit jungen Arbeitern der SPD ein Seminar durch, dessen Grundlage Sartres Text *Die Kindheit eines Chefs* war. 1960 nahm er mich mit zu einem Oberseminar der Freien Universität bei Margherita von Brentano, in dem die gerade erschiene Originalversion von Sartres *Critique de la Raison dialectique* durchgearbeitet wurde. Westberlin, zwar beschränkt auf Wolf, seine Freunde und die FU, wurde mir immer vertrauter, wurde ein selbstverständlicher Teil meines Lebens. Die „Westarbeit" als Schüler der Kant-Schule hatte mit diesem Leben nichts zu tun, stand aber auch nicht allzu sehr im Widerspruch zu ihm.

*

In dieser Zeit kam es auch zu zwei sogenannten „Westeinsätzen", deren Zielgruppen kaum entgegengesetzter hätten sein können. Der erste sollte ausgerechnet im Hansaviertel stattfinden. Hatte Fräulein Seifert diese Wahl getroffen, oder war sie ihr von irgendeiner Propagandazentrale der Partei vorgegeben worden? Wie auch immer, es war eine kühne Entscheidung, eine echte Herausforderung, den dort wohnenden Westberlinern die DDR-Politik nahe bringen zu wollen. Das Hansaviertel hat seine besondere Geschichte: Das Gebiet zwischen S-Bahnhof Tiergarten und Bellevue, im Süden begrenzt von der Straße des 17. Juni, gehörte einmal zu den vornehmsten Gebieten Berlins, ruhig gelegen, grün, zentral. Es wurde ab 1870 mit Häusern für gehobene Schichten bebaut; die Wohnungen der Vorderhäuser zählten oft bis zu acht Zimmer. Englische Luftangriffe zerstörten im November 1943 das Viertel fast völlig. Nach dem Kriegsende wurden die Trümmer abgeräumt, und es blieb eine große Brache zurück. Die Senatsverwaltung lobte 1952 in der Folge einen Wettbewerb aus, bei dem Architekten der ganzen westlichen Welt eingeladen waren zu zeigen, wie modernes Bauen, Wohnen, Leben zukünftig aussehen könne. Es war ein Konkurrenzprojekt zur zeitgleich geplanten Ostberliner Stalinallee. 1957 konnte die *InterBau*, die Internationale Bauausstellung, die Ergebnisse schließlich zeigen, etwa eine Million Besucher sahen sich im ersten Jahr an, wie das modernste Bauen in der freien Welt aussah. Es muss nicht betont werden, dass die Bewohner des neuen Hansaviertels, so wenig wie jene nach 1870, nicht zu den unteren Volksschichten gehörten und sich ihre Sympathien für die DDR trotz unseres Bemühens in Grenzen hielten.

Der zweite Westeinsatz, an den ich mich erinnere, war kaum erfolgreicher, dafür weniger gemütlich. Diesmal waren wir eine kleine Gruppe von Schülern, die zu Schichtbeginn in aller Herrgottsfrühe in der Siemensstadt im Nordosten Spandaus den Arbeitern Flugblätter in die Hand drückten. Die meisten nahmen sie entgegen, steckten sie in die Tasche. Wir mussten nicht sehr lange stehen, bald rückte die Polizei an und wir stoben auseinander wie ein aufgescheuchter Vogelschwarm. Ich erreichte mit meinem Stapel Flugblätter die nächste S-Bahn-Station, fuhr zum Potsdamer Platz und stieg zu Wolfs Atelier hinauf, hoffte, mit seiner Hilfe die Flugblätter sicher zu verstecken. Auf die Idee, sie bei erster Gelegenheit unterwegs irgendwo unauffällig wegzuwerfen, kam ich nicht. Wahrscheinlich betrachtete ich sie als Volkseigentum, mit dem, wie ich es gelernt hatte, sorgfältig umzugehen war.

Vom allzu nahen in den sehr fernen Osten

An den Sommer 1959 mit seiner tropischen Hitze habe ich viele Erinnerungen. Ich hatte mich zu einem freiwilligen Arbeitseinsatz auf dem Flughafen Schönefeld verpflichtet, wir schippten für das Fundament eines Hangars. Mein Abitur lag hinter mir und meine erste große Reise außerhalb Europas war in Sicht, denn es gab eine Vereinbarung mit der vietnamesischen Regierung, Vietnam beim Aufbau einer Papier- und Zellulose-Fabrik im Rahmen der technisch-wissenschaftlichen Zusammenarbeit (TWZ) zu helfen. Dank der Fürsprache des vietnamesischen Botschafters, der zuvor ein längeres Gespräch mit mir auf Französisch geführt hatte, waren die DDR-Behörden bereit, den frischgebackenen Abiturienten mit der Aufgabe zu betrauen, die zwei Spezialisten als Dolmetscher zu begleiten. Es war ihnen vermutlich nicht leichtgefallen, den gerade mal Neunzehnjährigen ohne Berufserfahrung in dieser Rolle zu akzeptieren.

Die Reise von Berlin nach Hanoi dauerte eine gute Woche, mit Zwischenlandungen und Aufenthalten unter anderem in Moskau, Peking und Wuhan. Meine erste Begegnung mit Moskau entsprach dabei wenig dem schönen Bild, das man in der DDR von der Hauptstadt der Sowjetunion zeichnete. Dazu Peking – welch Kontrast! Die Fahrt vom Flughafen zum Hotel im schnellen, komfortablen Bus über eine gerade, neue, von frisch gepflanzten Bäumen gesäumte Straße, keine Schlaglöcher wie in Moskau. Es war zwar unübersehbar, dass das Land arm war, denn es waren wenige Autos, umso mehr Fahrräder unterwegs, die Häuser am Straßenrand flach und bescheiden, dennoch machte es einen Eindruck von Aufbruch. Das Hotel, in dem wir in Hanoi einquartiert wurden, stand unweit vom See mit der in seiner Mitte auf einem Fuß stehenden Pagode. Zur Zeit der Franzosen hatte es als Bordell gedient. Von einem langen Korridor gingen rechts Zimmer ab, bescheidene Räume mit minimalistischer Ausstattung.

In Hanoi sprachen wir vor allem über die künftige Fabrik, über ihre jährliche Kapazität, ihren Standort, die zu verarbeitenden Rohstoffe, die Produktionsverfahren, die Anzahl benötigter Arbeitskräfte und so weiter. Ich übersetzte ins Französische, und für die Zuhörer, die diese Sprache nicht beherrschten, wurde meine Übersetzung ins Vietnamesische übertragen – was das Ganze natürlich schwerfälliger, zeitaufwendiger und für Fehler und Missverständnisse anfälliger machte.

Während der sieben Wochen unseres Aufenthaltes waren wir mehr im Lande unterwegs als an unsere Residenz gebunden. Meistens waren wir mit drei Jeeps unterwegs. Es herrschte eine unangenehme, feuchte Hitze, die Luftfeuchtigkeit blieb unverändert in der Nähe von einhundert Prozent, die Temperaturen Tag und Nacht konstant um die vierzig Grad. In dieser dampfgesättigten Waschküche hatte man nie das Gefühl, eine trockene Haut zu haben, lediglich die direkte Sonneneinstrahlung und der Fahrtwind konnten etwas abhelfen. Wir folgten den Flussläufen, schätzten die Wassermengen ab, erkundigten uns danach, wie sie während der Trockenperiode und der Regenzeit variierten. Wir besichtigten Wälder und Plantagen, die für die Verarbeitung in Frage kamen. Ein Baum beeindruckte mich besonders, Bao Dé. Er wuchs gerade empor, einen Meter pro Jahr, oben breitete er seine Krone horizontal aus. So entstand eine Säulenhalle mit einem dichten, geraden Dach. Dieses Dach war der ideale Schutz für die zwischen den Stämmen angebauten Kaffeepflanzen, er bot ihnen den Schatten, der sie gedeihen ließ. Hier wuchs Arabica, die beste Kaffeesorte, die Vietnam auch exportierte.

Die sieben Wochen in Vietnam waren sehr anstrengend, das ist gewiss, doch für mich waren sie vor allem eine Zeit voller Entdeckungen, Überraschungen und starker, unvergesslicher Eindrücke. In Cam Pha besichtigten wir einen Tagebau, in dem Steinkohle abgebaut wurde. Das Bergwerk lag auf einer Höhe, von der die abgebaute Kohle in Rinnen hinab in den Hafen, direkt in die Schiffe rollte. Sie war so rein wie wohl sonst nirgends auf der Erde, war ein wertvolles Ausgangsmaterial für chemische Produkte. Selbst die USA würden sie importieren, erklärte man uns stolz. Begabte Arbeiter schnitzten aus dieser Kohle unter anderem Tiere, die bei Gästen sehr geschätzt seien – von Touristen war damals noch keine Rede. Ich habe noch den stolzen, auf einem Sockel ruhenden schwarzen Löwen aus Cam Pha in meinem Bücherregal stehen. Schließlich erhielt ich, wie die beiden Papierspezialisten auch, am Ende unserer Arbeit feierlich eine mit roter Seide bespannte Schachtel überreicht, die einen Orden als Anerkennung für unseren Einsatz enthielt.

Nach meiner Rückkehr sah ich die DDR-Realität mit anderen Augen, nachdem ich erlebt hatte, wie bescheiden, ja arm, Menschen lebten, die nicht weniger fleißig waren. Was waren die Sorgen meiner Mitmenschen, die über mangelnde Fliesen für ihr Badezimmer klagten, neben jenen der Vietnamesen, die aus dem gleichen Gewässer ihr Trinkwasser entnahmen, in dem sie sich und ihre Wäsche wuschen?

Theoria cum praxi

Das Abitur war bestanden. Wie würde es nun weitergehen? Ich wollte studieren, daran gab es keinen Zweifel. Ich schrieb nach Leipzig, denn dort war 1954 an der Universität eine Fakultät für Journalistik gegründet worden. Man schickte mir einen Aufnahmeantrag und Unterlagen für das Studium. Was ich sah, entsprach nicht meinen Vorstellungen: viel Ideologie, wenig Literatur und Wissenschaft. Ich wollte meine Interessen für Literatur, Philosophie und Sprachen miteinander verbinden, und entschied mich schließlich für ein Studium der Klassischen Philologie. Doch ich blieb nicht lange bei den Altphilologen, die lieber „klassische Philologen" genannt werden wollten. Ich war mit Kommilitonen zusammen, die von Schulen kamen, an denen sie mitunter bereits mehrere Jahre lang Latein und selbst Griechisch im Unterricht genossen hatten, ein Teil von ihnen kam aus protestantischen Pfarrhäusern. Es war fast aussichtslos, ihren Vorsprung einholen zu wollen, es hätte Anstrengungen gekostet, die ich nicht unbedingt auf mich nehmen wollte. Also kehrte ich zu meiner Ausgangsidee zurück und schaffte es schließlich, zu den Romanisten wechseln zu dürfen.

Mein Studienjahrgang bestand nun aus neun Personen – acht Studentinnen und mir! Mehr als die Hälfte von ihnen stammte aus der Provinz, sie waren ziemlich brav, einige schon etwas älter und verheiratet, mein unkonventionelles Verhalten schockierte sie manchmal oder empörte sie gar, ebenso wie die besondere Position, die manche Dozenten mir einräumten.

Für die 150 Jahre des Bestehens der Universität bot das Romanistische Institut ein anspruchsvolles Programm an. Wir inszenierten ein Stück über die Pariser Kommune, von Arthur Adamov, *Printemps 71*, auf Französisch, wie es sich für Romanisten versteht. Ich spielte einen Anarchisten – eine Rolle, mit der ich mich gut identifizieren konnte. Und auch etwas sehr Aktuelles hatte sich das Institut vorgenommen: eine internationale Konferenz zum Algerienkrieg. Unsere Seminargruppe übernahm es, die französischen Tageszeitungen der kommunistischen Partei, die *Humanité*, und die in der DDR als großbürgerlich eingeschätzte *Le Monde* auszuwerten. Diese blieb mir vorbehalten, mit der Erklärung, sie sei sprachlich anspruchsvoller als die *Humanité*. Dennoch nahm ich die Haltung der französischen Kommunisten zum Algerienkrieg hinreichend wahr, um sie, die französischen Kommunisten, weniger zu idealisieren als ich es vorher tat, weil sie mir weniger dogmatisch als die DDR-Offiziellen schienen. Mir war die Stellungnahme der französischen Intellektuellen, die den Appel der 121 unterzeichnet hatten, näher. Die Begründung der Kommunisten – der Klassenkampf habe Vorrang vor der Lösung der nationalen oder kolonialen Frage, deshalb käme es darauf an, gemeinsam mit den algerischen Kämpfern für nationale Unabhängigkeit erst den französischen Kapitalismus zu besiegen, dann könne man sich auch der nationalen Unabhängigkeit zuwenden – kam mir als realitätsferne Konstruktion vor. Sicher war meine Sicht auch von meinen Kontakten mit Wolfgang Fritz Haug und seinen Freunden in Westberlin und von der Haltung Sartres, Jeansons und anderer geprägt. Da mein Part in *Le Monde* jedoch die Spiegelung des Algerienkrieges war, konnte ich meine eigene Sicht einigermaßen verbergen. Unsere Arbeit mündete in eine umfangreiche Dokumentation, auf deren Grundlage wir schlussendlich einen Beitrag für die Konferenz verfassten.

Diese Konferenz gab mir die Gelegenheit, zum ersten Mal in einer Kabine zu sitzen und Vorträge simultan zu dolmetschen. Ich ahnte, dass konsekutives und simultanes Dolmetschen zwei verschiedene Dinge waren. Vor ersterem hatte ich keine Scheu mehr, ich hatte regelmäßig Gelegenheit gehabt, mich darin zu üben, zuletzt in Vietnam. Und jetzt war der Umstand, dass ich mich gründlich mit dem zu behandelnden Thema beschäftigt hatte, besonders günstig. Von den meiner Ansicht nach drei entscheidenden Voraussetzungen für gelingendes simultanes Dolmetschen erfüllte ich bereits zwei: gute, besser sehr gute Kenntnisse der Quell- und Zielsprache sowie das Verstehen der behandelten Materie. Ob ich über die dritte Voraussetzung verfügte, eine schnelle Reaktionsfähigkeit und starke Nerven, würde sich erst in actu zeigen. Ich habe es öfter erlebt, dass Kandidaten über die ersten zwei Voraussetzungen weitgehend verfügten und bei ihrem ersten Versuch an der fehlenden dritten scheiterten. Entweder verstummten sie dabei völlig oder verließen in Panik die Kabine. Für einen erneuten Versuch hatten sie nach dieser Erfahrung selten den

Mut. Natürlich wird das bei der entsprechenden Ausbildung immer wieder geübt, doch ist damit der „Ernstfall“ leider noch nicht bestanden. Glücklicherweise gelang mir die Premiere gut. Ich hatte somit die entscheidende Schwelle überschritten, die den Weg für einen Tätigkeitsbereich öffnete, dem ich seit nunmehr über sechzig Jahren Anerkennung und ein nicht zu vernachlässigendes Zubrot verdanke. Mein Studentenleben, das zugleich der Beginn meines Erwachsenenlebens war, hörte auch in der Folge nicht auf, mir neue Horizonte zu öffnen. Trotz der verschulten Universität mit ihren vielen Pflichtveranstaltungen und Anwesenheitslisten verstand ich es in scheinbar paradoxer Weise, mir Freiräume zu schaffen.

Nicht nur als Dolmetscher, auch als Lehrer machte ich neue Erfahrungen. Sicherlich hatte ich diese Möglichkeit der Vermittlung Traute Feigl zu verdanken. Ihr oberster Chef im Bundesvorstand des FDGB war Herbert Warnke, ein Mitglied des Politbüros der SED. Seine Frau hielt damals Ausschau nach einem Französischlehrer. Mir fiel nicht gleich auf, dass Warnke einen Nachbarn hatte, dessen Haus innerhalb des bewachten „Städtchens“ in Pankow extra bewacht wurde. Vor wem? Vor seinen Politbürokollegen, deren Nummer Eins er war, der Genosse Erster Sekretär Walter Ulbricht?

In seinem Buch *Ich will meine Akte* hat Hans Modrow, 1989/90 Ministerpräsident der sich wendenden DDR, Akteneinsicht gefordert. Er meinte seine BND-Akte, die dem über Neunzigjährigen nach wie vor vorenthalten wird. Im Jahr 2013 wurde ihm offiziell bestätigt, dass im Zeitraum von 1956 bis 2012 bundesdeutsche Geheimdienste über ihn Informationen sammelten, auch noch, als er Abgeordneter im Bundestag und im Europäischen Parlament war. Während die Stasi-Akten seit 1990 in breiter Weise zugänglich und ausgewertet sind, bleiben die Akten des westdeutschen Geheimdienstes, des Bundesnachrichtendienstes BND, nach wie vor geheim – das gilt übrigens auch, wie ich erfahren musste, für die französischen Geheimdienstakten. In seinem Buch erwähnt Modrow, dass von 1949 bis 1990 etwa 71.500 DDR-Bürger beobachtet wurden – diese Zahl nannte die Bundesregierung 2016 als Antwort auf eine Anfrage der Linksfraktion im Bundestag. Als ich in den sechziger Jahren mit Gérard Périot die Grenze DDR-BRD überschritt, verschwand ein

westdeutscher Grenzbeamter mit meinen Papieren – es wäre wohl nicht erstaunlich, in einer der 71.500 Akten nicht nur eine Fotokopie meines Passes zu finden.
Nun ist bekannt geworden, was der BND in den Jahren über Herbert Warnke zusammenstellte. Wir erfahren, dass er vor seiner Tätigkeit als Gewerkschaftschef noch „geistig unverbildet“ gewesen sei, also „recht klug“. Mit seinem Aufstieg zum Gewerkschaftschef habe er den FDGB zum Instrument der Partei gemacht – eine erstaunliche Erkenntnis! Im Grunde jedoch sei er umgänglich, jovial und genieße mit seiner deutlich jüngeren neuen Frau auch die Vorzüge des Funktionärsdaseins – etwa auf Auslandsreisen. Ich will ein wenig die Erkenntnisse des BND ergänzen. Sie arbeitete vor ihrer Ehe mit Herbert Warnke als Dolmetscherin für die russische Sprache, war sozusagen eine Halbkollegin von mir. Jedenfalls lebte sie nun mit ihrem Herbert in einer der Villen des „Städtchen“ in Pankow, dem für normale Bürger unzugänglichen, gut bewachten Majakowski-Ring. Ich nehme an, dass sie gelegentlich privat für ihn weiter aus dem und ins Russische übersetzte, wenn entsprechende Gäste ins Haus kamen. Und es kamen häufig Gäste, Herbert empfing sie gern. Unter ihnen waren immer häufiger auch französisch sprechende, auch aus Afrika. Herbert konnte sich mit ihnen ohne Dolmetscher verständigen, wenn auch nicht ohne Schwierigkeiten. Er hatte nicht alles vergessen, aus der Zeit, als er von Juni 1933 bis zum Frühjahr 1936 Sekretär der Roten Gewerkschaftsinternationale in Saarbrücken und Paris war. Das mag ein Motiv für seine Frau gewesen sein, Französisch zu lernen. Und für mich die Gelegenheit, 1960/1961 Lehrer im gut bewachten „Städtchen“ des Politbüros zu werden.

*

Im Frühsommer 1961 wiederholte ich, was ich vier Jahre zuvor als fast normal erlebt hatte: Ich fuhr privat westwärts, nicht ahnend, dass es damit bald für die nächsten achtundzwanzig Jahre vorbei war. Es waren wie für meine Reise nach Frankreich einige Formalitäten zu erledigen, denn um Urlaub in Italien machen zu können, brauchte ich zunächst eine Ausreise-Erlaubnis der DDR. Bei der für den Visumsantrag zuständigen Stelle erklärte man mir, ich bräuchte dazu eine Befürwortung meiner Arbeitsstelle, also dem Romanistischen Institut der Universität, an dem ich studierte. Nach der Genehmigung durch die Direktorin erklärte man mir nun plötzlich an der Passstelle, ich müsste ein italienisches Einreisevisum haben, das würde mir das italienische Konsulat in Westberlin ausstellen. Doch nicht in meinem DDR-Pass, denn Italien habe die DDR noch nicht anerkannt. Ich müsse zuvor beim Alliierten Kontrollrat, ebenfalls in Westberlin, einen Pass beantragen. Das kam mir bekannt vor. Bei der zuständigen Reisestelle des Kontrollrates, dem Interallied Travel Office, wurde mir tatsächlich ein Pass gewährt. Als ich ihn aufschlug, fand ich den Stempelaufdruck: PRESUMED GERMAN. So wurde mir meine Identität erneut bestätigt: VERMUTLICH DEUTSCHER. In den neuen Pass stempelte das italienische Konsulat mein Einreisevisum. Mit diesen Papieren ausgestattet, konnte ich schließlich für Ostmark die Bahnkarte für Hin- und Rückfahrt kaufen.

Anfang August 1961 stieg ich am Ostbahnhof in den Fernzug Richtung München, wo ich abends ankommen, umsteigen und die Nacht durch bis Venedig fahren sollte. In meinem Abteil war ich allein. Ich zündete mir eine KARO-Zigarette an und zog genüsslich den Rauch ein, während sich der vertraute Geruch ausbreitete. Im Zentrum Westberlins füllte sich der Wagen einige Minuten später, und am Bahnhof Zoo bekam ich Gesellschaft von einem jungen Paar und zwei, drei weiteren Mitreisenden. Mein vertrauter Rauch war für sie Gestank und sie rümpften die Nase. Ich nahm aus meiner Tasche einen Pfirsich, ein kleines, verschrumpeltes Exemplar. Demonstrativ griff mein Gegenüber in seinen Proviantbeutel, zog einen großen, prächtigen, rotwangigen Pfirsich hervor, biss hinein, sog hörbar den herausquellenden Saft ein. Der Ost-West-Gegensatz war nun hinreichend olfaktorisch und visuell markiert, die Fronten klar.

Im Zug Richtung Venedig dauerte es nicht lange, bis wir an der österreichischen Grenze ankamen. Passkontrolle. Ich zeigte meinen blauen DDR-Pass und meinen grünen Pass vom Interallied Travel Office mit dem Stempel PRESUMED GERMAN. Der Grenzbeamte zeigte sich unzufrieden – er vermisste ein Transitvisum, das dem vermutlichen Deutschen erlaubt hätte, durch Österreich zu fahren. Ich erklärte ihm, mir sei die Fahrt durch dieses Land nicht bewusst gewesen, ich hätte es versäumt, ein solches Visum zu beantragen. Er ließ mich weiterfahren, ohne mir eine gute Reise zu wünschen. So kam ich über Salzburg, Schwarzach und Padua schließlich nach Venedig. Der italienische Grenzkontrolleur war mit meinem Einreisevisum sehr zufrieden, bestaunte allerdings meinen grünen Pass vom Interallied Travel Office, einen solchen bekam er nicht alle Tage zu sehen, so wenig wie einen PRESUMED GERMAN.

Von Florenz fuhr ich weiter nach Rom. Ich sah so viele Sehenswürdigkeiten wie möglich, das Kolosseum, den Petersdom, die Piazza di Spagna … Unauffällig reihte ich mich in französische oder deutsche Touristengruppen ein, manchmal traf ein erstaunter oder abschätziger Blick den Fremden, der unbefugt den Erklärungen des Reiseführers lauschte. Mit den wenigen Westmark in der Tasche hieß es sparen, große Sprünge waren ausgeschlossen, meiner Conditio als Deutscher zweiter Klasse wurde ich stets gewahr.

Im Fernsehen sah ich am Sonntag, den 13. August, von Italien aus, wie in Berlin entlang der Grenze Stacheldraht ausgebreitet wurde und die Kampfgruppen sowie Nationale Volksarmee die Menschen daran hinderten, von Ost- nach Westberlin zu gehen, Maurer die Fenster von Häusern, aus denen man sich auf die Westseite hinablassen konnte, zumauerten. Auf der westlichen Seite rollten in der Friedrichstraße amerikanische Panzer bis zum berühmten Checkpoint Charlie und bemühten sich, zornige Westberliner, die es nach Osten drängte, zurückzuhalten. Bilder, die seitdem tausendfach gezeigt wurden, besonders, wenn an den Bau oder den Fall der Mauer erinnert wird. Ich sah diese Bilder im fernen Sizilien, gemischt mit anderen, die man heute als *fake news* bezeichnen würde – Massen, die nach Feierabend aus einer U-Bahnstation strömten, Kilometer von der Grenze entfernt, und als Flüchtlinge ausgegeben wurden. Das bestärkte mich darin, das Ereignis zu verharmlosen. Ich konnte mir nicht vorstellen, dass man auf Dauer und lückenlos eine Millionenstadt in zwei hermetisch abgetrennte Teile spalten könne. Es handle sich sicher um zeitweilig verstärkte Kontrollen, wie sie vier Jahre zuvor an einem anderen Sonntag, auch einem 13., praktiziert worden waren. Damals war es im Oktober 1957. Um 8 Uhr hatte Otto Grotewohl, der damalige Ministerpräsident der DDR, über alle Radiosender den Bürgern der DDR verkündet, dass sie noch am selben Tag zwischen 12 und 22 Uhr die alten Banknoten der Mark der Deutschen Notenbank gegen neue umzutauschen hätten. Der gesamte Verkehr zwischen Ost- und Westberlin, zwischen der DDR und der BRD, war während dieser zehn Stunden unterbunden. Auf diese Weise wurden die Massen von Ostgeld, die sich im Westen zum Wechselkurs 5:1 angesammelt hatten, über Nacht wertlos. Im Rückblick erwies sich dieser Geldumtausch auch als bewährte Vorbereitung für die nunmehr langfristig gedachte Schließung der Grenze. Doch davon ahnte ich nichts in Italien, weder am 13. noch an den folgenden Augusttagen des Jahres 1961.

Von meiner Mutter erhielt ich ein Telegramm. Sie bat mich, nicht über Westdeutschland zurückzukommen, man könnte es mir verübeln, in dieser Situation zurückzukehren, vielleicht würde man mich auch an einer Rückkehr hindern. Es gelang mir, über Wien und Prag nach Berlin zurückzukehren. Beim Grenzübertritt in die Tschechoslowakei erlebte ich eine peinlich genaue, sehr unfreundliche Kontrolle. Für diesen Typ von Kontrolleur, wie ihn die sozialistischen Länder hervorgebracht haben, war jedes zu kontrollierende Subjekt von vornherein verdächtig, besonders wenn es sich von einem Ort zum anderen, schlimmer noch von einem Land zum anderen, am schlimmsten jedoch von einem westlichen zu einem östlichen oder von einem östlichen in ein westliches Land bewegte. Sie hatten nicht unrecht: Ich war der Ahnungslosigkeit schuldig, begab mich freiwillig in eine Falle, die gerade zugeschnappt hatte. Mein Zweifel, ob ich in den richtigen Zug eingestiegen war, wuchs an und wurde zur Gewissheit, als ich in Berlin ausstieg und in die mir entgegenkommenden Gesichter sah. Italienische Ausgelassenheit hatte ich nicht erwartet, aber das! Betrübnis, Bitterkeit, Traurigkeit allenthalben. Menschen unter Schock. Die Überraschung war gelungen. Zwei Wochen nach dem Beginn der Grenzschließung, an deren Perfektionierung täglich emsig gearbeitet wurde, gab es keinen Zweifel mehr: Das war nicht als vorübergehende Maßnahme gedacht. Dennoch brachte ich es fertig, meinen Optimismus nicht ganz zu verlieren. Einige Wochen lang versuchte ich zu glauben, die Mauer sei eine Notwendigkeit, eine

Möglichkeit der Errettung des Sozialismus, der dann erstarkt und ohne äußere Störungen umso großzügiger, selbstbewusster, freier würde sein können. Doch ich wurde schnell eines Besseren belehrt, spätestens als die FDJ mit ihrer Aktion „Ochsenkopf" von den Dächern die Fernsehantennen zu demontieren begann, die nach Westen zeigten. Einem der führenden FDJ-Funktionäre erklärte ich empört, dies sei eine faschistoide Aktion. Es war das letzte Mal, dass ich für die FDJ dolmetschte, ich war nicht traurig, dass sie sich von nun an nicht mehr an mich wandte. Meine Mutter brauchte keine Theorien zu bemühen, ich erinnere mich an ihre Reaktion. Als sie hörte, wie die Mauer von offizieller Seite als „antifaschistischer Schutzwall" bezeichnet wurde, blieb ihr vor Empörung über die dreiste Verkehrung der Wahrheit die Luft weg. Es war offensichtlich: Nicht vor dem Eindringen westdeutscher Faschisten sollte das Bauwerk in Wirklichkeit schützen, sondern DDR-Bürger daran hindern, ihr Land zu verlassen.

Ein Kollege meines Instituts erinnerte sich nach dem Fall der Mauer daran, dass ich einst gesagt hatte: „Solange diese Mauer steht, kann von Sozialismus keine Rede sein." So hatte sie sich für mich aus einem zeitweilig pro-sozialistischen Argument zu ihrem Gegenteil verkehrt. Es ließ sich nicht verdrängen: Die Jahre des unbeschwerten Entspannens, des sorglosen Herumlümmelns auf dem westöstlichen Diwan waren vorbei. Auch die der sommerlichen Exkursionen in ferne Gefilde. Ich dachte an meine mit interessanten Reisen verbundenen nebenberuflichen Dolmetschereinsätze – das war's dann wohl. Und auch die Selbstverständlichkeit, mit der sich mein Leben immer mehr auch in der anderen Stadthälfte abspielte, mit neuen Freunden, neuen Erfahrungen, neuen Möglichkeiten, war jäh unterbrochen worden. Meine anfängliche Illusion, mit der „Grenzsicherung" wäre der Grund für das ständige Misstrauen, die Kontrolle und Bevormundung der Bürger hinfällig, da sich der „Klassenfeind" mit seiner Störtätigkeit nicht weiter in den Aufbau des Sozialismus einmischen könne und dieser nun entspannter fortgesetzt werden könnte, platzte wie eine Seifenblase.

Je mehr mit der DDR die damaligen Ereignisse am Zeithorizont entschwinden, desto mehr sehe ich sie heute als tragikomisch, als misslungenes Stück, als schlechte Kopie einer pervertierten Vorlage, und außerdem schlecht inszeniert. Was für eine stümperhafte Regie, wie viele schlecht besetzte Rollen, verlogene Texte, hohles Pathos, wie viele unpassende, groteske, lächerliche Bühnenbilder, wie viele Irrungen und Wirrungen! Enttäuschte Erwartungen, gestohlene Jahre, Erfahrungen, auch nützliche, trotz alledem! Wie viele sogenannte einfache Menschen und auch weniger einfache hatten sich nach besten Kräften bemüht, am Aufbau einer besseren, einer freundlicheren Gesellschaft mitzuwirken. Strebten nicht danach, Reichtum anzuhäufen, mehr zu haben als der Nachbar, weniger zu arbeiten als ihre Mitmenschen. Wie viele wurden um ihre Hoffnungen, ihre Träume, ihre Mühen betrogen!

Schlangenhochzeit mit Papier-Tiger

Nicht alle waren über die „Grenzsicherung" der DDR unglücklich. Zu ihnen gehörte mit großer Wahrscheinlichkeit einer, der sich inoffiziell „Tiger" nannte – seine Führungsoffiziere schätzten seinen Biss und seine Krallen. Und obwohl einige Jahre nach Öffnung der Mauer und der Stasiakten enttarnt, gelang es Heinz Krumpel, weiterhin sein ehrenhaftes ziviles Leben als Philosophie-Professor fortzuführen, in Lateinamerika und dann noch lange Jahre, bis 2018, an der Universität in Wien.

Ich weiß nicht, ob der junge Volkspolizist in grüner Uniform, der mich im September 1959 auf dem Weg zur Immatrikulationsfeier in der Humboldt-Universität begleitete, bereits damals in aufklärerischer Absicht meinen Weg kreuzte, jedenfalls erwies er sich bald als fleißiger und eifriger Berichterstatter. So berichtete Tiger unter anderem:

„Gegen 18.15 Uhr traf ich bei Vincent (ein) und wurde herzlichst begrüßt. Ich war der zweite Gast, anwesend war ein Abendstudent aus Westberlin, von Beruf Kraftfahrer, auch zurzeit beschäftigt bei einem Westberliner Verkehrsbetrieb."

Der Tiger wusste es nicht genauer: Der zweite Gast war mein Freund Reimut Reiche, Student, der sich tatsächlich sein Leben durch Fahrten besonderer Art verdiente. Er kam mit einem Zisternenwagen aus Westdeutschland, an der Grenze wusste man Bescheid und verzichtete auf

Kontrollen, dann fuhr Reimut zu einer volkseigenen Schnapsfabrik, wo der Kessel seines Wagens bis an den Rand gefüllt wurde, und mit diesem fuhr er zurück, wiederum ohne die üblichen Grenzkontrollen. Seine Fahrten waren Teil des verborgenen innerdeutschen Handels, der für beide Seiten gewinnbringend war – die DDR kam zu Devisen, der westdeutsche Händler hatte beim Verkauf des preiswert erworbenen Schnapses (nunmehr als westdeutscher ausgegeben) eine lohnende Gewinnmarge, und Reimut konnte sein Studium finanzieren. Die Stasi war über all das gut informiert, sie brauchte keinen Tiger dafür, der sogar von meiner Hochzeit berichtete.

Warum heirateten Gloria und ich überhaupt? Es widersprach all unseren Vorstellungen von Freiheit, von einem freien, zwanglosen, unkonventionellen, antibürgerlichen Leben. Ich kann zwei Gründe rekonstruieren: Der erste hatte mit Gloria und meinem Verhältnis zu ihr zu tun. Es war kein einfaches. Sie war, was man heute als bipolar oder auch manisch-depressiv bezeichnet. Ich war verliebt und in meinem Kopf schwirrten viele, mehr oder weniger gut verdaute psychologische Theorien. Ich dachte, eine Ehe, das heißt etwas Verbindlicheres, könnte ihrer unsicheren, schwankenden, wechselhaften Persönlichkeit mehr Stabilität verleihen. Dabei überschätzte ich sicher meine eigene Stabilität. Und ich hatte einen Schock hinter mir. Das war der zweite Grund. Er sollte sich nicht wiederholen. Ich war Vater geworden, ohne es zu sein. Es fing mit einem Zufall an. Ich dolmetschte für marokkanische Gewerkschaftler. Sie waren in einem Hotel in der Invalidenstraße, gegenüber der Ruine des ehemaligen Stettiner Bahnhofs (heute Nordbahnhof) untergebracht. Einige Meter weiter befand sich eine Nachtbar, wohin ich die Delegation eines Abends begleitete und später am Abend Inge, eine junge Dozentin aus dem Harz, zum Tanzen aufforderte. Als die Bar schloss und wir uns verabschiedeten, suchte sie vergeblich nach dem Schlüssel der Wirtswohnung. Ich bot ihr an, bei mir zu übernachten, und am nächsten Morgen bot sie mir an, sie in Ballenstedt zu besuchen. In der Folgezeit besuchten wir uns gegenseitig, und sie machte mit mir in Westberlin andere Entdeckungen als in ihrer Studienzeit. Bald teilte sie mir mit, dass sie schwanger sei. Das war zu dieser Zeit weder in ihrem noch in meinem Lebensplan vorgesehen, doch sie erklärte mir, es sei inzwischen zu spät, die Schwangerschaft abzubrechen. So kam André zur Welt – und ich bin froh darüber. Nach seiner Geburt erwartete Inge von mir, dass ich Berlin, mein Studium und meine Freunde aufgeben und als ihr Ehemann nach Ballenstedt ziehen solle. Vor eine Entweder-oder-Entscheidung gestellt, wählte ich „oder", und unsere Beziehung beschränkte sich für die nächsten fünfundzwanzig Jahre, bis zum Abschluss des Studiums von André, auf Unterhaltsforderungen über den Behördenweg. Eine traurige, auch ziemlich banale Geschichte, derer sie sich sicher ganz anders erinnert, die sie mit Schmerzen und Enttäuschungen verbindet.

Erst viel später, nach über einem halben Jahrhundert, lernte ich ihn, den ich als Baby in Erinnerung hatte, als Erwachsenen in San Francisco kennen. Er hatte, ohne dass ich es ahnte, bis 1990 den gleichen Arbeitgeber wie ich, die Akademie der Wissenschaften.

Drei Jahre nach André wurde Rahel geboren – nun ehelich. Leider garantierte das ebenso wenig die glückliche Kindheit, die sie auf die bestmögliche Bewältigung ihres weiteren Lebens vorbereitet hätte. Über ihren problematischen Start und seine späteren Folgen schrieb sie in einem Text unter dem Titel *Kindheit aus Glas*. Der Doppelsinn des Titels bringt es gut zum Ausdruck: Sie möchte diese wie Glas zerbrechliche Kindheit durchsichtig wie Glas machen. Sie rekonstruierte für sich den Anfang:

„Meine Eltern waren Studenten, [...] sie waren jung, voller Idealismus, die Welt aus den Angeln zu heben, Revolutionen vorzubereiten und eine neue Welt aufzubauen, sie besuchten Seminare, gingen in die Theater, trafen sich am Abend mit Freunden und diskutierten bis in die Nacht, über Adorno und Marx, über Sartre und Brecht […] In diese Studentenidylle hinein wurde ich geboren und ich kam ungelegen, ungeplant, sie hatten sich nicht vorbereitet auf mich, sie hatten zu sehr mit sich zu tun, und so blieb ich nicht lange bei ihnen und kam bald von ihnen fort. Über meinen ‚Weggang' weiß ich nicht viel, nur, dass er abrupt geschah, sich plötzlich, ohne Ankündigung vollzog, meine Großmutter war zu Besuch gekommen und schlug die Hände über dem Kopf zusammen angesichts ihrer Studentenbude, ihrer Behausung, in der eigentlich kein Platz für ein Baby war, und so packte sie meine Sachen ein, setzte mir ein Strickmützchen auf und nahm mich mit. Und ebenso, wie sich mein erster Abschied vollzog, sollten die

Abschiede in meinem Leben auch bleiben – immer traten sie aus dem Nichts heraus ein." [3]

Aus ihrer verunglückten Kindheit hat Rahel vor allem einen Schluss gezogen: Für ihre drei Kinder war sie immer da. Und sie kann Sartres Bemerkung bestätigen: *Es gibt keine guten Väter.* Übrigens komme ich, ihr Vater, in Rahels Text nicht vor.

*

Die Stasi erwies sich dagegen als treuer und zuverlässiger Begleiter. Kurz vor unserem zweiten Hochzeitstag, am 13. Dezember 1963, wurde aus einem Vorlauf ein Vorgang, und zwar „operativ." Für diesen Operativ-Vorgang gab es den Decknamen „Schlange", als Mitarbeiter war der Leutnant Sperling ausgewiesen. Und natürlich war der bereits bewährte IM Tiger wieder und immer noch dabei, womit das Bestiarium sich vervollständigte. Gründe für das Anlegen sind folgende:

„Der von WROBLEWSKI, Vincent, scharrt eine Gruppe von negativ eingestellten Personen um sich, die sich regelmäßig in verschiedenen Wohnungen zu sogenannten Diskussionsparties zusammenfinden. Diese Zusammenkünfte tragen organisierten Charakter. Bei diesen Zusammenkünften wird von den Teilnehmern gegen die Maßnahmen von Partei und Regierung gehetzt. An diesen Zusammenkünften nehmen auch Westberliner teil."

Die Stasi überschätzte maßlos meine Gefährlichkeit und meinen Willen, Partei und Regierung vom Sockel ihrer Macht zu stürzen. Ich scharrte nicht negativ eingestellte Personen um mich, sondern tat, was ich für normal und selbstverständlich hielt, was in demokratischen Gemeinwesen selbstverständlich ist. Dass sich junge Leute, zumal Studenten, treffen, um miteinander zu sprechen, sich über politische, philosophische, künstlerische Themen austauschen, sich gegenseitig ihre Erfahrungen, Hoffnungen, Sorgen mitteilen, auch gemeinsam essen, trinken, flirten – was konnte daran anstößig sein? „Negativ eingestellt" schien das Stasi-Synonym für kritisches Denken zu sein.

Wie sollten wir einerseits in unserem Studium lernen, philosophische

---

[3] Aus dem bisher unveröffentlichten Manuskript *Kindheit aus Glas* von Rahel von Wroblewsky.

Begriffe und Texte kritisch zu analysieren, Gedankensysteme auf ihre Kohärenz und ihren Wirklichkeitsbezug hin zu prüfen und andererseits die Beschlüsse der Parteitage der SED, die Leitartikel in ihrem Zentralorgan *Neues Deutschland* als nicht zu hinterfragende Glaubenssätze behandeln? War die von uns erwartete Normalität nicht Schizophrenie? Nein, wir konnten uns nicht vorstellen, wie krank diese Partei und Regierung sein musste, welches tiefes Misstrauen in die von ihnen Regierten sie beherrschte, wie sehr sie um ihre Herrschaft fürchteten, um mit einem riesigen Apparat die Feinde zu überführen, die sie sich weitgehend in ihrer Fantasie selbst schufen. Oder ich kann mir heute nicht mehr vorstellen, dass ich es mir damals nicht vorstellen konnte.
Aufgeführt werden im „Vorgang" fünf Wohnungen, an erster Stelle meine Wohnung in der Behringstraße in Baumschulenweg, in der sich regelmäßig zehn bis fünfzehn Personen von Februar bis Juli 1963 in Zeitabständen von zwei bis vier Wochen begegnet waren. Die negative Personengruppe sei inzwischen auf insgesamt dreißig Personen angewachsen: Studenten der verschiedenen Fachrichtungen der Humboldt-Universität, der Hochschule für Ökonomie Karlshorst, Assistenten und Absolventen der HU, Studenten Westberliner Studieneinrichtungen, darüber hinaus Schriftsteller, Musikschaffende, bildende Künstler und Theaterkreise sowie Presse, Rundfunk, VP-Angehörige, ehemalige Armeeangehörige, Mitglieder der SED und so weiter. Die Aufzählung übertreibt dort, wo sie aus einem Musikwissenschaftler Musikschaffende, aus einem VP-Angehörigen mehrere macht. Als leitender Kern der negativen Gruppierung sei nach bisheriger Übersicht eine „Sechsergruppe" anzusehen: *„Wroblewsky, Vincent; Wroblewsky, Gloria (Ehefrau); Ballhaus (Schwester der Gloria); Kohlberg, Klaus; Kurzweil, Rosemarie; Krause, Horst."*
Natürlich waren wir vorsichtig. Es gelang trotzdem, Inhalte der Zusammenkünfte zu erfassen, die die Berichte verdreht und verquer in unsäglicher Sprache wiedergaben. Es war in ihnen von *„Diskussionsfehden"* die Rede. Wir diskutierten über den Begriff und die Auffassung von Freiheit (persönliche Freiheit, Pressefreiheit, Redefreiheit), die Rolle der Gewerkschaften in beiden deutschen Staaten, über politische Tagesfragen wie aktuelle Beschlüsse von Partei und Regierung, Referate und Reden von leitenden Funktionären der DDR und SU, über Probleme der Land-

wirtschaft, der friedlichen Koexistenz, der Kulturpolitik, der Literatur, des Theaters, der Musik, der bildenden Kunst, über Maßnahmen der Partei und Regierung gegenüber Personen, die laut Berichterstatter eine antimarxistische Linie verbreiten wollen.

Aufgrund des Materials wurde „*eingeschätzt*“ (ein Standardausdruck dieser Behörde), „*dass sich bei dieser Gruppe immer mehr der staatsfeindliche Charakter herausbildet, was erforderlich macht, diese Gruppierung auf der Grundlage der strafrechtlichen Bestimmungen zielstrebig operativ zu bearbeiten.*“

Der Befehl vom 18. Mai 1962 sollte der „*Durchsetzung des Staatsratsbeschlusses über die weitere Entwicklung der Rechtspflege*“ dienen, und zwar „*entsprechend den veränderten Bedingungen nach der Errichtung des antifaschistischen Schutzwalles*“. Aus dem Befehl konnte man auch eine Begrenzung der Willkür, „*die strenge Einhaltung der Gesetzlichkeit*“ herauslesen. So sollten die Gerichte „*bei Erlass von Haftbefehlen und bei der Bestätigung von Beschlagnahmen, Durchsuchungen und Arrestbefehlen […] streng prüfen, ob die gesetzlichen Voraussetzungen dafür vorliegen.*“

Das Prinzip der Unabhängigkeit der Richter, ihrer alleinigen Unterordnung unter die Gesetze sollte gewahrt werden. Der Minister für Staatssicherheit befahl seinerseits: „*Durch die vollständige Überwindung von Sektierertum und Liberalismus muss die Stabilität und Schlagkraft der Organe des Ministeriums für Staatssicherheit gesichert sein.*“

Die Ausführung des Befehls ließ also Raum für Interpretationen offen. Auf meinen „Fall“ ließen sich folgende Sätze beziehen: „*Die Organe des Ministeriums für Staatssicherheit müssen vollständige Kenntnis aller feindlichen Personen und Kräfte innerhalb der Deutschen Demokratischen Republik als auch der Organisatoren der feindlichen Tätigkeit außerhalb der Deutschen Demokratischen Republik besitzen.*“ Jedoch sollte auch gelten: „*Bestehen Hinweise auf eine nach den Gesetzen der Deutschen Demokratischen Republik strafbare Handlung, sind alle Beweise so zu erarbeiten, dass der dringende Verdacht der Begehung eines Verbrechens oder Vergehens ausreichend begründet ist.*“

Es war dafür gesorgt, dass alle Beweise „erarbeitet“ werden konnten: „*Durch das Vorhandensein von 4 GIs, welche dieser Gruppe angehören, besteht die Möglichkeit, den Charakter und damit diesen Personenkreis von innen heraus aufzuklären und op. zu bearbeiten, um dadurch in kürzester Zeit über die Konzeption dieser Gruppierung Klarheit zu gewinnen.*“

Im Operativ-Plan wird unter Punkt d) *„die Prüfung der Möglichkeiten des Einsatzes der op. Technik in den Trefforten – Ausrüstung eines geeigneten IM mit op.-Technik bei anfallender Notwendigkeit"* genannt. Für Tiger und andere Raubkatzen gab es also Abhörgeräte. Nun kommen wir James Bond endlich ein wenig näher, ebenso mit e) *„Prüfung und Einrichtung von Stützpunkten in unmittelbarer Nähe der Zusammenkünfte zur op. Überwachung der Trefforte."*

Von einem derartigen Stützpunkt habe ich zu DDR-Zeiten einmal erfahren. Eines Tages verriet uns eine Kindergärtnerin meiner Tochter, dass sich einige Herren im Dachgeschoss des Kindergartens mit technischen Geräten und dem Blick Richtung des kritischen Professors Rudolf Schottlaender niedergelassen hätten und dort stundenlang verweilten. Wie diese Beobachtungs- und Abhörstation ausgesehen hat, kann man sich gut vorstellen, wenn man den Film *Das Leben der Anderen* gesehen hat.

Unter der Akten-Nummer 7051/65 habe ich einen Teil der Ergebnisse dieser vielfältigen, aufwendigen Maßnahmen vor mir. Der vierte Band ist der umfangreichste – er enthält 253 Blätter, der größte Teil ist die auszugsweise Wiedergabe von Telefonmitschnitten. Beim Lesen dieser Protokolle erfasst mich ein Mitgefühl mit den armen Würstchen, die sich quälten, die Gespräche zu verfolgen, zu verstehen, festzuhalten, und dabei doch merken mussten, dass ihre „Arbeit" zum größten Teil, selbst in der Logik ihres Dienstes, sinnlos war. Kann man sich ein anschaulicheres Beispiel für entfremdete Arbeit vorstellen? Oder waren in den Unterhaltungen zwischen Tochter und Mutter über Wohnungstausch, Besuche, Rezepte und ähnliches geheime Codes zu vermuten? Der Abhörende konnte es nicht wissen, er musste den Auswertern vertrauen. Diese würden aus den Tonnen von ausgewaschenem Sand vielleicht die Goldkörnchen herauspicken, doch das würden sie nicht erfahren. Der vierte Band meiner operativen Stasi-Akte endet mit einem Abschlussbericht, der elf Seiten umfasst und auf den 7.5.65 datiert ist. Er zieht die Bilanz von zwei Jahren intensiver Beobachtung und Auswertung, die nach meiner Schätzung gut zwei Dutzend Menschen über hunderte, vermutlich eher tausende Stunden beschäftigt hat. Ein teurer Spaß! Doch was brachte er ein?

Zunächst resümiert der Bericht die Geschichte des *„operativen Vorganges Schlange"*, der angelegt wurde *„aufgrund der Informationen des GM Tiger und GI Horst Müller, nach denen der von WROBLEWSKY, Vincent, geb. 21.12.39, wh. Bln. Baumschulenweg, Behringstr. 37, Zusammenkünfte in Wohnungen organisierte, bei denen negative Diskussionen geführt wurden und an denen westdeutsche Studenten mit teilnahmen. Bei den Zusammenkünften wurde über verschiedene politische Probleme diskutiert, wobei die Diskussionen vor allem darauf gerichtet waren, Zweifel an der Richtigkeit der Politik unserer Partei und Regierung bei den Teilnehmern aufkommen zu lassen."*
Es folgt die bekannte Aufzählung der subversiven Themen und die Feststellung, ich sei hauptsächlich derjenige, der die Diskussion in diese Richtung lenkt. Dann wurde die Schlussfolgerung gezogen: *„Das im Laufe der Bearbeitung geschaffene offizielle Beweismaterial reicht nach Einschätzung der Abt. IX für die Einleitung eines E-Verfahrens nicht aus. Da keine Hinweise erarbeitet wurden, dass von dem genannten Personenkreis in der weiteren Zukunft wieder vorgesehen ist, derartige Zusammenkünfte mit negativem Charakter durchzuführen, wird vorgeschlagen, den Op. Vorgang ‚Schlange' im Archiv der Abt. XII abzulegen. Unterzeichnet Sperling Leutnant."*
Kein Ermittlungsverfahren aufgrund mangelnder Beweise. Was war tatsächlich der Grund dafür, uns nicht mehr zu treffen? Vermutlich besonders die Einsicht, dass wir mit unseren „konspirativen Treffen" die DDR nicht zersetzen, und die Partei- und Staatsführung nicht stürzen konnten.

Globke-Prozess

Am 23. Juli 1963 wurde Hans Globke, der Chef des Bundeskanzleramtes der Bundesrepublik Deutschland, vom Obersten Gericht der DDR in Abwesenheit wegen seiner Beteiligung als Ministerialrat im Reichsinnenministerium und Kommentator der Nürnberger Rassegesetze zu einer lebenslangen Zuchthausstrafe verurteilt. Während des Prozesses wurde nicht nur eine Fülle von Gesetzen, Richtlinien, Ausführungsbestimmungen und so weiter zitiert und erläutert, an denen der begabte und fleißige Jurist mitgewirkt hatte – das Urteil um-

fasst 194 Seiten –, es wurden auch Zeugen gehört, die von den Folgen der Rassengesetzgebung berichteten, die sie am eigenen Leib erlebt und überlebt hatten.
Ich weiß nicht mehr, wie und durch wessen Empfehlung ich als Dolmetscher bestellt wurde, um vor dem Gericht die Zeugenaussagen konsekutiv zu dolmetschen. Umso besser erinnere ich mich jedoch an den Prozess selbst – es war physisch wie psychisch einer der anstrengendsten, belastendsten Aufträge, die ich je als Dolmetscher auf mich nahm.
Der Juli 1963 war sehr heiß. Die Scheinwerfer, die auf die Zeugen und mich gerichtet waren, ließen die Temperatur noch um einige Grade steigen. Ich trug, um der Würde des Gerichts und des Anlasses gerecht zu werden, Anzug und Schlips, mein Hals war eingeschnürt – mein Leben lang habe ich es möglichst vermieden, mir selbst einen derartigen Zivilisationsstrick um den Hals zu binden. Der Schweiß lief mir von der Stirn herab in die Augen, die schmerzten und brannten, und in den Mund, sodass ich beim Sprechen seinen salzigen Geschmack spürte. Ich musste mich darauf konzentrieren, die geschilderten Qualen und Torturen, die menschliche Vorstellungskraft übersteigenden Bedingungen während der Transporte in die Vernichtungslager, den massenhaften Tod, der dort wartete, in einer entsprechenden deutschen Sprache wiederzugeben, und dabei die eigenen Emotionen zurückhalten.
In der Urteilsschrift werden auf Seite 134 die französischen Zeugen genannt, auf der gleichen Seite werden Details aus diesen Zeugenaussagen wiedergegeben:
„Bei ihrer Jagd auf die jüdischen Menschen [nicht nur in der DDR, auch im Westen Deutschlands bis heute bei deutschen Menschen verbreitete Form, das Wort ‚Jude' zu vermeiden] machten die Faschisten auch vor Kontrollen in Krankenhäusern nicht halt. Der Zeuge Benjamin G. berichtete, dass während seiner ärztlichen Tätigkeit in dem jüdischen Rothschild-Krankenhaus der Chef der SS in Paris, Dannecker, immer wieder im Krankenhaus erschien und ungeachtet der ärztlichen Auskünfte den Patienten die Verbände abriss, um sich zu vergewissern, ob sich nicht transportfähige Juden im Krankenhaus verbargen.“
Die Zeugin Wa. *„erlebte in Auschwitz, dass die Kapazität der Gaskammern und Krematorien nicht mehr ausreichte. Da die SS der Meinung war, dass die angelieferten Juden keine Kugel wert seien, wurden sie mit Gewehr-*

kolben und Knüppeln auf den Kopf geschlagen und oft noch lebend in Verbrennungsgruben geworfen."

Diese Zitate geben eine kleine Vorstellung davon, was, wörtlich zu nehmen, im Scheinwerferlicht der Öffentlichkeit von einer Sprache in die andere hinübergetragen werden sollte.

Im Prozess galt es zu beweisen, dass Hans Globke *„an der Planung und Verwirklichung nazistischer Maßnahmen"* beteiligt gewesen war, wenn auch „nur" mittelbar. Es gab keine Zweifel daran, er trug wesentlich dazu bei, die juristischen Voraussetzungen zu schaffen, die die Ausgrenzung und Ermordung von sechs Millionen europäischen Juden ermöglicht hatten, was unbestreitbar unter „Gräuel und Kriegsverbrechen" fällt. Dafür gab es eindeutige Belege, die zeigten, dass Beförderungen mehr waren als einfache Routine. Das Urteil zitiert zum Beispiel: *„Am 25. April 1938 richtete der Reichs- und Preußische Minister des Innern, Frick, an den Stellvertreter des Führers in München unter dem Betreff ‚Beamtenbeförderungen im Reichs- und Preußischen Ministerium des Innern' ein Schreiben, in dem es heißt: ‚Oberregierungsrat Dr. Globke gehört unzweifelhaft zu den befähigtsten und tüchtigsten Beamten meines Ministeriums. In ganz hervorragendem Maße ist er an dem Zustandekommen der nachstehend genannten Gesetze beteiligt gewesen.*" [4]

Das waren die sogenannten Nürnberger Rassegesetze, die zur Kennzeichnung (Pflicht, den gelben Stern und die Vornamen Sara und Israel zu führen, Vermerke in den Papieren), Aussonderung und Ausgrenzung, Bestimmung, wer Volljude, Halbjude sei, wer in Mischehen lebt, wer wen adoptieren darf und so weiter, und schließlich zur Ermordung der Juden führten.

*

Den Namen Globke hatte ich zuvor schon oft gehört, von meiner Mutter, von anderen zurückgekehrten Emigranten – und er war auch

---

[4] DDR-Justiz und NS-Verbrechen. Sammlung ostdeutscher Strafurteile wegen nationalsozialistischer Tötungsverbrechen. Das Urteil gegen Hans Josef Maria Globke. Einzelausfertigung des Urteils des OG vom 23.07.1963, 1 Zst (I) 1/63 Band III, Lfd. Nr. 1068, S. 81.

für mich ein wichtiges Argument, warum der Westen Deutschlands keine Alternative sein konnte. Er war ein Grund für das vereinfachte, zwar manichäische, doch nicht völlig falsche Weltbild, das auch blind oder nachsichtig machte, wenn es um die Gebrechen der eigenen DDR-Gesellschaft ging. Mit Menschen wie Globke waren Licht und Schatten klar verteilt: Hier die Antifaschisten, die die Macht ausüben, eine bessere Gesellschaft aufbauen, dort die alten Nazis. Die Wirklichkeit war widersprüchlicher, denn die in der DDR ausgestellten Prinzipien traten schnell zurück, wenn ein vermeintlich „höheres Staatsinteresse" es erforderte. Ich erlebte es mehrfach – auch im Zusammenhang mit Globke –, als ich bald nach Ende des Prozesses in der Institution arbeitete, deren Aufgabe es auch war, ein von der Partei gewünschtes Bild der DDR im Ausland zu verbreiten. Über den Prozess wurde längere Zeit ausgiebig berichtet, ADN sandte regelmäßig Berichte, auch ins Ausland, in alle Richtungen.

Die Partei- und Staatsführung der DDR vermutete (wohl zu Recht), dass die Aufdeckung von an Juden begangenen Verbrechen und die Verfolgung eines Mitverantwortlichen bei ihren arabischen Freunden, Verbündete im antiimperialistischen Kampf, auf keine große Gegenliebe stoßen würde. Andererseits war die Information für überlebende Juden und ihre Nachkommen, von denen viele in Israel lebten, wichtig – sie sollten erfahren, welcher der beiden deutschen Staaten es mit dem Antifaschismus ernst meinte, der bessere deutsche Staat sei, und es weitersagen.

Man stand vor einem Dilemma. Wie üblich über Funk gesendet würden die Nachrichten sowohl in Israel als auch bei dessen arabischen Nachbarn empfangen werden. Man fand eine einfache Lösung: Es wurde nichts in Richtung Naher und Mittlerer Osten über Funk gesendet, für die dortigen arabischen Länder fand der Prozess nicht statt, und nach Israel gelangten die Nachrichten lediglich per Kabel.

*

Nach dem Untergang der DDR entbrannte bald, unter Juden und auch Nichtjuden, eine heftige Diskussion darüber, ob es Antisemitismus in der DDR gegeben habe und wie sich dieser – wenn ja – äußerte. Diese Debatte ist bis heute nicht abgeschlossen, immer wieder lodert sie auf. Das erlebte ich bei einer zweitägigen Konferenz zum Thema „Die Geschichte der Juden in der DDR: Forschungsansätze und neue Perspektiven" im November 2016 in der Akademie des Jüdischen Museums in Berlin, die von diesem und der New Yorker Filiale der Rosa-Luxemburg-Stiftung organisiert wurde. Die Meinungen prallten aufeinander, es wurden Argumente Für und Wider vorgebracht. Die einen betonten, sich dabei auch auf die Geschichte der eigenen Familie berufend, wie nach 1945 in der SBZ und dann in der DDR rückkehrende jüdische Emigranten eine wichtige Rolle auf allen Gebieten der Kultur und auch in führenden Positionen der Gesellschaft spielten, und verwiesen auf Filme, Bücher sowie Werke der bildenden und darstellenden Kunst, die den Antisemitismus und seine Bekämpfung thematisierten.
Einige Redner holten weit aus und erinnerten an die Geschichte: Die bürgerlichen Revolutionen überwanden in den meisten europäischen Ländern den Antisemitismus und brachten mit dem *Code Napoléon* den Juden die rechtliche und soziale Gleichstellung. Die verspätete und unvollendet gebliebene bürgerliche Revolution in Deutschland beschränkte die jüdische Emanzipation auf die Gleichstellung der Juden vor dem Gesetz. Im deutschen Volksdenken, soweit man von einem solchen sprechen könne, blieb der Antisemitismus jedoch erhalten. Sein Wesen veränderte sich lediglich insofern, als die im Mittelalter vorwiegend religiös motivierte Ursache des Antisemitismus zugunsten des Vorwandes des antagonistischen Völker- und Rassengegensatzes zurücktrat. Auch an die Defizite der Arbeiterbewegung und der marxistischen Theorie wurde erinnert, die den engen Zusammenhang von deutschem Nationalsozialismus und Antisemitismus nicht sahen, indem sie die ökonomische Beziehung von Kapitalismus und Faschismus überbetonten, den politischen Gegensatz von Demokratie und Faschismus verkannten.

Nachrichtendienstlicher Seitensprung

In der DDR wurde gerade mal wieder gespart, ich sollte kein weiteres Stipendium erhalten, um nach dem Abschluss meines Romanistikstudiums weiter zu studieren und auch ein Diplom im Fach Philosophie zu erwerben. Das konnte ich dank meiner Einkünfte als Dolmetscher verschmerzen, doch musste ich mich nun nach einer Arbeit umsehen und kam auf die Idee – da meine Mutter auch dort gearbeitet hatte, und eine journalistische Arbeit dem Schreiben näher führte – mich beim ADN zu bewerben.

Die Arbeit beim ADN war eine hervorragende Schule, auch wenn ich diese insgesamt nur ein halbes Jahr besuchte. Tatsächlich gab es reichlich Gelegenheit, Einblicke zu gewinnen: zunächst in die Funktionsweise der Medien, in die Mechanismen, wie sich die Partei, die SED, die Machthoheit über die Information, die Deutungshoheit über die Ereignisse sicherte, wie sie die Nachrichten, die zu den Bürgern gelangten, leitete, kontrollierte, manipulierte, bis in die Sprache hinein. Der ADN war eine, vielleicht *die* entscheidende Schaltstelle, jedenfalls nach innen – nach außen oblag ihm vor allem die Selbstdarstellung der DDR. Der Mechanismus war relativ einfach, und durchschaubar; durchschaubar aber nur für die, die ihn von innen wirken sahen.

Es gab drei Chefredakteure. Einer war jeweils für einen Tag der Chefredakteur vom Dienst und stimmte mit dem im Politbüro für Information, Agitation und Propaganda zuständigen Leiter der zuständigen Abteilung im ZK der SED ab, worüber berichtet wurde und worüber nicht, und in welcher Weise. Der derart mit den Nachrichten des Tages und der Sprachregelung Ausgestattete stimmte die Redakteure ein, und diese produzierten mit ihren Mitarbeitern die Nachrichten, die dann per Fernschreiber an die Redaktionen der Zeitungen, Zeitschriften, Rundfunk- und Fernsehanstalten des Landes hinausgingen, die diese dann unter Hinzufügen ihres regionalen Kolorits und politisch weniger relevanten Lokalnachrichten in das mediale Endprodukt verwandelten.

Ein Beispiel dafür, wie der ADN nicht nur aus dem Ausland und ins

Ausland berichtete, sondern die Information in und für die DDR einschließlich ihrer Sprache regelte, ist mir noch sehr gegenwärtig. Nach dem Bau der Mauer in Berlin 1961 hinderte diese nicht nur die Ostdeutschen, in den Westen zu gehen, sondern auch die Westberliner, den Osten Berlins zu besuchen. Westdeutsche und westliche Ausländer konnten dagegen unter Vorlage eines Reisepasses und ohne vorherige Beantragung eines Visums an bestimmten Grenzübergängen für Kurzbesuche, bis zur Mitternachtsstunde des Einreisetages und unter Umtausch von 25 Mark West gegen 25 Mark Ost, im Westen als „Zwangsumtausch" bezeichnet, einreisen. Damals besorgten sich viele Westberliner einen zweiten Ausweis als Westdeutsche.
Die Situation änderte sich erstmals, als nach Verhandlungen zwischen dem Westberliner Senat und der DDR im Dezember 1963 eine zeitlich begrenzte Passierscheinregelung Besuche über Weihnachten und Neujahr ermöglichte. Ich kann mich noch gut daran erinnern, wie das Straßenbild von einem auf den anderen Tag verändert war: In der Behringstraße, einer kleinen Nebenstraße unweit von der S-Bahn-Station Baumschulenweg, waren plötzlich keine Parkplätze mehr zu finden, und in der Baumschulenstraße floss der dichte Verkehr von schicken Westwagen zäh vor sich hin, ein ungewohnter Anblick für an Trabant, Wartburg und Lada gewohnte Augen. Am Bahnhof Baumschulenweg waren zusätzliche Bushaltestellen eingerichtet worden, vom Grenzübergang an der Sonnenallee zum Bahnhof Baumschulenweg pendelten Busse, die vor dem Bahnhof eine lange Reihe bildeten, aus ihnen stiegen früh mit Taschen voller Geschenke beladene Westberliner jeden Alters, doch vorwiegend ältere, abends stiegen sie, nun nicht mehr so schwer schleppend, in Richtung Sonnenallee wieder in die Busse ein.
Natürlich mussten die Medien darauf reagieren, und dazu gehörte es auch, Reaktionen aus der Bevölkerung wiederzugeben. So erhielt der zuständige Chefredakteur Hinweise, dass zwar maßvoll Zustimmung zu dieser Regelung von West- und Ostberlinern einzuholen wäre, der DDR-Regierung dankend, die das möglich gemacht habe, ausdrücklich wurde jedoch gefordert, keine Zustimmung von DDR-Bürgern außerhalb von Berlin zu verbreiten. Natürlich nutzten auch viele Dresdner, Leipziger, Rostocker et cetera die Gelegenheit, sich in Ber-

lin Ost mit Verwandten und Freunden aus Berlin West zu treffen, doch das fand kein Echo in den Medien, weder in Zeitungen noch im Radio oder Fernsehen. Eine einfache Anweisung, über ADN verbreitet, machte es möglich – beziehungsweise unmöglich. Sie lautete, wenn ich mich recht erinnere:
„Eine Reaktion der Bevölkerung aus der DDR ist nicht zu organisieren."
Die weihnachtlichen Besuche blieben eine reine Berliner Angelegenheit, ganz so, wie es die Parteiführung wollte.

Von Michelangelo zum Bauhaus

Am 18. Februar 1964 hatte sich neben einer mehrtausendköpfigen Menge eine erlauchte Gesellschaft von Museumsdirektoren, Kuratoren, Kunsthistorikern, Kunstkritikern, Politikern, Journalisten, Kameraleuten in Florenz am Grab von Michelangelo vereint. Für offizielle Vertreter ausländischer Regierungen waren einige Stuhlreihen aufgestellt worden. In einer der hinteren Reihen saßen zwei Herren, die aufgeregt auf ihren Auftritt warteten. Es war ihnen zugesagt worden, nach den offiziellen Reden einen Kranz am Grab niederzulegen. Ihre Bitte war zwar mit einiger Verwunderung aufgenommen worden – niemand sonst war auf den Gedanken gekommen, in dieser Weise den großen Künstler anlässlich seines 400. Todestages zu ehren. Doch warum nicht, sagten sich schließlich die Veranstalter, diese ungewöhnliche Geste, eher bei privaten Beerdigungen oder bei der Ehrung von Kriegsopfern üblich, könnte der Zeremonie eine Note der Feierlichkeit hinzufügen. Im Lande der zwei Herren gehörte sie zum gewohnten Ritual, wenn Helden der Vergangenheit gefeiert wurden. Ihr Land war hier in Italien wenig bekannt, ja nicht einmal anerkannt, diplomatisch und politisch. Umso mehr wussten die beiden die kulturelle Seitentür zu schätzen, durch die sie hineinschlüpfen und mit ihrem Kranz ein sichtbares, viel beachtetes Zeichen setzen konnten. Professor Gerhard Strauss und der Abgeordnete des Kulturministeriums gingen gemessenen Schritts zum Grab und legten ihren Kranz am Fuße des Denkmals nieder, strichen die beiden schwarz-rot-goldenen Schleifen glatt, so konnte man deutlich den Schriftzug *DDR* erkennen.

Der Professor erfüllte alle Voraussetzungen für diese Mission. Vor 1933 war er in linken Organisationen, ab 1932 bei den Kommunisten aktiv. Er hatte sich als Mitglied der Gruppe „Herta“ am Widerstand gegen die Nazis beteiligt, war gegen Kriegsende noch Soldat geworden und in sowjetische Kriegsgefangenschaft geraten. Im September 1945 entlassen, wurde er in Berlin nacheinander Leiter der Abteilung Bildende Kunst in der Deutschen Zentralverwaltung für Volksbildung, Direktor des Instituts für Theorie und Geschichte der Baukunst, 1958 Professor und dann Direktor des Instituts für Kunstgeschichte an der Humboldt-Universität. Im November 1962 wurde er Vorsitzender der deutsch-italienischen Gesellschaft in der DDR.

Zwischen der DDR und Italien gab es zwar keine Beziehungen auf Botschafterebene, doch hatten italienische Intellektuelle 1957 das *Zentrum Thomas Mann* in Rom gegründet. Es bemühte sich um Kulturbeziehungen, trat als Vermittler auf, förderte den Austausch auf den Gebieten der Kunst, Literatur und Wissenschaft, organisierte Städtepartnerschaften und Reisen von Delegationen. Einer dieser Intellektuellen war der Architekt und Kunsthistoriker Mario Salvatore. Ihm vor allem verdankten Professor Strauss und sein Begleiter die Möglichkeit, in Florenz und Rom aufzutreten. Um sich zu revanchieren, schlugen sie ihm einen Gegenbesuch in der DDR vor, fragten ihn, was ihn besonders interessieren würde. Er würde sehr gern Orte besuchen, die von der Tätigkeit des Bauhauses zeugen, antwortete er. Er habe sich seit längerer Zeit mit dem Bauhaus beschäftigt und auch einige Artikel in italienischen Fachzeitschriften veröffentlicht.

Professor Strauss versprach, eine solche Reise vorzubereiten. Ein gutes Jahr später, im Frühjahr 1965, war es so weit: Mario Salvatore kam nach Berlin. Alles war geklärt, nur ein Dolmetscher fehlte. Mario, Sohn einer französischen Mutter, erklärte, ein Dolmetscher für Französisch wäre ihm genau so recht wie einer für Italienisch. Und in der DDR war es leichter, jemanden mit den entsprechenden Französischkenntnissen zu finden. Wie man auf mich kam, den Philosophiestudenten, weiß ich nicht.

Es wurde einer meiner angenehmsten, interessantesten Dolmetscheraufträge – auch wenn er mit einem unerwarteten Zwischenfall endete, der mich lange nicht mehr losließ.

Zunächst besichtigten wir in Berlin einige Orte, andere musste Mario sich allein ansehen. Sie lagen in Westberlin und ich bekam kein Visum, um ihn zu begleiten. So weit reichte der Einfluss von Professor Strauss und seiner Freundschaftsgesellschaft DDR-Italien nicht. Mario hob sich diesen Teil seines Besuchsprogramms für das Ende seines Aufenthalts auf. Wir fuhren zur Gartenstadt Falkenberg im Südosten Berlins. Wie bei den späteren Besichtigungen, die wir zu zweit unternahmen, war meine Dolmetscherrolle sehr bequem. Mario erklärte und kommentierte, was wir sahen, ich war ein aufmerksamer, interessierter Zuhörer. Eigentlich hätte er mein Honorar bekommen müssen. Am folgenden Tag begannen unsere Ausflüge mit Auto und Chauffeur. Besonders interessierte sich Mario für die zwischen 1928 und 1930 gebaute Bundesschule des Allgemeinen Deutschen Gewerkschaftsbundes (ADGB) im Norden Berlins. 1928 schrieb der ADGB einen Wettbewerb unter sechs Architekten aus. Das Gebäude sollte ein Musterbeispiel modernen Bauens werden. Die Gewerkschaftsfunktionäre sollten während der vierwöchigen Lehrgänge aus eigener Erfahrung die Ziele und Methoden moderner Wohnkultur kennenlernen.
Während einer ausgiebigen Führung durch die jetzige Gewerkschaftshochschule skizzierte ihr Direktor die Geschichte der Schule. Nach ihrer Einweihung im Mai 1930 konnte der ADGB sie lediglich drei Jahre lang nutzen. Im Mai 1933 wurde sie durch die SA besetzt, später wurde sie Reichsschule der NSDAP und der Deutschen Arbeitsfront (DAF), die sich das gesamte Vermögen der bis 1933 freien Gewerkschaften einverleibte. 1936 wurde sie schließlich eine Führerschule für Angehörige des SD, der Gestapo und der SS. Diese übte hier im Sommer 1939 den angeblich polnischen Überfall auf den Sender Gleiwitz aus, der wenig später den Vorwand für den Überfall auf Polen lieferte.
Am nächsten Tag erreichten wir Dresden. Zeugnisse des Bauhauses waren hier eher rar, doch die Dresdner Gemäldegalerie, das Grüne Gewölbe und die Elbufer boten mehr, als wir in den wenigen Stunden sehen konnten. Am nächsten Morgen fuhren wir nach Leipzig. Auf der Liste, die Mario zur Vorbereitung seiner Rundreise eingereicht hatte, standen die Versöhnungskirche, die Krochsiedlung, die Nibelungensiedlung und die Deutsche Bücherei.

In der Deutschen Bücherei erwartete uns Dr. Martens, ein leitender Mitarbeiter. Lange stand die Bibliothek in Konkurrenz zur Preußischen Staatsbibliothek in Berlin, erst seit den fünfziger Jahren gelang es Leipzig, sich durchzusetzen. Das ist den rund drei Millionen Mark Gesamtkosten und etwa 350 Mitarbeitern zu verdanken, aber auch einer seit Juli 1960 geltenden Praxis, nach der alle Verlage, DDR-Verlage und 85 Prozent der westdeutschen, kostenlose Belege ihrer Produktion übergeben. Mit ironischem Unterton fügte er hinzu, dies sei nicht das einzige Gebiet, auf dem Leipzig und Berlin um die Vorherrschaft ringen würden. Es irre, wer glaube, der Sozialismus habe die Konkurrenz abgeschafft. Und mit erkennbarem Lokalstolz, den sein sächsischer Dialekt noch hörbarer machte, griff er den historischen Faden wieder auf, berichtete von der Einweihung des Hauptgebäudes am Deutschen Platz am 2. September 1916, an der der sächsische König Friedrich August III. persönlich teilnahm.
Im Oktober 1924 wurde dann Heinrich Uhlendahl Direktor der Bibliothek und blieb bis zu seinem Tod im Jahre 1954 an ihrer Spitze. Mario unterbrach Dr. Martens und wunderte sich, dass Uhlendahl über die gesamte Nazizeit und die ersten DDR-Jahre hinweg an der Spitze einer so wichtigen Einrichtung bleiben konnte. Ja, der Fall sei außergewöhnlich. Er ist der einzige Leiter einer wissenschaftlichen Bibliothek in der DDR, der schon vor 1945 sein Amt innehatte. Im November 1945 wurde er als Leiter der Deutschen Bücherei durch die Sowjetische Militäradministration bestätigt; ihr war vermutlich ein belasteter Fachmann als Bibliotheksdirektor lieber als ein inkompetenter Laie. Vielleicht hatte sie auch Verständnis für politischen und ideologischen Opportunismus, dieser fiel nicht unter die Kriegsverbrechen oder Verbrechen gegen die Menschlichkeit, war auch juristisch nicht zu fassen, oder sie kannten schlicht keine Details. Und viele Alternativen gab es nicht. Knapp die Hälfte der Bibliotheksmitarbeiter waren Mitglied der NSDAP, bei den Bibliothekaren über die Hälfte.

In den Jahren 1951/52 versuchten einige SED-Funktionäre, Uhlendahl von seinem Generaldirektorposten abzulösen, konnten sich jedoch nicht durchsetzen. Bereits im März 1933 hatte er Schriften *„die mit den nationalen Bestrebungen der Regierung nicht vereinbar“* waren, aus den Lesesälen entfernen lassen. Im Oktober 1937 wurde Juden die Nutzung der Deutschen Bücherei verboten. Uhlendahl verteidigte sich gegen die Vorwürfe: Zwar zeigte er sich als Direktor für die Maßnahmen verantwortlich, doch sie entstammten nicht seiner Initiative, sie entsprächen Verordnungen, die im gesamten Reich galten. Es dürfe nicht vergessen werden, dass die Leipziger Bibliothek seit dem 30. Juni 1933 dem Reichsministerium für Volksaufklärung und Propaganda unterstellt war. Hätte er sich geweigert, die Anweisungen zu unterzeichnen, wäre er sofort abgesetzt worden und ein anderer hätte es getan. Er habe alles getan, um die Folgen so gering wie möglich zu halten. Besonders die Maßnahmen gegen Juden widerstrebten ihm, und er habe als leidenschaftlicher, leider unpolitischer Bibliothekar, wie er heute selbstkritisch anerkenne, alles ihm Mögliche getan, um die Leipziger Bibliothek als international anerkannte Einrichtung zu erhalten und auszubauen.

Während seiner Amtszeit wuchs der Buchbestand stetig und die Zahl der Mitarbeiter stieg von fünfzig auf dreihundert. Es sei ihm gelungen, während des Krieges die Bestände der Bibliothek durch rechtzeitige Auslagerung vor ihrer Vernichtung zu bewahren. Es waren nicht seine Argumente, die ihn vor seiner Absetzung bewahrten; er behielt seinen Posten aufgrund seines internationalen Ansehens und der neuen Konkurrenz, die die Leipziger durch die Deutsche Bibliothek in Frankfurt am Main erhalten hatte. Es war nicht zu überhören, dass Dr. Martens mit Hochachtung und einer gewissen Sympathie von seinem ehemaligen Direktor sprach. Einem Junggesellen, dem man nachsagte, er sei mit seiner Bibliothek verheiratet.

Unterwegs in den Lesesaal, dem eigentlichen Grund unseres Besuches, zeigte uns Dr. Martens die Restaurierungswerkstatt, die 1964 eröffnet worden war, ebenso wie die zweite Erweiterung der Bibliothek, die zwischen 1959 und 1963 geschaffen wurde. Durch sie konnten zusätzlich eine Million Bücher aufgenommen werden. Im Lesesaal machte uns

Dr. Martens auf den Widerspruch zwischen seinem modernen Charakter und dem Jahr seiner Eröffnung aufmerksam. Der Einfluss des Bauhauses ist deutlich erkennbar, sowohl an den Stahlrohr-Freischwingern nach Entwürfen von Mart Stam oder an den schwarzen Tischen, den dunkelgrünen Schirmleuchten, den Deckenlampen, der Balustrade mit ihren Metallrohren und der ziffernlosen Wanduhr. Um den Anachronismus perfekt zu machen, war bei der Eröffnung des Lesesaales 1937 ein Relief Adolf Hitlers angebracht worden. War Hitler hier das Feigenblatt für die unauffällige Gegenwart entarteter jüdischer Kunst in einem Lesesaal, dessen Zutritt Juden verboten war? Die Leipziger Bücherei hat auch einen großen Teil der verfemten expressionistischen Literatur aufgehoben. Generaldirektor Uhlendahl hätte darüber Auskunft geben können.
Nach einer Besichtigung der Nibelungensiedlung gingen wir zu Fuß bis zum Auerbachkeller, wo uns einige Professoren und Dozenten der Hochschule für Bauwesen erwarteten. Unterwegs erkundeten wir einige Passagen, Mario sagte mir, keine Stadt habe ein vergleichbar geschlossenes System dieser besonderen Bauten, deren Geschichte in Leipzig eng mit der Geschichte der Messen verbunden ist. Marios professionelles Auge vermochte hinter den teilweise stark verfallenen Wänden besonders von Specks Hof, Webers Hof und der Mädler Passage die ursprüngliche Schönheit zu entdecken und sie mir zu vermitteln. Für den Denkmalschutz gäbe es bei der Restaurierung viel zu tun, bemerkte er. Es wurde ein anregender Abend in entspannter Atmosphäre, geradezu ein Kontrast zu den förmlichen Umgangsformen in Dresden.
Unterwegs nach Weimar machten wir einen Halt in Naumburg, Mario wollte es sich nicht nehmen lassen, die weltberühmten Stifterfiguren im Naumburger Dom anzuschauen. Mario hatte sich nicht nur gründlich mit dem Bauhaus beschäftigt, sondern auch mit seinen Gegnern. Der Ort verführte ihn dazu, sich des Architekten Schultze-Naumburg zu erinnern, der aus enger Verbundenheit mit der Stadt ihren Namen an seinen angehängt hatte. In seinen Anfängen war er fast kunstrevolutionär, hatte sich der Berliner Sezession angeschlossen, den Deutschen Werkbund mitbegründet. Nach dem Ersten Weltkrieg wurde er reaktionär. Sein Buch *Kunst und Rasse* (1928) wurde zur Grundlage für

den Katalog der Ausstellung aus dem Jahr 1937. 1930 trat Schultze-Naumburg der NSDAP bei und wurde Direktor der Staatlichen Hochschule für Baukunst, bildende Künste und Handwerk, nachdem das Bauhaus bereits 1925 nach Dessau umgezogen war. Er ordnete an, im Weimarer Schlossmuseum die Bilder von Otto Dix, Erich Heckel, Oskar Kokoschka, Franz Marc, Emil Nolde und Karl Schmidt-Rotluff zu entfernen. Uns fiel es schwer zu verstehen, wie gebildete Menschen im Stande waren, sich schlimmer als Barbaren zu verhalten. Schultze-Naumburg gehörte zu den Mitverantwortlichen für die Schließung des Dessauer Bauhauses im Jahre 1932. Mit diesem bitteren Vorgeschmack waren wir für den Besuch von Weimar vorbereitet und hofften, dort andere Erfahrungen zu machen und fuhren weiter.

In der Hochschule für Architektur und Bauwesen Weimar (HAB), die im August 1946 nach dem Krieg wiedereröffnet wurde, wurden wir von Direktor Professor Herrmann Weidhaas empfangen. Ihr erster Direktor war Hermann Henselmann, für den es wichtig war, an das Bauhaus anzuknüpfen. Professor Weidhaas lud uns zu einem Rundgang zur Erkundung der Umgebung ein. Wir gingen zunächst zum Kasseturm, um 1500 als Teil der Stadtmauer erbaut. Kein Bauwerk des Bauhauses, ergänzte Professor Weidhaas lachend. Lange diente er als Lager für Obst und Gemüse. 1961 durften Architekturstudenten des fünften Studienjahres ihn als Studentenklub entwerfen, Studenten des dritten Studienjahres bauten ihn während eines Praktikums um; Klubleiter seien immer Studenten. Das einzige in Weimar verwirklichte Bauhausgebäude blieb das von Georg Muche für die Bauhausausstellung 1923 errichtete Gebäude *Haus am Horn*, als Musterhaus einer geplanten Siedlung gedacht.

Auf unserer Route stand nun Dessau als nächstes Ziel, doch Mario wollte nicht Weimar, das wir ausgiebig besichtigt hatten, verlassen, ohne das ehemalige Konzentrationslager Buchenwald zu sehen, von dem er natürlich gehört hatte. Wir fuhren hinauf auf den Ettersberg, es war nicht weit, wir sahen schon von weitem den Glockenturm und das Denkmal, bevor wir auf dem Parkplatz hielten und zum Lagertor gingen. Am Eingang erwartete uns ein ehemaliger Häftling, der sich als Genosse Schmidt vorstellte, etwas untersetzt, in den Sechzigern, ergraut, jedoch noch volles Haar. Er gehörte zu den Überlebenden, die bereit waren, je nach ihren Kräften zwei bis dreimal in der Woche Gruppen durch das Lager zu führen. Solche Gruppen von zwanzig bis dreißig Personen waren uns sofort aufgefallen, meistens Jugendliche von vierzehn bis fünfzehn Jahren, offensichtlich Schulklassen, die mit ihren Lehrern das Lager besuchten. Jeder Jugendliche sollte während seiner Schulzeit ein ehemaliges Konzentrationslager in der Nähe seiner Schule besuchen, das gehörte zur antifaschistischen Politik der DDR. Und Lager oder ähnliche Stätten waren reichlich über das Land verteilt. Buchenwald war das größte KZ auf deutschem Boden. Bei den Gruppen von Erwachsenen handelte es sich oft um Angestellte oder Arbeiter verschiedener Produktionsbetriebe, Brigaden, die um den Titel *Kollektiv der sozialistischen Arbeit* „kämpften“, der Besuch eines Lagers brachte Pluspunkte. Ungefähr eine halbe Million Besucher kämen jährlich nach Buchenwald, sagte Genosse Schmidt. Und er mache diese Arbeit gern, weder um ein Zubrot zu seiner Rente zu verdienen, noch um beschäftigt zu sein, sondern weil er in ihr eine wichtige Aufgabe sähe. Es sei wichtig, dass die hier begangenen Verbrechen nicht vergessen werden, damit sie sich nie mehr wiederholten. Dazu habe er sich nach der Befreiung des Lagers im Schwur von Buchenwald verpflichtet.

Mario hörte ihm sehr bewegt zu, doch die erste wirkliche Überraschung war für ihn eine andere. Es war nicht der Zynismus der drei Worte JEDEM DAS SEINE, die über dem gewölbten Tor zu lesen waren. Die Schriftart war unverwechselbar die des Bauhauses. Mario fragte Genosse Schmidt, wieso die Nazis ausgerechnet diese Schriftart gewählt hätten. Genosse Schmidt war bereit, uns darüber mehr zu sagen, er kenne den Schöpfer des Schriftzuges persönlich, die meisten Überlebenden hielten Kontakt miteinander. War es eine geschickte Subversion ihres Gestalters, sich einer Ästhetik zu bedienen, die der der Nazis entgegengesetzt war? Das ist wahrscheinlich. 1938 beauftragte die SS den in Buchenwald inhaftierten Bauhaus-Architekten Franz Ehrlich, den Schriftzug zu entwerfen. Er schuf dreizehn geschwungene, nebeneinanderstehende Buchstaben aus Stahl, die im Gegensatz zu den nicht weniger zynischen Inschriften ARBEIT MACHT FREI von Auschwitz und Dachau ins Innere des Lagers gerichtet waren. Wenn die Häftlinge von der SS in Hunderterblocks auf den Appellplatz getrieben wurden, mussten sie sie sehen, in aufdringlichem Rot.

1923 hatte der damals sechzehnjährige Ehrlich die Bauhaus-Ausstellung in Weimar besucht, von da an stand fest, dass er Architekt werden würde. Er studierte am Bauhaus in Dessau, wurde Kommunist, war wegen Widerstands gegen die Nazis ins Lager gesperrt worden, wo er sich an den illegalen Aktivitäten der Kommunisten beteiligte. Aus dem KZ entlassen wurde er gezwungen, im Baubüro der SS in Buchenwald zu arbeiten. Dort entwarf er die Kommandantenvilla in Buchenwald samt Inventar, auch Baracken und den sonderbaren Lager-Zoo. Einige seiner früheren Genossen warfen ihm vor, für die Nazis Villen gebaut zu haben.

„Sollte er sich weigern um den Preis seines Lebens?“, fragte Genosse Schmidt.

Bei dieser Gelegenheit erfuhr ich, dass Franz Ehrlich das Funkhaus in der Nalepastraße, die Studios, in denen ich regelmäßig für Radio Berlin International Sendungen auf Französisch aufgenommen hatte, in den 1950er Jahren entworfen hatte. Franz Ehrlich war ein gefragter und prägender Architekt der DDR-Architektur, auch Entwerfer einer beliebten Möbelserie, zugleich wurde er, der dem Bauhaus immer treu blieb, als Formalist kritisiert.

Das Lager war 1937 errichtet worden. Um in Buchenwald zu überleben, half ein starker Glaube oder eine feste Überzeugung, wie viele Kommunisten und auch Christen sie hatten. Die Häftlinge waren in vierundreißig Holzbaracken und sechzehn zweistöckigen Steinbaracken untergebracht. Neben dem Torgebäude befanden sich Arrestzellen, der „Bunker“, eine berüchtigte Folterstätte des Lagers. Einen wichtigen Platz im Lager nahmen die Krematorien mit ihren Öfen ein, deren Rauch je nach Windrichtung bis Weimar zu sehen und zu riechen war, wie nach dem Krieg vielfach bestätigt wurde. Im Keller unter den Krematorien wurden viele Häftlinge getötet. Am Eingang zum Ofenraum, erklärte uns Genosse Schmidt, wurde vermutlich in der Nacht vom 17. auf den 18. August 1944 der nach Buchenwald gebrachte KPD-Vorsitzende Ernst Thälmann erschossen.

Die ersten Insassen von Buchenwald waren Kommunisten, Sozialdemokraten, vorbestrafte Kriminelle, sogenannte „Asoziale“, ferner

Juden, Zeugen Jehovas und Homosexuelle – jede Kategorie war an einem andersfarbigen Dreieck erkennbar. Im Häftlingskrankenbau wurden Häftlinge von Mithäftlingen behandelt, Ärzte unter den Häftlingen waren jedoch ausgeschlossen. SS-Ärzte dagegen durften Giftspritzen verabreichen.

Der Krankenbau war aber auch der Ort des Lagerwiderstandes. Die tägliche Lagerverwaltung war den Häftlingen übertragen. So konnten sie Listen für Arbeitseinsätze und Transporte in die Vernichtungslager manipulieren. Es konnten Häftlinge hier auch für kurze Zeit vor der SS versteckt werden. Das Internationale Lagerkomitee Buchenwald traf sich hier, eine parteiübergreifende Einheitsfront, berichtete Genosse Schmidt. Die illegale KPD im KZ zählte bei der Befreiung 629 Mitglieder, und er war einer von ihnen, betonte er stolz.

Wir kamen an der Gedenkstätte an, die 1958 als Nationale Mahn- und Gedenkstätte eingeweiht wurde. Vom Eingangstor führt eine Treppe abwärts, an deren Ende sich Grabtrichter befanden. In diesen ließ die SS kurz vor der Befreiung des Konzentrationslagers 1945 etwa 3.000 Tote verscharren. Drei dieser Massengräber wurden Teil der Gedenkstätte. Sie sind durch die „Straße der Nationen“ verbunden. Auf gemauerten Pylonen befinden sich die Namen von 18 Nationen, deren Bürger im KZ Buchenwald inhaftiert waren. Da die Juden zur Zeit ihrer Haft und Ermordung keine Nation bildeten und der Staat Israel zur Zeit der Errichtung der Gedenkstätte von der DDR nicht anerkannt war, so wenig wie die DDR von Israel, blieben die Juden vom Gedenken ausgeschlossen.

Wir fuhren nach Dessau-Törten, um eine Vorstellung von der Siedlung zu gewinnen, die in den Jahren 1925/26 als Modellsiedlung des Bauhauses zur Industrialisierung im Wohnungsbau von Walter Gropius konzipiert worden war. Während der Fahrt interessierte sich Mario besonders für die Wirkung des Bauhauses in der DDR, und Frau Dr. Müller, eine Dozentin der Technischen Hochschule Magdeburg, antwortete bereitwillig. Ich bemerkte, dass unser Fahrer Bertold aufmerksam zuhörte, und erneut dachte ich einen Moment lang an einen möglichen Bericht, den er nach unserer Fahrt abliefern würde, und der sich für Karin negativ auswirken könnte.

Beides, erklärte Karin, die Wirkung in der DDR und das Verhältnis der DDR zum Bauhaus, habe Höhen und Tiefen gekannt, die von der internationalen Lage, dem Kalten Krieg und auch dem Einfluss der Sowjetunion abhingen. Ihr Doktorvater habe versucht, sie davon abzuhalten, bei ihrem Thema das Bauhaus einzubeziehen, doch sie dachte an ihre Eltern und wollte nicht deren Feigheit wiederholen – was natürlich nicht hieße, dass sie die DDR mit dem Dritten Reich gleichsetze. Doch vergleichen sei etwas anderes: Wie könne man Unterschiede erkennen, wenn man nicht vergleiche? In den ersten Nachkriegsjahren kehrten emigrierte Bauhäusler aus politischer Entscheidung in den Osten Deutschlands, in die Sowjetische Besatzungszone zurück, und weil das Bauhaus vor 1933 vor allem in diesem Teil des Landes aktiv gewesen war, wenn auch nicht unter den, milde gesagt, besten Bedingungen. Und seitens der Regierenden verstand man, dass ihr Beitrag zum Neuaufbau des Landes wertvoll sein konnte.

Viele Bauhäusler waren wie Gropius in die USA emigriert, hatten dort die Ideen des Bauhauses verbreitet und die moderne Architektur beeinflusst. In den Westzonen Deutschlands machte sich dieser Einfluss beim Neuaufbau nach 1945 über die USA vermittelt bemerkbar. Doch was für ein Missverständnis, in dieser Architektur, die in ihrem Ursprung von sozialistischen Ideen getragen war, etwas gegen den Sozialismus Gerichtetes zu sehen. Was für verpasste Chancen! Was für ein Widerspruch! Eine Bewegung, die sich als revolutionär verstand, also mit dem Gestrigen, Überholten brechen will, lehnt die Moderne ab, macht sie zu einer Waffe des Feindes. Und selbst wichtige Architekten wie Richard Paulick, Hermann Henselmann und Franz Ehrlich hatten das nicht verhindern können, vielleicht auch nicht genug gewollt. Sie hatten sich durch große Aufträge, große Ehrungen kompromittieren lassen, den notwendigen Zynismus entwickelt, hatten sich der Politik untergeordnet und akzeptiert, dass sie die „Marschrichtung" vorgibt.

In Berlin waren wir gegen Ende unserer Reise mit Professor Strauss verabredet, der zu unserem Treffpunkt nicht allein kam: Professor Deiters, der oberste Denkmalpfleger der DDR, war mit von der Partie. Uns war vor dem Eingang des Restaurants *Ganymed* eine amerikanische Militärlimousine mit uniformiertem Fahrer aufgefallen. Professor Deiters verwies auf das Gründerzeitgebäude aus den 1880er Jahren. Bis 1919 trafen sich hier vor allem die Schiffbauer der umliegenden Schiffswerften, die jedoch bald den Wohn- und Geschäftsgebäuden Platz machen mussten. Mario bedankte sich für die großartige Gelegenheit, die ihm unter besten Bedingungen gegeben wurde. Während des Essens drehte sich das Gespräch um den Denkmalschutz. Professor Deiters bemerkte, in den ersten Nachkriegsjahren waren wir glücklicherweise, in den sechziger Jahren dann unglücklicherweise arm. Er erläuterte seinen Gedanken: Nach dem Krieg war es das Wichtigste, die Trümmer wegzuräumen, schnell Wohnraum zu schaffen, das Leben wieder in Gang zu bringen, unter sehr schweren Bedingungen. Die Sowjetunion, die die Hauptlast des Krieges getragen hatte, deren Städte und Industrieanlagen von den deutschen Truppen verwüstet worden waren, verlangte zu Recht Reparationen von den Deutschen, doch blieb das naturgemäß auf ihre Besatzungszone beschränkt. Unversehrte Industrieanlagen wurden demontiert und in die Sowjetunion verlagert, Spezialisten zur Arbeit dort verpflichtet. In den Westzonen dagegen machten die Sieger von gestern die Besiegten sehr bald zu ihren Partnern, sie brauchten sie im Kalten Krieg, dessen Folgen immer sichtbarer wurden. Der Marshall-Plan mit seinen Krediten erlaubte einen schnellen Wiederaufbau. So erlebte der Westen Deutschlands ein Wirtschaftswunder, das über die Wirkungen des Neubeginns in England, Frankreich und auch Italien hinausging. Ähnliches war auch in Japan zu beobachten. Doch war es, sagte Professor Deiters, was den Denkmalschutz betrifft, auch ein Glück. In der SBZ und der Ende 1949 gegründeten DDR hatte man nicht die Mittel, alles schnell neu zu machen, die Stunde Null, die möglichst schnelle Verdrängung der finsteren Vergangenheit, auch in der gebauten Umwelt zu verwirklichen. Zwar wurde vieles abgerissen, was man auch in seinem beschädigten Zustand hätte erhalten können, oft spielten dabei dogmatische ideologische Auffassungen eine Rolle, doch viele Baudenkmale blieben, wenn auch mehr oder weniger im Zustand von Ruinen, erhalten. Er sei froh, dass die DDR nun im Rahmen von ICOMOS enger mit ausländischen, auch westlichen, auch italienischen Kollegen werde zusammenarbeiten können. In naher Zukunft sei eine große

Tagung in Rostock geplant, die sich mit den historischen Bauten in den ehemaligen Hansestädten beschäftigen werde, also mit Schwerin, Greifswald und Rostock. Dort sei mehr historische Substanz erhalten geblieben als beispielsweise in Hamburg oder Lübeck, wo vieles dem Neuen habe weichen müssen. Doch jetzt sind wir leider wiederum zu arm, um all das, was notwendig und wünschenswert wäre, auch leisten zu können. Vermutlich hätte Mario am Bauhaus in Dessau ein anschauliches Beispiel für diese schmerzhafte Dialektik erlebt. Es hatte zwanzig Jahre gedauert, um dieses und anderes wertvolle historische Erbe in die Denkmalliste aufzunehmen, spät, und doch noch nicht zu spät, um es restaurieren zu können. Und natürlich waren viele Chancen vertan worden, vieles ging unwiederbringlich verloren, was hätte gerettet werden können, vieles hätte getan werden können, was unterblieb, wobei Ursachen zu erkennen und Schuld zu verteilen nicht einfach ist. Wichtiger noch sei es, alte Irrtümer nicht zu wiederholen oder noch folgenreichere an ihre Stelle zu setzen. Dem Denkmalschutz kommt dabei eine große Rolle zu, er diene keineswegs, wie manche glauben, dem Erhalt von schmückendem Beiwerk in unserem Leben, er sei zwar teuer, aber keine Verschwendung, er ist unverzichtbar wie die Kultur im engen und im weiten Sinn. Und diese ist immer besonders und zugleich universell. Kultur und nationale Borniertheit sind mehr als ein logischer Widerspruch, letztere mündet schnell in Verbrechen und Barbarei, dafür hat die jüngere deutsche Geschichte traurige Beweise geliefert.
Am nächsten Tag traf ich Mario wie verabredet und er erzählte von seinen letzten Eindrücken, dem Alexanderplatz, den er sich nach der Lektüre von Döblins Roman *Berlin Alexanderplatz* anders, lebendiger vorgestellt hatte. Er verschwieg nicht, wie bedrückend er es gefunden hatte, vor dem Brandenburger Tor zu stehen, dem etwa einen Meter hohen Eisengitter, dann den Betonklötzen zwischen den Pfeilern des Tors, die jeden Versuch der Durchfahrt vereiteln sollten, verstärkt durch zwei bis drei Uniformierte, die auf- und abgingen, mit ihren Kalaschnikows über der Schulter. Er dachte daran, dass er in wenigen Stunden auf der anderen Seite sein würde. Warum er, warum andere nicht?

Helsinki 1965

Im Sommer 1965 erhielt ich, vier Jahre nach dem Mauerbau, eine erste Gelegenheit, mich aus dem „sozialistischen Lager“ kurzzeitig zu entfernen – nun nicht mehr privat. In diesem Fall lag der Westen im Norden der DDR, und die Visaangelegenheiten, um die ich mich nicht kümmern musste, waren auch einfacher zu erledigen. Finnland gehörte, neben Österreich und Kambodscha, zu den drei nicht sozialistischen Ländern, mit denen die DDR diplomatische Beziehungen unterhielt. Die DDR stellte eine Gruppe von Dolmetschern der verschiedenen Sprachkombinationen zusammen. Das immer an Devisenknappheit leidende Land konnte auf diese Weise seinen Beitrag für internationale Organisationen wie dem Weltfriedensrat, der in Helsinki einen Kongress veranstaltete, leisten. Die Dolmetscher bekamen ihr Honorar in Berlin in weicher Währung ausgezahlt, die harte Währung konnte die DDR-Staatskasse anderweitig verwenden.

Auf dem Weltfriedenskongress in Helsinki fanden neben den Plenarsitzungen mehrere parallele thematische Sitzungen statt. Zu ihnen gehörten Diskussionen über den möglichen Beitrag der Religionen zum Weltfrieden, bei denen ich vorwiegend dolmetschte. Das religiöse Vokabular war mir vertraut, unter anderem durch mein Dolmetschen in Berlin für die linken Katholiken, die der Zeitschrift *Begegnung* nahestanden.

Gut dreißig Jahre später passierte mir jedoch ausgerechnet auf dem Gebiet der Religion einer der peinlichsten Ausrutscher meiner Dolmetscherkarriere, der allen Hörern offenbarte, dass es um meine christliche Kultur in Wirklichkeit nicht allzu gut bestellt war. Nach dem Tod des Präsidenten François Mitterand am 8. Januar 1996 fand in der Kathedrale von Notre-Dame in Paris eine feierliche Totenmesse statt. Die Predigt hielt Kardinal Lustiger, Frankreichs höchster kirchlicher Würdenträger – jüdischer Abstammung. Ich saß in einem Berliner Fernsehstudio und dolmetschte live. Der Kardinal sprach vom *agneau de Dieu*, mir als *agnus dei* vertraut. Dann hörte ich mich zu meinem Entsetzen aus dem Lamm Gottes ein Schaf Gottes machen. Das Schaf war raus, ließ sich nicht zurückholen und in ein Lamm verwandeln. Und ich war überführt, zehntausende, vielleicht hunderttausende gute Christen hatten mich durchschaut. Dennoch durfte ich mir nichts anmerken lassen und musste weiter dolmetschen als wäre nichts passiert.

1965 wurde in Helsinki eine Plenarsitzung mit dem Entwurf einer Resolution gegen den Krieg in Vietnam eröffnet. Den Entwurf und seine Begründung trug Jean-Paul Sartre vor. Da war der Mann, der mich seit Jahren beschäftigte und faszinierte, mich durch mein Leben begleitete. Ich konnte ihn leibhaftig sehen, hören, wenn auch getrennt durch den Saal. Ich überredete einen Techniker, eine Tonbandaufnahme der Rede Sartres für mich zu machen und hoffte natürlich auf eine Gelegenheit, ihm näherkommen zu können.

Ich hatte einen guten Kontakt zu den Franzosen, die am Kongress teilnahmen. Ich erinnere mich insbesondere an ein langes Gespräch mit dem Historiker Jacques Madaule. Ihn interessierte alles, was der Ostberliner Student der Philosophie an der Humboldt-Universität berichten konnte, er stellte viele Fragen. Einen engeren Kontakt fand ich auch zu einem jungen Paar, das auf den ersten Blick eher ungewöhnlich war: Ein kleiner, muskulöser Mann und seine ihn um gut einen Kopf überragende schlanke Frau. Es war Luce, die mich ansprach, Jean-Paul schloss sich dem Gespräch an. Sie besuchten mich in den folgenden Jahren mehrfach in Berlin. Jean-Paul Colin kam aus Tours, wo die lokale Friedensbewegung den jungen Assistenten am Collège Littéraire Universitaire zu ihrem Vertreter ernannt hatte. Er und seine Frau Luce, Kapitänstochter und Krankenschwester, waren mit einem kleinen Auto nach Helsinki gekommen. „Was für ein Kontrast", erinnerte sich Jean-Paul viele Jahre später, „verglichen mit dem riesigen und majestätischen Saal des Weltkongresses der Friedensbewegung, ein weltlicher Palast, über dem Fahnen fast aller Nationen wehten!"

Die Franzosen planten anlässlich ihres Nationalfeiertages am 14. Juli eine kleine Feier in ihrem Hotel. Sie luden mich ein, mit ihnen des Sturms auf die Bastille im Jahre 1789 zu gedenken. Ich sagte gern zu. Gegen 21 Uhr traf ich am verabredeten Ort ein und musste zu meinem Entsetzen erfahren, dass Simone de Beauvoir und Jean-Paul Sartre gerade in ihr Hotel zurückgefahren worden seien. Die Franzosen wollte mich ihnen vorstellen – das hatte ich nun verpasst.

Doch dann erfuhr ich, dass Sartre eine Pressekonferenz geben würde. Das war vielleicht die letzte Chance! Von meinen wenigen Finnmark kaufte ich ein kleines, gebrauchtes Aufnahmegerät und begab mich zur angekündigten Zeit in das Hotel, wo die Pressekonferenz stattfinden sollte. Es gelang mir, mir auch ohne Journalistenausweis Eintritt zu verschaffen, ein Dutzend Journalisten waren anwesend, schließlich saß ich Sartre gegenüber, in einer Entfernung von ein oder zwei Metern.
Ich wagte es nicht, eine Frage zu stellen, denn ich saß auf dem Sprung, hätte unter Umständen vor seiner Antwort den Raum verlassen müssen. Ich musste spätestens knapp eine Stunde nach Beginn die Pressekonferenz verlassen, um mit meinen Dolmetscherkollegen zum Flugplatz zu fahren. Ich konnte es nicht riskieren, den Rückflug nach Berlin zu verpassen. Das wäre einer „Republikflucht" gleichgekommen. So verpasste ich die zweite Chance, persönlich mit Sartre sprechen zu können. Es war nicht die einzige verpasste Chance meines Lebens. Ich hatte sogar erwogen, mein Leben als Geschichte meiner verpassten Chancen zu erzählen. Helsinki würde einen Höhepunkt in einer derartigen Erzählung einnehmen!
Immerhin hatte ich das Gefühl, dass Sartre mich besonders ansah. Hatte er den falschen Journalisten durchschaut, oder den jungen Bewunderer, der seine Worte einsog, von seiner unverwechselbaren Stimme fasziniert war? Die bei Sartres Pressegespräch mitgeschnittene Aufnahme veröffentlichte ich wenige Tage später in der Kulturzeitschrift *Sonntag*.

Akademische Karriere

Auch während meines Romanistikstudiums hatte Sartre mich nicht verlassen, er blieb mein wichtigster geistiger Bezugspunkt. Es erforderte keine besondere List, sich mit ihm im Rahmen eines Literaturstudiums zu beschäftigen, ein Teil seines literarischen Werkes war in der DDR erschienen. So konnte ich mich für Sartre entscheiden, ohne großen Widerstand überwinden zu müssen, als es darum ging, einen Autor auszuwählen, dessen Texte für die Diplomarbeit Forschungs- und Analysegegenstand sein sollten. Es wiederholte sich am Ende des Studiums, was im ersten Studienjahr geschehen war. Während meine Kommilitoninnen damals für die Konferenz über Algerien anlässlich des 150. Jubiläums der Humboldt-Universität die *Humanité* und ich *Le Monde* auswerteten, untersuchten sie jetzt die Stilformen des inneren Monologs, der indirekten und der erlebten Rede anhand von Romanen von Louis Aragon, André Wurmser oder André Stil, während ich in Sartres *Ekel*, in die fünf Erzählungen aus dem Band *Le Mur* (Die Wand) und in die *Wege der Freiheit* eintauchen durfte. Das bestärkte mich in meinem Unbehagen an der theoriearmen Beschäftigung mit Literatur, das mein gesamtes Romanistikstudium begleitete, trotz großartiger Vorlesungen in den Sprachwissenschaften.

Nach dem erfolgreichen Abschluss des Studiums der Romanistik und dem Zwischenspiel beim ADN wollte ich nicht länger an der Oberfläche der mir begegnenden Erscheinungen bleiben. In meinem Romanistikstudium hatte ich zahlreiche Sprachkurse nicht belegen müssen, hatte also freie Kapazitäten und konnte zusätzlich das Fach Philosophie als Nebenfach wählen. 1963 erhielt ich das Romanistik-Diplom und meinem Antrag, auch Philosophie als Hauptfach bis zum Diplom-Abschluss zu belegen, war stattgegeben worden. Die Literaturtheorie, wie ich sie bei den Berliner Romanisten erlebte, war mir für meinen Geschmack gar zu unwissenschaftlich erschienen. Und Sartre gab mir ein Beispiel dafür, wie gut Literatur, Literaturtheorie und Philosophie zusammengehen konnten. Der zweite Grund war trivialer: Jeder Student, egal ob er Recht, Medizin, Romanistik, Germanistik, Slawistik oder was auch immer studierte, musste in der DDR ein zweijähriges sogenanntes „marxistisch-leninistisches Grundstudium“ absolvieren. Das hatte noch weniger mit Theorie zu tun, es war Ideologie pur. Doch eine Möglichkeit gab es, diesem Grundstudium zu entgehen, denn von Studenten der Philosophie wurde angenommen, dass es in ihren Teildisziplinen – in einem hegelschen Sinne – aufgehoben, auf eine höhere Stufe gestellt – und so auch negiert wurde. Und noch einen Vorteil bot die lange Studiendauer für mich – mit achtundzwanzig Jahren wurde ich nicht mehr zum Grundwehrdienst in der Nationalen Volksarmee eingezogen.

Abgesehen von den praktischen Vorteilen empfand ich das Bedürfnis,

durch das Studium der Geschichte der Philosophie, der philosophischen Systeme und Theorien, zu einem besseren Verständnis der Welt und dessen, „was sie in ihrem Inneren zusammenhält“ zu gelangen. Mich interessierten allerdings weniger die „objektiven“ Gesetze der Natur, schon eher die der Gesellschaft, doch vor allem die Möglichkeiten der Individuen, die Reflexionen über Sinn und Grenzen ihrer Existenz.
Dabei entfernte ich mich nicht von Sartre, im Gegenteil. Er hatte mich früh nicht nur als Schriftsteller, sondern auch durch seine philosophischen Gedanken fasziniert. Was er über Freiheit, Situation, Verantwortung und Engagement zu sagen hatte, betraf mich mehr als die Frage nach dem Primat der Materie vor dem Bewusstsein. Doch beim philosophischen Sartre hörte in der DDR die Liebe auf. Der Bonus, den er durch sein Engagement in der Friedensbewegung genoss, mochte seine Literatur, wenigstens teilweise, akzeptabel machen, seine philosophischen Arbeiten fielen unbarmherzig unter das Verdikt des subjektiven Idealismus als eine gegen den Marxismus gerichtete Weltanschauung. Er konnte bestenfalls als Gegenstand der Kritik betrachtet werden. Die „Kritik der bürgerlichen Philosophie“ war – neben der Geschichte der antiken Philosophie, der klassischen deutschen Philosophie, der französischen Aufklärungsphilosophie, der Erkenntnistheorie, der Ethik, des dialektischen und historischen Materialismus, der politischen Ökonomie des Kapitalismus und der des Sozialismus – eines der philosophischen Felder, die auf dem Lehrplan standen.
Wolfgang Heise gab in seinen Vorlesungen und Seminaren einen Überblick über die philosophischen Anschauungen von Schopenhauer und Nietzsche, von Heidegger, Adorno und auch von Sartre. In seinen Seminaren lernten wir, Texte gründlich zu lesen, zu verstehen, zu interpretieren – und natürlich auch zu kritisieren. Wolfgang Heise hatte eine umfassende Bildung, einen weiten Horizont und stand mir auch durch seine Warmherzigkeit und seine intellektuelle Toleranz näher als andere Professoren. Er war bereit, meine Diplomarbeit, für die ich die Philosophie Sartres zum Thema erwählt hatte, zu betreuen. Diese Arbeit wurde 1967 sogar mit dem höchsten studentischen Preis, dem Karl-Marx-Preis, ausgezeichnet. Ein Jahr später hätte Wolfgang Heise

meine Arbeit nicht mehr betreuen können: Er lehnte es ab, eine von allen Hochschullehrern verlangte Erklärung zu unterzeichnen, die den Einmarsch der „sozialistischen Brüder“ in Prag begrüßte. Daraufhin durfte er nicht mehr Philosophie lehren – man gestattete ihm aber noch, Lehrveranstaltungen zur Ästhetik anzubieten.

*

Nach dem erfolgreichen Abschluss meines Studiums meinte ich, mit meinen zwei Diplomen in Romanistik und Philosophie auf eine Universitätslaufbahn gut vorbereitet zu sein. Die Arbeit mit Studenten stellte ich mir reiz- und sinnvoll vor, doch meine Zukunftspläne platzten über Nacht.

Mit Professor Manfred Naumann war, wenn auch nur mündlich, vereinbart, dass ich ab Herbst in der Humboldt-Universität als sein Assistent arbeiten sollte. Bei ihm hatte ich Vorlesungen zur französischen Aufklärung, zur Philosophie und Literatur des 18. Jahrhunderts gehört und an seinen Seminaren teilgenommen. Er selbst war Schüler von Werner Krauss, der von den Nazis inhaftiert worden war und den nur das Ende des Krieges vor dem Erschießen gerettet hatte.

Neben (oder vor, wie man will) Victor Klemperer gehörte er zu den wenigen Romanisten der DDR von internationalem Ruf. Doch plötzlich erhielt Manfred Naumann eine Professur an der Universität Rostock, ohne Platz für einen Assistenten. Nun war meine Zukunft ungewiss, was in der DDR eher ungewöhnlich war. Schließlich wurde ich im November 1967 wissenschaftlicher Mitarbeiter des Bereichs „Geschichte und Kritik der modernen bürgerlichen Philosophie“ der künftigen Akademie der Wissenschaften der DDR, die damals noch Deutsche Akademie der Wissenschaften hieß. Auch hierbei spielte der Zufall erneut eine Rolle.

Normalerweise wurde man, wenn man beruflich nicht selbst vorgesorgt hatte, irgendwo hin vermittelt, wobei die eigenen Wünsche mehr oder weniger berücksichtigt wurden. Mitten in meinen Prüfungsvorbereitungen erreichte mich die Frage, ob ich bereit sei, ein oder zwei Stunden zu dolmetschen: Der Direktor des Instituts für Philosophie der vietnamesischen Akademie der Wissenschaften besuche sein Partner-institut in der DDR, er spräche kein Deutsch, dafür gut Französisch. Nach einem Gespräch mit dem Direktor Manfred Buhr, der ihm einen allgemeinen Überblick über die Forschungen des Instituts gab, besuchte er verschiedene Bereiche, die ihm genauer Auskunft über ihre Arbeit gaben. Im Bereich „Kritik der bürgerlichen modernen Philosophie“ hörte ich, dass die französische Philosophie des 20. Jahrhunderts zu den Schwerpunkten gehörte, allerdings nur von der Bereichsleiterin allein erforscht wurde. Das brachte mich auf den Gedanken, mich dort zu bewerben.

Die Leiterin, Ileana Bauer, ursprünglich eine Rumänin, hatte während ihres Studiums in Moskau Roland Bauer kennengelernt und geheiratet. Dieser war als Stellvertreter der prallen, ehrgeizigen und eigenwilligen Persönlichkeit des Ersten Sekretärs der Bezirksleitung der SED Berlin, Konrad Naumann, nicht ohne Einfluss in der Berliner Parteihierarchie. Er war der für Ideologie und Propaganda zuständige Sekretär. Einmal begegnete ich ihm persönlich. Ich hatte Ileana Bauer zu Hause besucht, rein dienstlich, vermutlich, um ihr Bücher oder Manuskripte zu bringen. Kurz vor halb acht Uhr abends kam ihr Mann nach Hause, ging zum Fernseher und schaltete ihn mit der Bemerkung an, es kämen die Nachrichten. Ohne nachzudenken sagte ich, sie kämen doch erst um acht. Er sah mich erstaunt an, und in diesem Moment wurde mir klar, dass er mich als nicht seiner Welt zugehörig erkannt hatte: Um halb acht wurden die Nachrichten des DDR-Fernsehens ausgestrahlt, vor dem ersten Wort schon erkennbar an der Uhr mit Punkten auf dem Zifferblatt, um acht die der westdeutschen ARD, mit Strichen statt der Ziffern. Diese sah ich möglichst jeden Tag, sie gehörten zu den Ereignissen, die meinen Tag strukturierten. Nicht, dass ich aus Prinzip die DDR-Nachrichten nicht sah, doch verlangte nicht nur ihre Sprache eine Überwindung, sie wiederholten im Wesentlichen, was ich bereits früh dem *Neuen Deutschland*, Zentralorgan des Zentralkomitees der Sozialistischen Einheitspartei, entnommen hatte, mit dem Vorteil, auswählen und überfliegen zu können. Und außerdem wusste ich aus meiner halbjährigen Tätigkeit als Auslandsredakteur beim ADN nur allzu gut, wie Nachrichten gemacht wurden.

Das Institut für Philosophie der Deutschen Akademie der Wissenschaften, das nach der Hochschul- und Akademiereform von 1968 zum Zentralinstitut für Philosophie der Akademie der Wissenschaften der DDR wurde, sollte eine gewisse Leitfunktion für alle philosophischen Einrichtungen des Landes ausüben, jedoch keine ideologische, die oblag dem Institut für Philosophie der Akademie für Gesellschaftswissenschaften beim ZK der SED. Es hatte eine recht einfache, übersichtliche Struktur, setzte sich aus einem Bereich Edition zusammen (hier wurden die Werke von Leibniz, Feuerbach und anderen ediert, teilweise in einer sich über die Jahre bewährten Zusammenarbeit mit westdeutschen wissenschaftlichen Einrichtungen) und aus den Forschungsbereichen, gegliedert nach den verschiedenen Arbeitsgebieten. An der Spitze stand der Direktor, ernannt von der Akademieleitung, dem Präsidium und dem Generalsekretär – in Wirklichkeit jedoch auf der Grundlage von Vorschlägen der Abteilung Wissenschaft beim ZK der SED.

Roland Bauer begegnete ich nie wieder persönlich. Mit seiner Frau hatte ich ein gutes kollegiales bis freundschaftliches Verhältnis, obwohl ihre unerschütterliche Überzeugung, der Sozialismus sei die einzige, richtige und beste Antwort auf alle Probleme dieser Welt, mit meinen Auffassungen nicht vereinbar war. Als letztes Argument in einer unserer heftig geführten Diskussionen brachte sie vor, der Sozialismus sei allen Kritiken und mehr oder weniger utopischen Alternativvorstellungen, auch meinen, darin überlegen, real zu sein. Diesem Argument, das sich auf einen verkürzten Hegel („*Alles Wirkliche ist vernünftig*") oder falsch verstandenen Leibniz („*Diese Welt ist die beste aller möglichen Welten*") hätte beziehen können, war schwerlich etwas entgegenzusetzen, das Realitätsprinzip, die Macht des Faktischen waren unabweisbar, auch wenn das ihre Vernünftigkeit nicht bewies. Aber die unüberwindliche Differenz hatte auch Folgen für unsere Zusammenarbeit. Manfred Buhr startete im Akademie-Verlag eine Reihe mit dem Titel *Zur Kritik der bürgerlichen Ideologie*; Heft 1 sollte Roger Garaudy gewidmet sein. Ich hatte schon als Student die meisten seiner Texte gelesen, vor allem unter dem Blickwinkel der Auseinandersetzung Jean-Paul Sartres mit ihm, über französische Freunde hatte ich mir alle zugänglichen Bücher von ihm besorgt.

Nach dem im *Echo d'Allemagne* veröffentlichten Interview, das ich mit ihm über Denis Diderot gemacht hatte, las ich mit freudiger Erregung

und heftiger Zustimmung sein *Pour un réalisme sans rivages*. Sein Realismusbegriff war im Gegensatz zur herrschenden DDR-Auffassung in der Tat so uferlos, so uneingeschränkt, dass sogar die Werke Kafkas nicht nur gut mit ihm vereinbar waren, sondern Kafka selbst als großer Realist dargestellt wurde. Die Tragweite der Auseinandersetzung um Kafka vor über fünfzig Jahren ist heute sicher schwer nachvollziehbar, ähnlich schwer wie mittelalterliche scholastische Auseinandersetzungen über das Geschlecht der Engel. Solche und ähnliche Probleme konnten vor vielen Jahrhunderten zu tiefen Rissen in den Christengemeinschaften, ja zu ganzen Religionskriegen führen. Die Diskussionen um Kafka in Künstler- und Intellektuellenkreisen Prags, seine positive Rezeption, die Kafka-Konferenz 1963 in Liblice, einschließlich des Wiederfindens kafkaesker Züge im „realen Sozialismus“, wurden im Nachhinein für den Prager Frühling, sprich die „Konterrevolution“, verantwortlich gemacht.
Garaudys DDR-Pendant, der Chefideologe Alfred Kurella, der zur alten Garde gehörte, die aus der sowjetischen Emigration zurückgekehrt war, hielt im Senatssaal der Humboldt-Universität einen öffentlichen Vortrag über Garaudy, der dabei war, sich immer weiter von seinen ursprünglichen dogmatischen Positionen zu entfernen. Kurella zitierte aus dem Buch, das noch nicht auf Deutsch erschienen war, in seiner Übersetzung, die ich beim Zuhören mit dem Original verglich. In der anschließenden Diskussion stellte ich einige Übersetzungen richtig, wies auf sinnentstellende Auslassungen und Verkürzungen hin. Auch Wolf Biermann ergriff das Wort, sprach sich für einen Realismus im Sinne Garaudys aus. Er erhielt dafür heftige Gegenkritik vom Podium, wurde als Außenseiter gekennzeichnet. Dem widersprach ich und sagte, er spreche aus, was viele denken und auszusprechen nicht wagten. Nach dieser Veranstaltung nahm mich Erwin Pracht, Professor für Ästhetik der Humboldt-Universität, beiseite und drohte mir ziemlich unverhohlen mit Exmatrikulation.
Es waren einige Jahre ins Land gegangen, als Ileana Bauer mir anbot, mit ihr gemeinsam dieses erste Heft der Buhr-Reihe zu schreiben. Wir sprachen über die Konzeption der geplanten Schrift und bemerkten sehr schnell, dass unsere Auffassungen unvereinbar waren. Ich war der Ansicht, die damaligen Auffassungen Garaudys, die ihn noch weiter

als sein uferloser Realismus von „Grundpositionen" des Marxismus-Leninismus entfernt hatten, könnten nur verstehbar dargestellt und kritisiert werden, wenn man seine frühere Entwicklung einbezöge, sein frühes Engagement in der katholischen Jugendbewegung und vor allem seine ersten dogmatischen Schriften über kommunistische Moral und marxistische Erkenntnistheorie. Ohne eine Kritik seiner stalinistischen Phase war, meiner Ansicht nach, eine Kritik seines „Revisionismus" nicht möglich, nicht ehrlich, nicht überzeugend. Wir einigten uns, ich verkaufte ihr meine gesammelte Literatur über Garaudy, und sie vergaß wohlwollend unseren Dissens.
Bei einem anderen Disput kam ich nicht so einfach davon. Ileana Bauer war die Betreuerin meiner Dissertation über Jean-Paul Sartre, die 1977 schließlich zur Hälfte (ihr philosophischer Teil, ein ebenso umfangreicher war seiner Literatur gewidmet) als Heft 77 der Buhr-Reihe unter dem Titel *Jean-Paul Sartre – Theorie und Praxis eines Engagements* erschien. Sie bestand darauf, dass Sartre in seine Epoche einzuordnen wäre – wogegen ich nichts hatte. Doch hieß das für sie, die einzige wissenschaftliche, objektive Epochenbestimmung zur Grundlage zu nehmen, und diese habe Lenin formuliert, als er schrieb, viele der Details der gesellschaftlichen Entwicklung seien ungewiss und nicht voraussehbar, der jedoch nicht in Frage zu stellende Charakter der Epoche sei der des weltweiten Übergangs vom Kapitalismus zum Sozialismus. Bei Sartre hatte ich einen Text zur Epoche unter dem Titel *Vivre son époque* gefunden, der mich deshalb überzeugte, weil bei ihm die Geschichte das Resultat der Entscheidung der in ihr lebenden und handelnden Individuen ist. Diesen Text bezog ich zwar ein, doch kam ich nicht umhin, auch Lenin widerstrebend zu zitieren – das war eine Bedingung sine qua non für die Annahme der Dissertation. Während der Verteidigung 1975 in der Akademie der Wissenschaften sah ich – mit Sartres eigenen Aussagen übereinstimmend – den tiefsten Einschnitt in seinem Leben in den Jahren 1939/1940. Ich hätte auch über die Zäsur sprechen können, die es für den Elfjährigen bedeutet hatte, aus Paris in die Provinz zu ziehen und nach der neuen Ehe der Mutter einen Stiefvater vorgesetzt zu bekommen. Doch für psychologische, gar psychoanalytische Überlegungen erwartete ich von der Prüfungskommission kein großes Verständnis. So blieb ich bei den Jahren

1939/1940. Auf die Zeit der Besatzung zurückblickend, hatte Sartre sich selbst vorgeworfen, sich nicht stärker, wirksamer im Widerstand engagiert zu haben. Das führte nach 1945 mitunter zu einem Engagement, das man als Überkompensation des erkannten Mangels betrachten kann. Das gilt vielleicht auch für seine Unterstützung der Maoisten im schönen Monat Mai 1968.

Warum verlegte der Vorsitzende der Prüfungskommission, Manfred Buhr, Sartres entscheidendes Erlebnis, das zu einer „Konversion" führte, in den Mai 1968? Man könnte vermuten, dass er selbst den existentiellen Einschnitt, den das Jahr 1945 für ihn wie für so viele seiner Generation bedeutet hatte, erfolgreich verdrängt hatte. Und natürlich kann man für verschiedene Thesen Argumente finden, die etwas für sich haben. Dennoch bleibe ich späten Wandlungen gegenüber skeptisch, halte frühe Prägungen für entscheidend. Vielleicht kann man tatsächlich bei jedem Individuum einen „Urentwurf" ausmachen, der spätere radikale „Konversionen" zwar nicht ausschließt, doch erschwert oder diese mitprägt.

Bedeutete für mich das Jahr 1950, der Wechsel von Frankreich nach Deutschland, nicht den tiefsten, prägendsten Einschnitt meines Lebens? Der Beginn eines ständigen Wechsels, einer ständigen Spannung, einer ständigen Ergänzung auch zwischen den Kulturen, Sprachen, Lebensweisen und Lebensansichten? Der Versuch, sie zusammenzuhalten, die Entscheidung dafür, sich nicht zu entscheiden, nicht für die eine, gegen die andere, nicht Entweder-Oder, sondern Sowohl-als-auch, das Bewahren einer, wenn auch ungleichen, Nähe und Distanz zu beiden?

Leider hatte ich nach dem Ende des realen Sozialismus in der DDR nicht mehr die Gelegenheit, die Diskussion mit Ileana Bauer, die sich auf die „Macht des Faktischen" stützte, fortzusetzen. Es war ihr fester Glaube, dass Lenin sich nicht geirrt hatte. Doch kann man auch mit Sartre nicht ausschließen, dass die Menschen eines Tages ihre Freiheit dafür einsetzen werden, sich für einen anderen Weg (ohne den Irrweg des „realen Sozialismus" zu wiederholen) als den zurzeit dominanten zu entscheiden. Dass dieser die großen Probleme der Menschheit lösen könne, setzt auch einen Glauben voraus, der sich immer mehr als nicht unerschütterlich erweist.

Das vierte Reich

Ende der 1960er-Jahre war man in Frankreich sehr beunruhigt über Nachrichten aus Deutschland, über das Erstarken nazistischer und neonazistischer Bewegungen, über den Einfluss früherer Nazis. Das Magazin *Stern* suchte einen Vorwand, um aus einem Vertrag mit seinem französischen Pendant *Paris-Match* auszusteigen. Über Verbindungen zu französischen rechtsextremen Kreisen der OAS, der *Organisation de l'Armée Secrète*, in der sich Nostalgiker eines französischen Algeriens gesammelt hatten, die auch gute Beziehungen zu deutschen rechtsextremen Kreisen unterhielten, wurde ein Schauspiel ins Leben gerufen, eine Falle, in die *Paris-Match* voll hineintappte. Man inszenierte in Deutschland ein angebliches Treffen ehemaliger SS-Angehöriger mit allen Attributen, die die französischen Leser erschauern lassen konnten: Schwarze Uniformen mit SS-Runen, Armbinden mit Hakenkreuzen, blank gewienerte Stiefel, zum Hitlergruß erhobene Arme. Die Reportage hatte einen großen Erfolg, allerdings nicht nur den erwarteten. Die deutsche Regierung beschwerte sich via Botschaft in Paris bei der französischen Regierung, der Skandal war perfekt, *Paris-Match* blamiert, das Magazin musste sich entschuldigen. Und der *Stern* hatte nun alle Gründe, aus dem Vertrag auszusteigen.

Bei *Paris-Match* war man nicht gewillt, diese Blamage, diese Demütigung auf sich beruhen zu lassen. Man beschloss, einen in Recherchen bewährten Journalisten auf Erkundung auszuschicken. Die Wahl fiel auf Gérard Périot, einen erfahrenen Journalisten, der bereits mit neunzehn Jahren als Reporter 1500 Meilen zu Fuß durch den Dschungel von Südost-Liberia gelaufen war und darüber ein erfolgreiches Buch, *In der Nacht der großen Bäume*, veröffentlicht hatte. Den Algerienkrieg hatte er als Soldat im 14. Schützen-Bataillon unter dem Kommando von Oberst Bigeard erlebt, der sich einen fragwürdigen Ruhm mit der Befriedung der autonomen Region Berthelot im nordwestlichen Teil des Landes erworben hatte, wo der Aufstand sehr aktiv war. In seinem Buch *Deuxième classe en Algérie* (1962) beschrieb Gérard Périot die Anwendung von Folter, die schlechte Moral der Soldaten, das schlechte Essen, die chaotischen Verhältnisse, die Korruption leitender Beamter.

1963 veröffentlichte *Paris-Match* eine Reportage von ihm über die Unzufriedenheit an französischen Universitäten, über die Streiks vom Dezember 1963. Er war ins Englische übersetzt worden, und selbst in der Tschechoslowakei und in Polen war er nicht unbekannt. Kritische, politische Reportagen, Anerkennung in Ostblockländern. Damit konnte man ihn getrost nach Ostberlin schicken, er hatte fast ideale Voraussetzungen, mit der Bitte von *Paris-Match* in der DDR vorstellig zu werden: Hilfe beim Nachweis zu bekommen, dass im Westen Deutschlands tatsächlich nach wie vor Nazis am Werk waren.

Gérard tauchte unangemeldet beim Ostberliner Dokumentationszentrum auf, das das Braunbuch herausgegeben hatte. Man brauchte dringend einen Dolmetscher, kam auf mich. Aus dem kurzen Gespräch wurde eine langjährige Beschäftigung. Ich war über die Privilegien, die ich bald genoss, nicht allzu sehr verwundert, eher angenehm überrascht. Meine Naivität lag vermutlich auch darin, dass ich mich nicht hinreichend daran gewöhnt hatte, das Nicht-Normale, das in der DDR das Normale war, als das Normale zu betrachten. Auch mit nicht-normalem Normalen kann man sich abfinden, wenn es einem zum Vorteil gereicht, vor allem dann, wenn es niemandem schadet und moralische Grundsätze, wie den der Gerechtigkeit, nicht zu offensichtlich verletzt.

So verhielt es sich mit plötzlichen Reisemöglichkeiten, die vor der Mauer fast normal waren und nun, da der Westen unerreichbar geworden war, Lichtjahre entfernt zu sein schienen. Man brauchte mich als Muttersprachler und sah einen Vorteil darin, meine Fähigkeiten zu nutzen. Ich hielt mich für den Akteur auf einer mir bekannten Bühne – in diesem Fall war ich eine Marionette, die an Strippen hing. Diese bildeten ein ganzes Bündel, ein Knäuel, das nur der entwirren konnte, der die Farben der einzelnen Fäden zu deuten wusste. Ein Knäuel, das dennoch nicht farbig ist, eher grau und eintönig, die Strippen sind zweidimensional, unterscheiden sich in meiner Stasi-Akte unter anderem durch Vermerke der jeweilig zuständigen Abteilung des Ministeriums für Staatssicherheit. Eines der entscheidenden Blätter aus dem Jahr 1968 steht seltsamerweise nicht am Anfang, der Titel lautet *Reise nach Westdeutschland.* Um den persönlichen Kontakt mit Gérard aufrecht zu erhalten, brauchte ich Visa zur Ein- und Ausreise nach Westberlin, sogenannte Tagesvisa. Nach und nach hatte ich den langaufgeschossenen, schlanken, kurzgeschorenen, jungen Mann kennengelernt, dessen Gesicht ein schmaler Bart umrahmte. Mit einer schwarzen Limousine chauffierte Gérard mich durch den Westen Deutschlands. Ich sehe und höre ihn noch, wie er bei unserer Fahrt durch Oberbayern den offensichtlichen Reichtum der Einheimischen nicht fassen konnte, angesichts der großen Villen mit ihren großzügigen hölzernen geschnitzten Balustraden an den Balkons, mit Blick auf Berge und satte Wiesen, mit den Garagen und den Luxusautos vor den Türen, und wie er immer wieder fragte: „Haben wir den Krieg gewonnen oder die?"

Gérard war zur Bescheidenheit und Sparsamkeit erzogen worden, er empfand ausgestellten Reichtum als obszön. Mich erstaunte es nicht weiter, dass das Dokumentationszentrum in Ostberlin sich auf Gérards Wünsche einließ und ohne Schwierigkeiten die entsprechenden Visa für mich besorgen konnte: Schließlich war es Teil des Ministeriums des Innern, das für Visaangelegenheiten zuständig war, jedenfalls nach meinen Vorstellungen als DDR-Bürger. Und die DDR hatte ein uneingeschränktes Interesse daran, dass eine auflagenstarke bürgerliche Illustrierte sich für das Fortwirken der ehemaligen Nazi-Eliten in der Bundesrepublik Deutschland interessierte. Dass die Macht des Innenministeriums über Visaangelegenheiten hinausging, wunderte mich bald ebenso wenig.

Dem Innenministerium verdankte ich schließlich einen gewaltigen Sprung nach oben auf der Luxusleiter. Da ich durch die Arbeit mit Gérard erreichbar sein musste, war es unumgänglich, dass ich eine Telefonverbindung bekam. Normalerweise dauerte das Monate, eher Jahre, bis eine Genehmigung erteilt wurde und weitere Monate, bis eine Leitung gelegt wurde. In meinem Fall dauerte es einen Tag!

Der Innenminister rief persönlich den Postminister an, und am folgenden Tag kamen Handwerker, verlegten vom Vorderhaus über den Hof in den vierten Stock eine Leitung, nun war ich erreichbar und konnte mich selbst verbinden, mit wem ich wollte. Vorausgesetzt, sie oder er genossen ein vergleichbares Privileg. Von unerwünschten Mithörern ahnte ich damals nichts.

Alte Männer, junge Wölfe

Während der sechs Jahre unserer Zusammenarbeit provozierten der Stoff, mit dem wir es zu tun hatten, und unsere verschiedenen Erfahrungen und Sichtweisen, zahlreiche Diskussionen zwischen Gérard und mir. Meine Rolle konnte sich nicht auf die übliche des Dolmetschers als neutrales Medium beschränken, schon deshalb nicht, weil die Übersetzung der Termini ohne Kommentierung der Kontexte unmöglich war, und die Erläuterungen des Historikers Ludwig Nestlers die sprachliche Seite nicht berührten. Die Unterschiede zwischen Ost und West, die aktuellen ebenso wie die historischen, konnten nicht vernachlässigt werden.

Im Osten Deutschlands stellten die wenigen Antifaschisten, die die Konzentrationslager der Nazis überlebt hatten, die aus dem Exil zurückkehrenden Emigranten, die noch geringere Zahl jener, die es geschafft hatten, versteckt zu überleben, gegenüber der Mehrzahl der sie ablehnenden Bevölkerung eine kaum ins Gewicht fallende Minderheit dar, die nur dank der sowjetischen Militäradministration regieren konnte. Und auch darin waren sie ungeübt, waren unbeholfene Anfänger. Ihre Erfahrungen im Parteiapparat und in der Illegalität hatten sie vieles gelehrt: strenge Disziplin, klare Hierarchien, Geheimnishaltung, Wachsamkeit, das heißt Misstrauen und Kontrolle, Denken und Handeln ohne Abweichungen, nach dem strikten Freund-Feind-Schema (der „Klassenfeind" war allgegenwärtig, was auch der einsetzende Kalte Krieg bestätigte). Nach diesen Prinzipien der „Einheit und Geschlossenheit", mit denen sie die alte Gesellschaft bekämpft hatten, organisierten sie die neue Gesellschaft, für die sie nun verantwortlich waren. Das war genau das Gegenteil dessen, das sie jetzt dringend gebraucht hätten: demokratische Einbeziehung von Gutwilligen, Zuhören, abweichende Meinungen akzeptieren, Vertrauen, kritisches Denken. Sie konnten sich auf wenige Fachleute stützen, mit Nazivergangenheit oder unpolitische oder andere, die das Gefühl hatten, etwas gutmachen zu müssen, und auch diesen misstrauten sie oft.

Gérard sah bei den jungen Männern (Frauen spielten bei den damaligen Macht- und Karrierefragen kaum eine Rolle), die am Ende des

Krieges ins Erwachsenenalter eintraten, eine besonders ausgeprägte Kontinuität. Seine These lautete: Jene, die als ungefähr Achtzehnjährige 1945 eine bemerkenswerte Karriere, im Westen unter demokratischen, im Osten unter kommunistischen Vorzeichen begannen, hätten, wäre das Regime der Nazis erst einige Jahre später besiegt worden, einen ähnlich brillanten Aufstieg unter Nazivorzeichen gemacht. Diese jungen Männer zeichneten sich vor allem durch ihr Elitebewusstsein aus, ihre häufig überdurchschnittliche Intelligenz, unter Umständen gepaart mit unterdurchschnittlichen moralischen Bedenken, soweit nach zwölfjähriger Naziherrschaft derartige übriggeblieben waren. Ihre „Führungsqualitäten", ihre Motivation, an der Spitze zu stehen, kennzeichneten sie, sie waren, wie Psychologen sagen würden, „Alphatiere". Für sie sind ideologische Überzeugungen häufig auswechselbares Beiwerk, das sie ihrem Führungswillen unterordnen – nichts als Mittel zum Zweck. Mir schien Gérards Beobachtung und Folgerung zu psychologisierend und nicht materialistisch genug.

Etwa vierzig Jahre nach den Diskussionen mit Gérard und Ludwig erschien ein Buch, dessen Autor in jahrelanger Archivarbeit, unter anderem in Washington, Gérards These weitgehend bestätigte und wissenschaftlich bekräftigte: Malte Herwigs *Die Flakhelfer.* Da Gérards Buch nie erschien, konnte Malte Herwig nicht ohne Recht von seiner Arbeit behaupten: *„Dieses Buch erzählt die unbekannte Geschichte der jüngsten NSDAP-Mitglieder vom ‚Dritten Reich' über die Entnazifizierung bis in die Gegenwart."* Er konnte auf den vier Seiten seines Buches, die dem „Fall Périot" gewidmet sind, nicht erkennen, dass Gérard Périot in den sechziger Jahren ein ähnliches Erkenntnisinteresse wie er vierzig Jahre später verfolgte: Die *„beträchtliche personelle Kontinuität zwischen dem ‚Dritten Reich' und der Bundesrepublik"* nachzuweisen, und dabei interessierte diesen auch jener Teil der Bevölkerung, den er die *„Flakhelfergeneration"* nennt. Ende der 1960er-Jahre war diese nicht nur noch am Leben, sondern häufig in herausragenden öffentlichen Ämtern. Der Umfang der von Gérard Périot eingereichten Listen über sie machte die Amerikaner stutzig. Malte Herwig fand in Washington heraus:

„Die Skepsis der Amerikaner wurde dadurch bestärkt, dass Périot offensichtlich kein Deutsch verstand, obwohl er vorgab, eine wissenschaftliche Studie über die

Entnazifizierung im Nachkriegsdeutschland schreiben zu wollen. Périot hatte 1969 darum gebeten, Vincent von Wroblewsky, einen französisch-stämmigen jüdischen Kommunisten (und Sartre-Übersetzer) als Dolmetscher ins Archiv mitbringen zu dürfen. Wroblewsky lebte aber in Ostberlin und promovierte dort am Institut für Philosophie der Akademie der Wissenschaften, was auf amerikanischer Seite bereits für Argwohn sorgte."[5]

Man war also in Washington recht gut informiert – annähernd: Übersetzer von Werken Sartres für den Rowohlt Verlag konnte ich erst nach Verschwinden der Mauer werden. Und ein Philosoph aus Ostberlin mit derart seltsamer „Identität" als Dolmetscher – das war natürlich besonders suspekt!

Das *Document Center* war auch für Malte Herwig die wichtigste Quelle, aus der er schöpfen konnte, vor allem, seitdem sie 1994 in die deutschen Archive überging. Die Bundesregierung hatte sich lange gesträubt, dieses Danaergeschenk anzunehmen (der Außenminister Dietrich Genscher gehört zu den Flakhelfern, die ihre im *Document Center* liegende Karteikarte nicht wahrhaben wollten). Ergänzt um die Archive des US State Departments to National Archives/BDC, die Aufschlüsse geben über die Geschichte des *Berlin Document Center*, seine Besucher, und darüber, wie es sich jeweils in der Gratwanderung zwischen wissenschaftlicher und politischer Institution verhielt.

In den 1960er-Jahren fanden im Westen Deutschlands große politische Debatten statt, die Verjährung von Kriegsverbrechen – nach westdeutschem Strafgesetz nach zwanzig Jahren – rückte 1965 näher. Schließlich wurde sie auf das Jahr 1969 verschoben, dann von den Parlamentariern auf dreißig Jahre erhöht. Als dieses Datum erreicht war, beschloss der Bundestag wiederum mit einer Mehrheit, die Verjährung von Mord und Völkermord endgültig aufzuheben. Das Dokumentationszentrum des Innenministeriums der DDR konzentrierte einen großen Teil seiner Arbeit auf die Entlarvung der Nazivergangenheit westdeutscher Prominenter, vor allem von Politikern. So unterstützte das Dokumentationszentrum die Herausgabe des *Braunbuchs*, das ihre Vergangenheit

---

[5] Herwig, Malte: Die Flakhelfer. Eine gebrochene Generation. München 2014, S. 191-195.

mit Dokumenten belegte. Die erste Ausgabe erschien 1965. Durch das *Braunbuch* war man bei *Paris-Match* auf den Gedanken gekommen, Gérard Périot nach Ostberlin zu schicken, um vom Dokumentationszentrum Hilfe zu erbitten. Für das Dokumentationszentrum war das eine wichtige politische Aufgabe. Die westlichen Persönlichkeiten, die sich der Unterstützung erfreuten, ignorierten meistens die Rolle, die die Stasi dabei im Hintergrund spielte.

Meine DDR-Erfahrung half mir sehr, das Verhältnis von Partei, Massenorganisationen und Bevölkerung in der Nazizeit zu verstehen. Gegen diese Erkenntnis sträubte sich sowohl mein Gefühl als auch mein Verstand – was ohne Zweifel mit meiner eigenen Prägung während der Kindheit und Jugend zu tun hatte. Zugleich wehrte ich die oft arg reduzierte, oberflächliche, mich und mein elterliches Erbe beleidigende Behauptung der Gleichheit von Drittem Reich und DDR ab. Ich wollte die vielen Merkmale, die trotz der Unterschiede Gemeinsamkeiten belegten, nicht akzeptieren. Die Unterschiede waren mir wichtig, sie hatten die Stärke der Evidenz: In der DDR gab es keinen staatlich geförderten, organisierten Rassismus, Antisemitismus, keinen geschürten Hass gegen andere Völker und Volksgruppen. Die DDR hatte kein Netz von Konzentrationslagern errichtet, schon gar nicht von Vernichtungslagern, zettelte keine Kriege gegen Nachbarn an und verfolgte keine Eroberungspolitik.

Von meinen frühen DDR-Erfahrungen an hatten mich Gemeinsamkeiten mit der vorangegangenen Nazizeit, obwohl ich sie nicht erlebt hatte, wie ich sie dennoch wahrnahm und sie mir durch Filme, Bücher, Erzählungen bewusst wurde, gestört, empört, beleidigt, geschmerzt, nie jedoch genug, um die Hoffnung, dieses System könnte die von mir erstrebte menschliche Alternative sein, völlig aufzugeben. Dabei sprangen sie nicht weniger heftig ins Auge als die Unterschiede, doch trugen die sechs Jahre Arbeit mit Gérard Périot, mit Ludwig Nestler, die Beschäftigung mit der Nazizeit und der BRD paradoxerweise dazu bei, eine Kontinuität der politischen Formen, der Strukturen ideologischer Herrschaft, der Mentalitäten, der Denk- und Verhaltensweisen zu erkennen. Es ist schade, dass Gérards Buch *Das vierte Reich* nicht erschienen ist, nicht nur wegen der Zeit, die ich seiner Vorbereitung in der sechs Jahre währenden Zusammenarbeit gewidmet habe. Es wäre heute kein aktuelles Buch mehr, aber ein historisches Dokument, das jenseits der Titel und Grade historische Kontinuitäten bis in unsere Tage aufzeigen würde – also doch aktuell.

Unter den Pflastersteinen der Strand

Der Zusammenarbeit mit Gérard verdankte ich sogar eine Rückkehr nach Frankreich, zwölf Jahre nach meinen siebenwöchigen Ferien als „vermutlich Deutscher". Im Sommer 1969, wenige Wochen nach unserer Rundreise im Wahlkampf mit den NPD-Spitzen, erwartete mich Gérard in Paris. Seine Bitte, dass ich ihm über den Sommer zur Verfügung stehen sollte, um mit ihm Dokumente durchzusehen und zu übersetzen, war über das Dokumentationszentrum genehmigt worden. Zunächst wollten wir in Paris bleiben, wo ich auf dem Campus der Universität in Nanterre ein Zimmer gefunden hatte. Zwischen den modernen Blöcken des Wohnheimes und der Universität sah ich die Spuren des Mai 1968, die Reste von Slogans, verblichene Aufkleber, Graffitis, teilweise unleserlich. Ich fühlte mich wie ein Anthropologe, der eine ferne, unbekannte Kultur entdeckt. Als erstes fiel mir die Vielfalt, ja Gegensätzlichkeit der Forderungen auf. Zitate bekannter Dichter, Philosophen, Politiker von Heraklit über Marx bis Valéry oder den Marquis de Sade und Napoleon wechselten sich mit den oft witzigen Erfindungen anonymer Autoren ab, eine Volkskunst des Protestes, die ich mit den politischen Witzen in der DDR verglich. Und die Handschriften der vielen Gruppen und Grüppchen, die sich bekämpften, der Maoisten, Trotzkisten und Anarchisten, waren unverkennbar. Aber sie hatten auch Gemeinsames – gegen die Professoren, die Alten, die Etablierten, die Reichen, die Gewerkschaften, die Arbeit. Der Gegensatz von Arbeit und Leben, Arbeit und Freiheit, Arbeit und Glück tauchte in mehrere Varianten auf, die vorherrschende Forderung war jedoch die nach sexueller Freiheit.

*

Mai 1968: Paris, August 1968: Prag. Zwei prägende Daten, verbunden mit großen Hoffnungen und tiefen Enttäuschungen. Unter sehr verschiedenen Vorzeichen schien sich die Geschichte in West und Ost für einen demokratischen Sozialismus zu öffnen, durch die Überwindung verkrusteter hierarchischer Strukturen im Westen, des immer noch lebendigen Stalinismus im Osten. Ein „Sozialismus mit menschlichem Antlitz" schien möglich.

Ich dachte zurück an Freiberg, wo ich mit meiner Lebensgefährtin Renate ihre Mutter besuchte. In der Nacht vom 20. auf den 21. August wurden wir plötzlich unsanft durch ein unbestimmbares, ungleichmäßiges Grollen geweckt, das in Wellen anschwoll und verebbte. Die Wände des Kinderzimmers erzitterten, die Deckenlampe schaukelte sanft vor sich hin. War das ein Erdbeben? Wir wollten nicht abwarten, bis die Decke auf uns herabstürzte, zogen uns hastig an und traten hinaus. Auf der etwas weiter unten verlaufenden Straße rollten in einer langen Reihe Panzer – unschwer als russische zu erkennen, trotz der Tarnnetze, die den roten Stern an der Seite kaum verbargen. Mit ihren abgeblendeten Scheinwerfern wirkten sie im Halbdunkel wie schnaufend und knirschend vorbeischleichende Ungeheuer, ab und zu rutschten sie von der nicht für sie gebauten Straße ab, stellten sich quer, drehten sich um sich selbst und bewegten sich dann weiter geradeaus. Ihre Fahrtrichtung beseitigte jeden Zweifel: Dort lag die Grenze zur Tschechoslowakei, dann weiter in südöstlicher Richtung, keine 150 Kilometer entfernt, Prag. Sollte Prag das gleiche Schicksal ereilen wie 1956 Budapest? Würde die tschechoslowakische KP-Führung, die unter Dubček seit einigen Monaten um Reformen der verknöcherten Gesellschaft bemüht war, unter den Ketten sowjetischer Panzer erdrückt werden?

Am nächsten Tag berichtete das *Neue Deutschland*, die Staaten des Warschauer Vertrages hätten beschlossen, dem Hilferuf der tschechoslowakischen Führung entsprechend den sozialistischen Brüdern zu helfen, die Konterrevolution zu zerschlagen. Weder der Protest der Führung unter Dubček noch der heroische Widerstand mutiger Bürger in den Straßen Prags konnten den sogenannten „Normalisierungsprozess" aufhalten. Die alten stalinistischen Macht- und Gesellschaftsstrukturen kehrten zurück, und die Möglichkeiten eines demokratischen

Sozialismus waren zerstört, bevor sie Boden hätten gewinnen können. Der Sozialismus hatte international einen neuen Rückschlag erlebt und weiter an Attraktivität verloren, und erhielt auch bis zu seinem Ende 1989 keine neue Chance. Nicht 1970 in Polen, und auch nicht ab 1985 mit der von Gorbatschow eingeleiteten Politik von Glasnost und Perestroika. Sie erweckte zwar neue Hoffnungen, kam jedoch zu spät und vermochte es nicht, die Sowjetunion in ein demokratisches Land zu verwandeln. Bisher, so dachte ich später über diese Ereignisse, sind alle Versuche, Sozialismus und Demokratie nicht als sich ausschließenden Widerspruch, sondern als gegenseitige Existenzbedingung zu verwirklichen, letztlich an sowjetischen Panzern, an der sowjetischen Intervention gescheitert. Erst wenn dieser Versuch in der Sowjetunion selbst stattfinden würde, werden keine Panzer von außen mehr hereinrollen können. Zugegeben, etwas naiv gedacht, in der Geschichte ist mancher Aufstand von der Armee des eigenen Landes erstickt worden. Eine weitere Bedingung wäre also das gemeinsame Vorgehen von Volk und Armee.
Im Frühling 1969 stieg ich mit einigen Freunden im Berliner Ostbahnhof in den Zug Richtung Prag. Wir wollten vor Ort sehen, was vom Prager Frühling übrig geblieben war. Wir waren alle vier linke Intellektuelle, die sich für diesen Frühling begeistert hatten. Albrecht, roter Bart, lange, dichte rote Kopfhaare, meistens lachendes Gesicht, lebte mit einigen anderen Studenten in der Kantkommune, die so hieß, weil sie sich in der Kantstraße in Berlin-Charlottenburg befand. Wie die anderen der Wohngemeinschaft studierte Albrecht an der Technischen Universität, war aber auch sehr literarisch und politisch interessiert.
Als wir in Bad Schandau einfuhren, stiegen Grenzkontrolleure in unser Abteil und wollten unsere Pässe sehen. Nach 1990 fand ich in meinen Stasiunterlagen einen Bericht über diese verdächtige gemeinsame Reise nach Prag. Dort versuchten wir am nächsten Tag in verschiedenen Kneipen in Uni-Nähe, mit Studenten zu sprechen. Wir erkannten, dass die „Normalisierung“ gesiegt hatte, das normale allgemeine Misstrauen. Was hatten wir erwartet? Dass sie sich Fremden anvertrauen würden, die sie nicht kannten? Mochten diese beiden Typen mit ihren großen Bärten, einem roten und einem schwarzen,

und die sie begleitenden jungen Frauen auch nicht gerade nach Spitzel aussehen, was wusste man schon? Sobald wir versuchten, das Gespräch auf die Ereignisse von vor einem knappen Jahr zu bringen und noch so vorsichtig nach ihren Erinnerungen fragten; sobald wir wissen wollten, wie ihre jetzige Situation war, fiel unsichtbar, aber umso spürbarer, ein eiserner Vorhang zwischen uns hernieder.
Wir blieben nicht lange in Prag, die Luft war von Enttäuschung und Resignation erfüllt, die Rückkehr zu den alten Verhältnissen, mit einem noch hinzugekommenen Überschuss an Normalität, erstickte jede lebendige Regung.
Den Rest gab mir ein Zwischenfall, bei dem es mir kalt über den Rücken lief. Als wir über die Karlsbrücke gingen, hörte ein junger Mann uns deutsch miteinander sprechen. Er blieb vor uns stehen, nahm Haltung an, salutierte und sagte laut, sehr laut: „Zu Befehl, Herr Obersturmbannführer!" Dachte er an die deutschen Brüder? Sie waren nicht mit Panzern bei der Niederschlagung der Reformen in Prag mit dabei gewesen, aber ganz unbeteiligt waren sie nicht. Ähnlich wurde ich später in einem anderen Bruderland wahrgenommen. Während einer philosophischen Sommerschule an der bulgarischen Schwarzmeerküste spielte ich während einer Pause am Strand mit einem Bulgaren Schach, den ich zufällig kennengelernt hatte. Als er mich mattgesetzt hatte, sprang er auf und rief erfreut aus:
„Gitler kaputt!"

*

Nach arbeitsreichen Sommerferien an der französischen Küste setzten Gérard und ich unsere Arbeit in Berlin fort. Wir kamen voran, und auch die Welt drehte sich inzwischen weiter: Im Dezember 1972 wurde der Grundlagenvertrag zwischen beiden deutschen Staaten abgeschlossen. Im gleichen Monat stellten die Vereinigten Staaten auf Anordnung von Präsident Nixon die Kriegshandlungen gegen Nordvietnam vollständig ein. In Paris unterzeichneten die USA, Nordvietnam und Südvietnam ein Abkommen über die Beendigung des Kriegs. 1973 wurden schließlich die beiden deutschen Staaten in die UNO aufgenommen.

Für mich bedeuteten diese Veränderungen paradoxerweise eher eine Verschlechterung meiner Möglichkeiten. Durch die Arbeit mit dem Dokumentationszentrum und Gérard Périot hatte ich seit einigen Jahren von einer Situation profitieren können, in der ich innerhalb der fehlenden Normalität eine relative „Normalität" hatte finden können, vor allem was meine Beweglichkeit zwischen Ost und West betraf. Das schloss Kontakte zu Menschen ein, von denen ich sonst getrennt gewesen wäre, einen Zugang zu Literatur, den ich nur sehr viel schwerer hätte finden können, auch die Kenntnis von Informationen und nicht zuletzt die Möglichkeiten von Genüssen, die mir umso mehr fehlten, als ich ihre Existenz kannte. Nun gefährdete die einsetzende weltweite „Normalisierung" meine nicht normale Normalität. Die Annäherung von Ost und West bedeutete für mich eine Entfernung vom Westen.
Das Bild der BRD änderte sich in der Welt, ebenso wie auch zaghaft das Verhältnis zwischen beiden deutschen Staaten. Ohne auf den Antifaschismus als ihre wesentliche Legitimierung zu verzichten, hatte die DDR nun weniger Interesse daran, die westdeutsche Seite aufgrund ihrer personellen Kontinuität zum Dritten Reich als „faschistische" Gesellschaft zu denunzieren und sie als ihr negatives Gegenbild darzustellen. Das war mit dem Ziel von zwei deutschen Staaten als gleichberechtigte Partner in einer normalen Beziehung schwer zu vereinbaren. Gleichzeitig verlor in Frankreich das abschreckende Bild des Nazismus an Wirkung. Es war ein neues Westeuropa entstanden, in dem die BRD einen geachteten Platz einnahm, nicht nur wegen ihres wirtschaftlichen Vorrangs. Vor diesem Hintergrund fand die Zusammenarbeit mit Gérard ein Ende. Ich dachte damals und denke auch heute, dass, abgesehen vom schwindenden Interesse an seinen Entlarvungen vor dem Hintergrund der neuen Weltlage und ihren Auswirkungen, insbesondere auf Deutschland, die Unfähigkeit Gérards, einen Endpunkt zu setzen, die Arbeit derart ausufern ließ. Er wollte unbedingt noch diese Information, jenes Dokument finden, noch eine offene Frage klären. Die Arbeit war fast fertig, doch es fehlte immer noch ein letztes, unverzichtbares Detail. So fand die Arbeit mit Gérard Périot ein Ende, ohne dass *Das vierte Reich* je erschienen wäre. An diesem Projekt hatte der DDR so viel gelegen, dass sie Gérard alle Wünsche er-

füllte und mir Freiheiten einräumte, die für normale DDR-Sterbliche mehr als ungewöhnlich waren. Es waren für mich ungefähr sechs Jahre Ausnahmezustand, von dem ich mich nun entwöhnen und mich dafür auf den Abschluss meiner Dissertation konzentrieren musste. Doch einmal mehr kam es anders als gedacht, woran auch die großgeschriebene Geschichte ihren Anteil hatte.

Die Jugend der Welt

Walter Ulbricht hatte noch das Ende seiner Macht erlebt. Sie endete ähnlich wie die Chruschtschows, „friedlich", allerdings mit Zutun der Sowjetunion. Schließlich übernahm Honecker – schon lange Kronprinz – mit sowjetischem Einverständnis die Macht, nachdem Ulbricht „aus gesundheitlichen Gründen" seinen Rücktritt von fast allen seinen Ämtern erklärt hatte. Ulbricht starb am 1. August 1973, während in Ostberlin die *X. Weltfestspiele der Jugend und Studenten* ohne Unterbrechung weitergingen. In den Medien wurde erklärt, es sei der Wunsch des kranken Ulbricht gewesen, im Falle seines Ablebens die Weltfestspiele nicht zu unterbrechen. Sie waren im „Stadion der Weltjugend" eröffnet worden, das noch kurz zuvor „Stadion Walter Ulbricht" hieß. Er erlebte auch noch, wie sein Name, vorher allgegenwärtig, aus der Öffentlichkeit verschwand. Die Briefmarkenserie „Staatsratsvorsitzender Walter Ulbricht" wurde eingestellt, Großbetriebe und Institutionen wurden umbenannt. Einziges Trostpflaster: Er durfte das Amt des Vorsitzenden des Staatsrates behalten und den neu geschaffenen Titel „Vorsitzender der SED" tragen.

Für Erich Honecker, der 1946 im Auftrag der KPD die Jugendorganisation FDJ gründete, bis 1955 ihr Vorsitzender war und seit 1971 endlich an der Spitze der SED und damit der DDR stand, war die Wahl Ostberlins als Austragungsort der *X. Weltfestspiele der Jugend und Studenten* 1973 ein Glanzpunkt seiner Karriere, eine besondere Herausforderung und eine hervorragende Gelegenheit, der Welt die DDR als weltoffene Gesellschaft vorzuführen. Zu ihrem Erfolg beizutragen hatte entsprechend überall und auf allen Ebenen Vorrang.

Ausgerechnet meine Bereichsleiterin Ileana Bauer, die gedrängt hatte, dass ich meine Dissertation nun endlich abschließe und einreiche, überredete mich, meine Mitarbeit im Internationalen Vorbereitungskomitee (IVK) der X. Weltfestspiele als Dolmetscher zuzusagen. Die Weltfestspiele hatten im August 1951 schon einmal in Ostberlin stattgefunden. Damals war ich mit meinen elf Jahren trotz bestandener Dolmetscherprüfung für zu jung für die Jugend befunden worden und hatte mich tief verletzt zurückgezogen. Nun fand ich diese Arbeit nicht mehr erstrebenswert, im Gegenteil. Ich selbst wollte endlich meine Doktorarbeit abschließen, und vor allem hatte ich mir geschworen, nie wieder etwas mit der FDJ zu tun zu haben. Die Funktionäre aus dem Zentralrat der FDJ hatten zwar keine Entscheidungsbefugnis bei der Vorbereitung der Weltfestspiele im Internationalen Komitee, sie verantworteten jedoch die Bedingungen für die Arbeit des IVK und sollten auch meine „Arbeitgeber" sein, solange ich von der Akademie delegiert wäre.
Ab April 1973 sollte ich hauptamtlich als Dolmetscher für Französisch eingesetzt werden, wurde jedoch vorher bereits zu verschiedenen Einsätzen herangezogen – wie die Hauptabteilung XX der Stasi am 26. März 1973 dem Leiter der Hauptabteilung XVIII/5 mitteilte. Im Internationalen Komitee spielte die Gruppe Kultur eine Schlüsselrolle: Ihr oblag, das Kulturprogramm während der Spiele zu beschließen. Geleitet wurde diese Gruppe von einem Koreaner, der Französisch sprach. Wie hochpolitisch das Kulturprogramm war, erfuhr ich erst beim Dolmetschen: Es ging dabei um den Platz, den jedes Land einnehmen sollte, und – was noch komplizierter war – den Platz der einzelnen Strömungen und Gruppierungen aus Ländern, die verschiedene, oft konträre Delegationen entsandten. Es ging um die kulturell vermittelte Selbstdarstellung, die politische und ideologische Botschaft an die Jugend. Die Stasi verfolgte selbstverständlich sehr aufmerksam die Arbeit der Kulturkommission. Nach der Darstellung der Konflikte schließt die *Operativinformation Nr. 58 – X. Weltfestspiele* mit dem Bedauern: *„Wir als DDR können lediglich Vorschläge unterbreiten. […] Die einzelnen Jugendverbände bzw. Vertretungen der Staaten sind nur gegenüber dem internationalen Vorbereitungskomitee rechenschaftspflichtig."*
An dieser Stelle wechselt der Operativbericht von der großen Politik

unerwartet in die Niederungen des Menschlichen und erklärt auch, warum er in meine Stasi-Unterlagen geriet. Denn eigentlich ist ein Dolmetscher bei einer solchen Expertentagung nichts anderes als ein Medium, über das es nichts Interessantes zu berichten gibt – es sei denn, er fällt unangenehm auf.

Ich nutzte jede freie Minute im IVK, um meine Dissertation zu Ende zu bringen, doch wurde ein großer Teil meiner Zeit und Energie vom Dolmetschen beansprucht. Ich war sehr zufrieden mit mir, als es mir schließlich gelang, die Unvereinbarkeit des Abschlusses meiner Dissertation, zu dem ich verpflichtet war, und meine weitere Arbeit im IVK überzeugend geltend zu machen. Ich durfte an meinen akademischen Arbeitsplatz zurückkehren.

Als ich nach 1990 meine Stasiunterlagen zur Kenntnis nahm, stellte sich die Sache jedoch anders dar. Zu meiner Überraschung stieß ich auf ein erstes Schriftstück vom 13.2.1973, dem ich entnahm, warum die FDJ mich freigab. Der Oberstleutnant Knaust antwortet dem Oberst Ludwig, es gäbe *„ernstzunehmende Hinweise“* über Verbindungen meiner Person zu einem feindlichen Geheimdienst, außerdem verhielte ich mich nicht immer ehrlich gegenüber der Stasi und zeige *„ausgeprägte moralische Schwächen gegenüber dem anderen Geschlecht.“*

Diesen Schwächen verdankte ich also meine wiedergefundene Freiheit, und die FDJ hatte sich von mir befreit. Doch konnte sie sich dieses Befreiungsschlages nicht recht erfreuen, denn knapp eine Woche nach meinem Ausscheiden, am 5.6.73, verfasste Major Strobel von der „Arbeitsgruppe ausländische Festivalteilnehmer“ eine Mitteilung, in der er von einer *„komplizierte[n] Kadersituation“* sprach, denn nun habe das Organisationskomitee seine *„qualifizierteste Kraft“* unter den Französisch-Dolmetschern verloren, wohingegen der Koordinationssekretär der Ständigen Kommission Einspruch erhoben habe. Ich konnte dagegen ungestört meine Dissertation zu Ende bringen und einreichen, noch bevor die Weltfestspiele begannen.

Während der Festspiele beherbergte ich in meinem einen Zimmer, der Kammer, dem Flur und der Küche zeitweilig bis zu acht Personen, die auf Matratzen und Feldbetten schliefen. Es waren französische Freunde, die nicht Teil offizieller Delegationen waren und als Privatpersonen an den Festspielen teilnehmen wollten. Einige kannte ich seit dem Hegelkongress in Berlin 1970. Dem Programm entnahm ich eine Veranstaltung, die mich besonders interessierte: ein Gespräch mit der palästinensischen Delegation. Meine Kenntnisse der Lage der Palästinenser waren begrenzt; in der offiziellen DDR-Lesart führten sie einen gerechten Kampf gegen die israelischen Zionisten. Sie gehörten zu den Völkern, die für ihre nationale Befreiung kämpften und denen die DDR ihre Solidarität gewährte. Wie sehr viele DDR-Bürger zahlte ich brav jeden Monat meinen Soli-Beitrag und hatte auch nichts gegen die auf vielen Veranstaltungen zu hörende Losung *„Es lebe/ die internationale/ Solidarität"* einzuwenden, die mir skandiert noch in den Ohren klingt. Vieles war mir damals nicht bekannt, nicht das widersprüchliche Verhältnis zu Arafat und erst recht nicht die Tatsache, dass Palästinenser die Möglichkeit erhielten, sich in der DDR militärisch auszubilden und sich auf Attentate gegen Israel vorzubereiten.

Wie hätte ich auf den Gedanken reagiert, dass sie in meiner „sozialistischen Heimat" lernten, Überlebende der Shoa umzubringen – unter ihnen vielleicht auch jene, mit denen ich eine Zeitlang mein Leben in Toulouse im jüdischen Waisenheim teilte? Wäre das ein hinreichender Grund gewesen, dieser „Heimat" die Solidarität zu kündigen und sie zu verlassen? Vielleicht. Wahrscheinlich. Sicher.

In meiner aus westlichen Medien genährten Vorstellung lebten die meisten Palästinenser in Flüchtlingslagern im Libanon, in Syrien, Jordanien oder Ägypten, von den jeweiligen Zivilgesellschaften isoliert, ohne Möglichkeit, eine Arbeit zu finden und ein normales Leben zu führen. Es wurde alles getan, damit diese Kinder oder gar Enkel von 1948 aus dem heutigen Israel vertriebenen Vorfahren sich nicht integrierten, sondern sich darauf vorbereiteten, ihr „Recht auf Rückkehr in ihre Heimat" zu erkämpfen.

Ich stellte mir vor, die zwölf Millionen nach 1945 aus dem ehemaligen Schlesien, Pommern, dem Sudetenland und anderen „Ostgebieten" Vertriebenen wären nicht vor allem in Westdeutschland aufgenommen und in die Gesellschaft integriert worden. Sie würden noch in zweiter und dritter Generation in Lagern hinter Stacheldraht eingesperrt leben und sich darauf vorbereiten, sich die Rückkehr in ihre frühere Heimat zu erkämpfen, nun nicht mehr nur zwölf, sondern zwanzig oder dreißig Millionen „Heimatvertriebene“. Es war ohne Zweifel einer der großen Verdienste der jungen Bundesrepublik und ihrer Bevölkerung, diese Menschen (nicht ohne Widerstände und Vorbehalt) aufzunehmen, ihnen Wohnungen, Arbeit und Lebensbedingungen als Bürger zu schaffen. Zwar gab es immer noch die vielen Vertriebenenverbände und ihre oft lautstark vorgetragenen Forderungen, die der DDR-Propaganda die Möglichkeit boten, vom westdeutschen Revanchismus zu sprechen. Das wurde begünstigt durch die Politik der BRD, die lange Zeit die Oder-Neiße Grenze nicht als endgültig anerkannte, ebenso wenig wie die Nachkriegssituation. Während der Arbeit mit Gérard hatte der Revanchismus als eigener Gegenstand keine Rolle gespielt, die Vertriebenenverbände beschäftigten uns dagegen regelmäßig. Es war nicht überraschend, dass sich in ihren leitenden Gremien viele alte Nazis wiederfanden. Der Revanchismus als bevorzugtes Thema der DDR-Propaganda begann unter der Kanzlerschaft von Willy Brandt zu verblassen. Diese Gedanken gingen mir durch den Kopf, als ich voller Erwartungen, auf Überraschungen gefasst, dem Gespräch mit der palästinensischen Delegation entgegenging.

Auf die Überraschung, die mich erwartete, war ich jedoch nicht vorbereitet. An ihrem Sitz lernte ich aufgeschlossene, gebildete junge Frauen und Männer kennen, die meisten sprachen neben Arabisch ausgezeichnet Französisch und Englisch. Die Delegation in Berlin setzte sich aus Studenten der Beiruter oder anderer Universitäten zusammen, Kinder der wirtschaftlichen und politischen Elite der Palästinenser. Sie trugen kein Arafattuch um den Hals und hatten natürlich auch keine Kalaschnikow vor der Brust.

Erich Honecker konnte zufrieden sein: Die neun Tage der Festspiele in Berlin waren ein großer Erfolg, es gab keine unangenehmen Zwischenfälle – sicher auch dank der aufopfernden Arbeit der 4.000 Stasimitarbeiter. Die Erfolgsmeldungen erwähnten auch nicht die mehr als 2.000 „potentiellen Störer“, die vor den Festspielen „vorsorglich“ verhaftet worden waren, noch die 2.500 mit Urlaubssperren, Reiseverbot oder Einweisung in die Psychiatrie von Ostberlin ferngehaltenen Personen. In westlichen Medien sprach man vom „roten Woodstock“.

Allein die Zahlen sind eindrucksvoll: 25.600 Teilnehmer aus 140 Staaten, unter ihnen 800 bundesdeutsche, nicht nur Falken, Mitglieder

der SDAJ (Sozialistische Deutsche Arbeiterjugend) und anderer linker Organisationen, sondern auch Mitglieder der Pfadfinder, der Beamten-Jugend, der Schreberjugend, der Esperanto-Jugend. Insgesamt zählte man acht Millionen Besucher. Auf 95 Bühnen spielten dutzende Singeklubs, Rock- und Beatgruppen. Erst wenige Tage vor dem Ende der DDR sollten vergleichbar viele Menschen auf dem Alexanderplatz zusammenkommen – am 4. November 1989, bei der großen Kundgebung einer halben Million Menschen, fünf Tage vor der Öffnung der Mauer.

*

Die Lektüre vieler Blätter meiner Stasi-Akte ließ mich nicht nachvollziehen, warum mancherlei, das mich betraf, der Stasi würdig schien, zur Kenntnis genommen und ausgewertet zu werden – mit allen Absurditäten, die das einschloss. Und dem unschätzbaren Vorteil, dass vieles, was ich unwiederbringlich vergessen habe, auf diese Weise aktenkundig ist – auch wenn es nicht zuverlässig wiedergibt, was wirklich geschah, noch weniger, was meine Absichten, meine Beweggründe, meine Gedanken waren. Um das Jahr 1972 bemerke ich in den Blättern erneut ein heftiges Interesse an meiner Person – ein mir rätselhaftes.
Die Stasi brauchte mehr Informationen, um sich ein genaueres Bild zu machen. Die Abschrift des Tonbandberichts finde ich gleich zweimal in meinen Akten. Der Urheber ist der IMS „Klee"; IMS steht für *Inoffizieller Mitarbeiter zur Sicherung und Durchdringung eines Verantwortungsbereiches*. „Klee" ist der Name, den sich mein Kollege Professor Hermann Klenner als IM gegeben hat. Er wurde einer der drei Gutachter meiner Dissertation. Im Unterschied zu seinem Bericht für die Stasi wurde mir seine Begutachtung meiner Dissertation 1975 bekannt.
Klenner wurde 1969 wissenschaftlicher Mitarbeiter unseres Bereiches „Geschichte und Kritik der modernen bürgerlichen Philosophie". Er stellte hohe Ansprüche an wissenschaftliche Arbeit. Er selbst war Vorbild und lebte uns vor, was sein Prinzip war: Ein Wissenschaftler muss sein gesamtes Leben seiner wissenschaftlichen Arbeit unterord-

nen und dafür die bestmöglichen Bedingungen schaffen. Klenner setzte praktische Veränderungen in diesem Sinne durch, die von allen begrüßt wurden. Bevor er Mitarbeiter unseres Bereichs wurde, mussten wir uns über die Woche verteilt an fast jedem Wochentag im Institut zu irgendeiner Sitzung einfinden, wodurch eine konzentrierte, kontinuierliche Arbeit sehr behindert wurde. Für Klenner hatte ein Wissenschaftler jeden Tag fokussiert und konzentriert an seinem Schreibtisch zu arbeiten. Der einzige Maßstab, sofern er keine Lehrverpflichtungen hatte (und diese waren in der Akademie als Forschungseinrichtung die Ausnahme), waren die Veröffentlichungen des Mitarbeiters, ihre Anzahl, ihre Qualität. Er setzte es durch, dass nicht mehr wie zuvor an einem Tag Bereichsversammlungen, an einem anderen Tag Parteiversammlungen des Bereichs, wiederum an einem anderen Parteivollversammlungen des Instituts, dann Sitzungen der Gewerkschaftsgruppe angesetzt wurden. Die Sitzungen wurden möglichst auf einen Wochentag konzentriert, daneben hatte jeder Mitarbeiter einen Präsenztag, sodass immer jemand aus dem Bereich erreichbar war. Wenn die Projekte oder Ergebnisse einzelner Mitarbeiter besprochen wurden, waren seine Interventionen lehrreich, denn er konnte aus seinen Erfahrungen schöpfen, oft mit scheinbar einfachen Fragen. Sein Herangehen war produktiver als die Haltung einiger, die sich als Zensoren aufspielten und lieber nach der ideologischen Korrektheit fragten. Ich bewunderte ihn auch dafür, wie er es verstand, Probleme mit der Planerfüllung zu vermeiden und sich mit den Themen zu beschäftigen, die ihn interessierten. Nach einer Weile durchschaute ich seine Taktik: Bei der Aufstellung des sakrosankten Planes konnten wir Angebote, Vorschläge machen, die meistens berücksichtigt wurden. Klenner gab für den Plan nur Dinge an, die er in Wirklichkeit bereits fertiggestellt hatte. So hatte er immer einen Vorlauf, arbeitete in Ruhe an Aufsätzen, Editionen, Büchern, die er „in die Schublade" legte und beim nächsten Plan als zu erreichendes Ziel anbot. Ich versuchte, mich von dieser Taktik inspirieren zu lassen, doch es gelang mir nicht. Teilweise bekam ich kurzfristige Aufgaben, hatte Artikel für das Philosophische Wörterbuch zu verfassen, das Manfred Buhr herausgab, oder ich schrieb aktuelle Rezensionen und Artikel, die nicht in den Plan passten, literarische oder literaturkritische Beiträge, die im *Sonntag* oder in *Sinn und Form* oder in westdeutschen und französischen Zeitschriften veröffentlicht wurden, hielt Vorträge in Studentenklubs, bei den Brecht-Tagen, auf Konferenzen, oder war mit anderweitigen Aufgaben befasst. Statt eines Vorlaufs hechelte ich der Planerfüllung im engeren Sinne hinterher, doch wenn ich mir die jährliche Publikationsliste der Mitarbeiter des Instituts ansah, die von der Institutsbibliothek zusammengestellt wurde, lag ich weit über dem Durchschnitt – allerdings nicht mit Planaufgaben.

Ich empfand Klenners Anwesenheit als wohltuend und verhehlte nicht meine Sympathie ihm gegenüber. Mehrfach sagte er in Parteiversammlungen, der Helm des Revolutionärs habe viele Beulen, und nicht alle stammten vom Klassenfeind. Er war einst in Ungnade gefallen, musste sich als Bürgermeister in einem kleinen Ort bewähren. Als er stolz erzählte, wie er die Dorfstraße so umgestaltet hatte, dass sie bei schlechtem Wetter nicht mehr im Schlamm versank, erhielt meine Sympathie einen schweren Dämpfer, denn er hatte die herrenlos gewordenen Grabsteine vom Friedhof zur Befestigung der Straße verwenden lassen. Obwohl ich keinen rationalen Grund gegen seine Entscheidung vorbringen konnte, schockierte es mich. Vielleicht dachte ich an die Grabsteine des Friedhofs der Gemeinde Adass Isroel in Berlin-Weißensee. Er lag versteckt hinter Büschen und war als Friedhof kaum noch erkennbar: Die meisten Grabsteine hatten Laubenpieper der Umgebung zur Befestigung der Gehwege ihrer Kleingärten davongetragen (der Friedhof hatte die Nazizeit unbeschadet überlebt, seltsamerweise hatten die Nazis, die mit fanatischem Eifer den lebenden Juden nach dem Leben trachteten, vor den Toten einen Rest von Respekt), die Friedhofsfläche selbst hatte sich mit den Jahren in einen Abenteuerspielplatz der Kinder und eine Mülldeponie der Anwohner verwandelt. Erst kurz vor Ende der DDR hatte ein Überlebender der kleinen jüdischen Gemeinde in Westberlin Erich Honecker davon überzeugen können, das Grundstück wieder als Friedhof erkennbar zu machen und entsprechend zu achten.

Diese erste größere Beule, der er die Bürgermeisterwürde verdankte, hatte Hermann Klenner sich geholt, als er 1957 eine Rede zum 40. Jahrestag der Oktoberrevolution hielt, ein Jahr nach dem XX. Parteitag der KPdSU, auf dem Chruschtschow in einer Geheimrede die

Verbrechen Stalins öffentlich gemacht hatte. Diese Rede, die kritische Betrachtungen enthielt, missfiel der politischen Führung, die sich von Anfang an gegen jede Entstalinisierung sträubte. Es rettete ihn nicht, dass er die erwartete Selbstkritik vollzog, von einer misslungenen Rede sprach und das „Schädliche und Falsche“ einräumte – er verlor seine Professur und durfte eine Zeitlang nicht mehr veröffentlichen. Damit brach zunächst eine bemerkenswerte Karriere ab.

Nach seinem Studium der Rechtswissenschaft an der Martin-Luther-Universität in Halle von 1946 bis 1949 war er Aspirant an der Universität Leipzig und war gerade fünfundzwanzig Jahre alt, als er 1951 Dozent für die Fächer Theorie des Staats und des Rechts und Geschichte der politischen Anschauungen an der Juristischen Fakultät der Humboldt-Universität wurde. Im Jahr darauf promovierte er und wurde 1953/54 stellvertretender Direktor des Instituts für Theorie des Staates und des Rechts, dann 1956 Professor und Prodekan der Juristischen Fakultät der Humboldt-Universität – und dann kam für ihn das unheilvolle Jahr 1957.

Nachdem er sich als Dorfbürgermeister bewährt hatte, bekam er eine neue Chance und durfte von 1960 bis 1967 an der Hochschule für Ökonomie in Karlshorst lehren; anschließend erhielt er eine Professur an der Akademie der Wissenschaften und wurde Mitglied des DDR-Komitees für Menschenrechte. Seit der letzten Beule waren zwölf Jahre vergangen, Klenner hatte sich wieder hochgerappelt und war ganz oben. Es kam die nächste Beule, und auch diese schlug nicht der Klassenfeind: Ein von ihm entworfenes Lehrbuch entsprach nicht den Erwartungen der Staatsführung, der „rückfällige Revisionist“ verlor seine Arbeitsstelle. Das Institut für Wirtschaftsrecht an der Akademie der Wissenschaften, kaum gegründet und von ihm geleitet, wurde 1969 geschlossen. Sein ehrgeiziger Plan war es, das in der DDR nur rudimentär vorhandene Wirtschaftsrecht durch ein ausgebautes, zuverlässiges Rechtssystem zu ersetzen, auf das sich die Wirtschaft hätte stützen und sich damit vor der Willkür der oft ohne Sachverstand eingreifenden Partei hätte schützen können. Vom Gipfel eines Institutsdirektors an der Akademie stürzte er in die Niederungen eines wissenschaftlichen Mitarbeiters am Zentralinstitut für Philosophie. Er war nicht der erste Unbotmäßige, der bei uns landete; diese Art Ruhigstellung hatte sich auch schon bei einigen anderen bewährt.

Hermann Klenner resignierte nicht, schrieb weiter Bücher und Aufsätze und erwarb sich erneut Ansehen als international anerkannter Vertreter marxistischer Rechtsgeschichte und Rechtsphilosophie. 1976 wurde die DDR als Mitglied in die UNO aufgenommen, er vertrat sie offiziell auf internationalen Konferenzen zum Thema Menschenrechte. Dem internationalen Ansehen musste auch ein nationaler Rang entsprechen. Zum Nationalpreis der DDR, der Hegel- und der Pufendorf-Medaille kam 1978 die Berufung zum ordentlichen Mitglied der Akademie der Wissenschaften der DDR hinzu. 1984 bis 1986 leitete er die DDR-Delegation bei der UNO-Menschenrechtskonferenz in Genf. Höher ging es kaum, doch er wagte noch einen Schritt, der ihm zum Verhängnis wurde. Diesmal hatte der Klassenfeind zugeschlagen. Klenner hatte sich der Wahl zum Vorsitzenden der UN-Menschenrechtskommission gestellt – und scheiterte! Nicht weil man ihn für inkompetent hielt oder weil man meinte, seine Auffassung von Menschenrechten wäre einseitig (was sie ohne Zweifel war, gezwungenermaßen). Nein, er hatte Israel wegen Menschenrechtsverletzungen angegriffen, was an sich berechtigt war – doch sollte bekanntlich, wer im Glashaus sitzt, sich gut überlegen, welche Steine er gegen wen wirft.

Es klirrte gewaltig im Glashaus. Der Vertreter Israels konterte nicht mit den Menschenrechtsverletzungen in der DDR, sondern warf seinen Stein auf den Steinewerfer selbst. Er erinnerte an Klenners verschwiegene Vergangenheit und verlas seine NSDAP-Mitgliedsnummer. Die *New York Post* kommentierte: *„Die Ostdeutschen werfen anderen vor, ehemalige Nazis zu protegieren. Dass sie selbst in den UN von einem Ex-Nazi repräsentiert werden, ist ein interessanter Kommentar über kommunistischen Zynismus."*

Natürlich könnte man das alte Argument vorbringen, Klenner war damals ein junger Mann. Gewiss, nach dem Abitur 1944 war er zum Kriegsdienst einberufen worden und mit achtzehn Jahren in die NSDAP eingetreten. Nach dem Krieg arbeitete er 1945/46 als Bauarbeiter, trat zunächst der SPD, 1946 dann der SED bei. Und machte, wie zu sehen war, eine schnelle und steile Karriere.

Der Rest von Sympathie und gar auch Bewunderung, die ich für

Klenner hegte, lösten sich damals auf, als ich, wie seine vermeintlichen Genossen, aus den Westmedien vom Skandal in Genf erfuhr. Er hielt es nicht für nötig und uns nicht für würdig, den geringsten Kommentar dazu abzugeben. Damit verlängerte er seine Lüge, deren Entlarvung nichts anderes blieb als ein Tiefschlag des Klassenfeinds, von dem seine Person diesseits der Barrikade unberührt blieb.
Obwohl wenig schmeichelhaft, ist das Bild Hermann Klenners alias Klee über mich um Nuancen bemüht, letztlich meinte er jedoch, ich sei an diesem Akademieinstitut fehl am Platz. Er hatte nicht Unrecht, ich erstrebte keine akademische Karriere. Und das Simultandolmetschen ist für mich nach wie vor ein Sport, eine sportliche Herausforderung. Mit diesem teilt es den Genuss, den der Adrenalinausstoß vermittelt, die Selbstbestätigung, die das Durchlaufen der Ziellinie zeitgleich – simultan – mit dem zu dolmetschenden Redner verschafft.

*

In bestimmten Abständen veranstaltete die SED, auch in der Akademie, ein Ritual, das sich sehr ernst nahm und viele Stunden Zeit und Aufmerksamkeit in Anspruch nahm. Die Veranstaltung nannte sich „Umtausch der Parteidokumente" – mit Dokumenten war schlicht der Parteiausweis gemeint, ein rotes Büchlein, in das jeden Monat kleine Marken als Bestätigung des nicht unerheblichen Parteibeitrages eingeklebt wurden. Dieser Umtausch war Anlass einer gründlichen Überprüfung eines jeden Genossen auf ideologische Zuverlässigkeit, auf die Bedingung der Möglichkeit seines Verbleibens in der Partei. Vermutlich in der Zeit Stalins als „Säuberung der Partei" erfunden und damals über Leben und Tod entscheidend, war sie, wie andere Rituale auch, weitgehend auf eine leere Form geschrumpft. Was einst blutiger Ernst war, wiederholte sich in der DDR als Farce, es stand nicht mehr das physische Überleben auf dem Spiel, doch das soziale konnte schwer betroffen sein. (In seinem Roman *2084*, inspiriert von Orwells *1984*, hat Boualem Sansal eine derartige ritualisierte und möglicherweise folgenreiche Befragungszeremonie, wie sie im fiktiven Abistan regelmäßig stattfand, hervorragend beschrieben.)

Diese Veranstaltung zog sich gewöhnlich über einen ganzen Tag hin, mit einer längeren Pause, in der man Mitgebrachtes essen konnte, vergleichbar einer von einem Picknick unterbrochenen Inquisition. Jeder Genosse hatte einen umfangreichen Fragebogen auszufüllen, dieser wurde von der Parteileitung geprüft und in der erwähnten eigens dazu einberufenen Versammlung dann der gesamten Mitgliedschaft vorgestellt. Auf Fragen, Zweifel und Unklarheiten hatten die Betroffenen zu antworten. Eine der Spalten stellte die Frage der Muttersprache. Ich hatte Französisch angegeben, was im Saal allgemeine Heiterkeit erregte und – ohne mich dazu anzuhören – in Deutsch geändert wurde. Im Nachhinein ärgerte ich mich, nicht erklärt zu haben: Genossen, wenn es die Partei beschließt, will ich gern meine Muttersprache als Zehnjähriger gelernt und zuvor eine Fremdsprache gesprochen haben. Während meiner bewussten Jahre in Moutier-Rozeille hatte ich jedenfalls nicht das Gefühl, eine Fremdsprache zu sprechen noch in anderer Hinsicht fremd zu sein, als Fremder wahrgenommen zu werden. Diese Erfahrung, dieses Gefühl lernte ich erst in Deutschland kennen, und seltsamerweise nimmt es mit zunehmendem Alter zu.

*

Auch hinsichtlich anderer unverzichtbarer Partei-Rituale unterschied sich die Akademie der Wissenschaften nicht von anderen sozialistischen Großbetrieben, obgleich ihre Produktion eine etwas andere war: Sie stellte eigene Kampfgruppenhundertschaften auf, in der mit Ausnahme der Institutsdirektoren und der höheren Leitungsebene alle gesunden männlichen Genossen Mitglied waren. Dennoch bin ich nach Aktenlage einer der wenigen, der Mitglied der Kampfgruppen war, obwohl ich allein in meinem Zentralinstitut für Philosophie einige Dutzend Kampfgefährten hatte (1990 konnten die Mitarbeiter der Akademie ihre „Kaderakte" einsehen und missliebige Dokumente entfernen). Allerdings hatte ich sie vor dem Ende der DDR verlassen, als zunehmender Protest gegen „Partei und Regierung" in der Bevölkerung, den Mitgliedern der SED eingeschlossen, laut wurde. Mein Freund und Kollege Christian Zak sah mich erstaunt an, als ich ihn fragte, ob er auf Demonstranten schießen würde, wenn man es ihm befehle. Ich wusste, dass ich es nicht tun würde. Um das nicht beweisen zu müssen, zog ich es vor, dieser kämpfenden Truppe den Rücken zu kehren.

Mein Austritt war kein mutiger oder demonstrativer, ohne Affront und Konfrontation. Ich ließ mir von einem Professor eines medizinischen Akademie-Instituts bescheinigen, dass ich aufgrund von Rückendeformationen untauglich wäre. Er gab mir diese Bescheinigung ohne Untersuchung, verstand sofort, was ich wollte, und hatte nichts dagegen einzuwenden. So war ich von der Perspektive befreit, Befehle verweigern zu müssen, um nicht gegen mein Gewissen und meine Überzeugung zu handeln. Dabei hätte ich den Kampfgruppen dankbar sein müssen, schließlich hatten sie mich vor dem Reservedienst in der Nationalen Volksarmee bewahrt. Und auch sonst wusste ich ihren Verdienst zu schätzen, der darin bestand, den interdisziplinären Austausch zwischen den in der Akademie vertretenen Disziplinen zu fördern. In der von Akademiemitarbeitern des gesellschaftswissenschaftlichen Bereichs (im Unterschied zum naturwissenschaftlichen Bereich, der etwa 80 % der Akademie ausmachte) gebildeten Hundertschaft waren neben den Philosophen Soziologen, Sprach- und Literaturwissenschaftler, Historiker und Altertumswissenschaftler vertreten.

Die „Kämpfer“ vergaßen schnell ihren „Kampfauftrag“ und nutzten die Möglichkeiten, Themen zu erörtern, die für Historiker, Literaturwissenschaftler und Philosophen gleichermaßen interessant waren, die Gespräche konnten unbelastet von Förmlichkeiten und Ritualen stattfinden. Natürlich achtete man auch hier darauf, mit wem man sprach und worüber man mit wem sprechen konnte – nicht anders als im zivilen Leben, wo der Grad der Vertrautheit vom Maß des Vertrauens abhing. Mitunter fragte man auch nach dem Sinn dieser militärischen Ausbildung, die keine klare Konzeption erkennen ließ. Ein Teil schien darauf gerichtet zu sein, die Kampfgruppen als reguläre militärische Einheiten zu verwenden. Dafür war die Ausbildung völlig ungenügend, schon allein wegen der Begrenzung auf sieben Wochenenden im Jahr.

Andererseits schienen sie als zuverlässige Stützen der Partei bei inneren Konfliktfällen gedacht zu sein, wie ihr Name „Kampfgruppen

der Arbeiterklasse" ausdrücken sollte und auch ihre Rolle beim Mauerbau am 13. August 1961 bestätigt hatte, auf den einige, die „dabei waren", stolz zurückblickten. Dabei waren die wenigen Übungen im Häuserkampf kaum ernstzunehmen. In den letzten Jahren verschob sich allerdings das Schwergewicht vom Kampf Armee gegen Armee, von der Verteidigung gegen einen gedachten äußeren Feind zu möglichen Einsätzen gegen die Zivilbevölkerung, neue „Elemente" wie das Auflösen von Demonstrationen tauchten zaghaft im Ausbildungsplan auf.
Und manche Mitkämpfer waren offensichtlich der Kindheit nicht zu sehr entwachsen, um in Räuber- und Gendarmenspiele zurückzufallen. Die Übungspatronen in manchen Übungen knallten nicht weniger laut als die echten, rauchten und stanken ebenso. Allerdings verlangten sie einen viel größeren Aufwand beim mühseligen Waffenputzen, das sich unvermeidlich anschloss. Das hinderte sie nicht daran, die Patronen von denen einzusammeln, die sie überaus bereitwillig abgaben.
Einmal fanden die Übungen an einem sehr heißen Sommertag in der Nähe von riesigen Müllhalden statt. Unter unseren Uniformen wurde es zunehmend unerträglich, dazu ließ uns der Wagen mit Verpflegung und Getränken stundenlang warten. Ein nicht mehr junger Mann, sehr groß, sehr korpulent, brach plötzlich auf, mit aufgesetztem Stahlhelm, die Kalaschnikow im Anschlag, mit scharfer Munition, die an diesem Tag ausgegeben worden war. Er ging in Richtung Müllhalde, die sich in Sichtweite befand, begann den Aufstieg, ignorierte die Befehle, die ihm sein Zugführer nachrief. Schließlich gelang es mehreren anderen, ihn zum Aufgeben zu bewegen, er wurde entwaffnet und mit einem Jeep sofort nach Berlin zurückgefahren.
Er war Sprachwissenschaftler und hatte in China studiert. Dort hatte er heimlich eine Freundin, niemand durfte davon erfahren. Doch als sie erwischt wurden erklärte das chinesische Mädchen, in seiner Angst vor den zu erwartenden Repressalien, es sei von ihm vergewaltigt worden. Daraufhin verschwand er für mehrere Jahre in einem Straflager, das entsprechende psychische Schäden nach sich zog. Der DDR waren die – damals noch – guten Beziehungen zu China wichtiger als ernste Bemühungen, ihn vor diesem Schicksal zu bewahren. Hitze,

Hunger, Durst und der surreale Rahmen der Uniformierten vor Müllhaldenhintergrund waren mehr als genug, um eine Krise bei ihm auszulösen. Das Bild des Riesen, der sich wie ein aufgezogener Automat in Gang gesetzt hatte, verwandelt in eine Zerstörungsmaschine, taub und blind für Bemühungen, ihn zurückzuhalten, prägte sich ein.

Die Kampfgruppen hatten keine eigenen Militäreinrichtungen, um ihre Übungen abzuhalten. So kam es öfter vor, dass wir „Gast" auf sowjetischem Militärgelände waren, das rund um Berlin reichlich vorhanden war, erkennbar an den Schildern „Sperrgebiet" an den Waldrändern. Das war nicht erstaunlich – zwischen 350.000 und 500.000 sowjetische Soldaten waren in der DDR stationiert, viele von ihnen in der Nähe von Berlin – so viele wie nirgendwo sonst außerhalb der Grenzen der UdSSR. Zu meinem Erstaunen musste ich feststellen, dass ihnen – den einfachen Soldaten und auch Offizieren unterer Ränge – unsere Existenz unbekannt war. Einmal wäre uns das fast teuer zu stehen gekommen. Eine Gruppe von uns, eher einer Räuberbande ähnelnd als einer Abteilung befreundeter Streitkräfte, wie sie sich Sowjetmenschen vermutlich vorstellten, sah sich mitten im Wald plötzlich von russischen Soldaten umringt, die Kalaschnikow im Anschlag.

Ein andermal hatten wir direkt und angemeldet Kontakt mit einer sowjetischen Einheit. Sehr schnell wurde die Waffenbrüderschaft konkret. Ein einfacher Soldat erhielt im Schnitt einen monatlichen Sold von rund einem Rubel pro Tag (das waren etwa drei DDR-Mark) und bis zu fünfundzwanzig DDR-Mark zusätzlich. Und sie wollten wenigstens bei ihrer Rückkehr ihren Verwandten Geschenke aus Deutschland mitbringen, umso mehr als man nach russischen Bräuchen von einer Reise nicht mit leeren Händen zurückkehrt. Für die Bürger der Sowjetunion war die DDR nicht nur geografisch im Westen, sie hatte aus deren Sicht einen beneidenswert höheren Lebensstandard. So war die Begegnung mit uns eine gute Gelegenheit, zu etwas Geld zu kommen. Sie boten uns Uhren an, Kofferradios und was uns sonst noch hätte interessieren können, selbst Flugzeugbenzin fehlte nicht im Angebot.

Letztlich war ich in der Kampfgruppe fehl am Platze. Das hatte der IM „Heinz" gut beobachtet. Er bestätigte 1976, dass ich „der ‚Schwejk' der Abteilung" sei. Nie wäre ich richtig angezogen, immer verliere ich etwas und falle dadurch immer nur auf.

Getrübter Antifaschismus

Obwohl das Damoklesschwert der Abgabe der Dissertation im März 1973 über mir hing, hatte ich nicht widerstehen können, als das Komitee der Antifaschistischen Widerstandskämpfer in der DDR (kurz Antifa-Komitee) mich fragte, ob ich bereit sei, Anfang Oktober 1972 eine Delegation als Dolmetscher nach Syrien zu begleiten. Der Verband syrischer Kriegsveteranen hatte sie eingeladen. Die gebildeten höheren Offiziere, in die Jahre gekommen, sprachen neben dem Arabischen vorzugsweise Französisch. Ich sagte zu. Es wurde eine aufregende Reise voller Missverständnisse, Momente aus Tausendundeiner Nacht und Erschreckendem.

Die DDR-Delegation bestand aus Ernst Melis, er hatte in der französischen Emigration meine Eltern gekannt. Nun arbeitete er im ZK der SED, war Chefredakteur ihres monatlich erscheinenden theoretischen Organs *Einheit*. Die beiden anderen waren Militärs der Nationalen Volksarmee (NVA) im Ruhestand, ein hochgewachsener Oberst und ein kleiner General.

Am Flughafen in Damaskus holte uns ein junger Mann ab. Er war Militärattaché an der DDR-Botschaft, im Range eines Hauptmannes, sprach kein Französisch, hatte jedoch einige Arabisch-Kenntnisse. Die syrischen Veteranen, geführt von einem großen schlanken Oberst a.D., den Kopf leicht nach hinten gebeugt, die Augen hinter einer getönten Brille halb versteckt, gaben sich alle Mühe, gute Gastgeber zu sein.

Am zweiten oder dritten Tag setzte sich der junge Hauptmann versehentlich auf den Hut, den der alte General auf den Sitz neben sich abgelegt hatte. Diesen Hut setzte der General selten ab, er hatte ihn schon in Spanien getragen. Der Hut war arg zerknittert und zerdrückt. Der Hauptmann wurde durch sein Missgeschick krank, nicht metaphorisch, sondern sichtbar, bekam Magenkrämpfe, konnte uns eine Weile nicht begleiten. Als wir aus Damaskus hinausfuhren, zeigte uns der Militärattaché eine Festung auf einer Anhöhe. Er sagte, dort säße ein Teil der letzten Regierung, die von der jetzigen gestürzt worden sei. Glücklicherweise waren die politischen Verhältnisse in der DDR etwas zivilisierter, Rangunterschiede konnten aber auch eine große Rolle spielen.

Für den Empfang durch den syrischen Verteidigungsminister wurden wir in ein riesiges Büro geführt. Der Minister erhob sich hinter seinem imposanten Schreibtisch, an dessen Seite ein Uniformierter mit Pistole im Gurt stand, und kam strahlend auf uns zu. Ich hatte Muße genug, das Ereignis zu beobachten, die DDR-Botschaft hatte einen Arabisch-Übersetzer mitgeschickt. Der Oberst stellte uns vor, erging sich dann in ein nicht endendes blumiges Loblied auf den jungen Minister, der sein Student an der Militärakademie gewesen war, ein brillanter Student, damals schon deutlich erkennbar dazu bestimmt, eine Führungsrolle zu übernehmen. Doch der Minister hatte offensichtlich nicht verstanden, wen er empfing, oder war schlecht informiert worden, wusste vielleicht nicht, dass es zwei Deutschlands gab, oder ordnete uns dem anderen zu.

Er vertraute uns zunächst ein militärisches Geheimnis an, er käme gerade von gemeinsamen Manövern mit der sowjetischen Flotte zurück, und gab zu verstehen, ihm wären gemeinsame Manöver mit der amerikanischen Flotte lieber. Dann glaubte er seinen antifaschistischen, für ihn eher deutschen Besuchern eine besondere Freude mit der Ankündigung zu machen, er habe gerade veranlasst, die Memoiren des großen und berühmten deutschen Panzergenerals Guderian ins Arabische zu übersetzen. Er sprach von seiner Bewunderung für die Deutschen, insbesondere die deutschen Soldaten, die bis zur letzten Stunde tapfer gegen den Ansturm der russischen Truppen in Berlin gekämpft hätten.

Ernst Melis versuchte einiges zu korrigieren, ohne den diplomatischen Rahmen zu sprengen, doch sein Versuch, verständlich zu machen, dass zwischen Guderian, Hitlers letztem Aufgebot am Kriegsende und dem Kampf der Antifaschisten Unterschiede bestünden, schien nicht auf sehr fruchtbaren Boden zu fallen. Der Herr Minister hielt es offenbar für selbstverständlich, dass den Deutschen, die die Engländer bekämpft hatten (die Juden erwähnte er nicht) alle Sympathien gehören. Das entsprach auch den Plakaten, die ich in den Straßen von Damaskus mit Erstaunen und Entsetzen gesehen hatte. Großflächig und mit nicht zu übersehenden

Hakenkreuzen warben sie für Nazifilme, die offenbar vom Publikum geschätzt wurden.
Für das Komitee der Antifaschistischen Widerstandskämpfer der DDR dolmetschte ich regelmäßig und erlebte dabei Missklänge anderer Art. Einmal begleitete ich eine Gruppe im französischen Exil lebender spanischer Frauen in das ehemalige Konzentrationslager Ravensbrück, das Anfang 1939 in idyllischer Umgebung am Schwedtsee errichtet worden war, vom Berliner Zentrum keine hundert Kilometer entfernt. Rechts und links hatten sich zwei Spanierinnen bei mir eingehängt, ich spürte, wie ihnen das Gehen schwerfiel, nicht nur ihres Alters wegen. Langsam näherten wir uns dem Eingang, an einer Reihe von Masten hingen die Fahnen der Nationen, aus denen Bürger hierher verschleppt worden waren. Plötzlich spürte ich einen starken Druck auf meine Arme und nahm wahr, wie beide Frauen einsackten und ohne meinen Halt zu stürzen drohten. Nach Luft ringend wies eine von ihnen auf den Grund ihres Schocks: An einem Mast flatterte die Fahne Franco-Spaniens. Nach der Anerkennungswelle der DDR 1973 war die Fahne der spanischen Republik durch die offizielle Staatsflagge ausgetauscht worden, und das war bis zu Francos Tod 1975 die der Putschisten, die mithilfe Nazideutschlands und des faschistischen Italiens die Macht erobert und ihre republikanischen Gegner verfolgt hatten. Nach ihrer Flucht nach Frankreich 1939 war ein Teil der spanischen Frauen den deutschen Besatzern in die Finger geraten und in deutsche Konzentrationslager eingesperrt worden. Pragmatische Korrektheit hatte manchmal Vorrang vor ideologischer Norm, vor Klassenbrüderschaft, vor internationaler Solidarität, vor unverbrüchlicher Treue im antifaschistischen Kampf. Sie stand in einem krassen Gegensatz zu den schönen, auch bewegenden Reden, die ich dolmetschte, und von denen viele Redner aufrichtig überzeugt waren.
Eine andere Begebenheit stellte nicht einmal einen Bruch mit beschworenen ideologischen und politischen Prinzipien dar, sie verriet lediglich Gedankenlosigkeit. Mit ehemaligen Häftlingen ging ich auf das Haupttor des KZ Buchenwald zu. Im Lager, hinter dem offenen Tor, stand auf dem Appellplatz ein Galgen, Häftlinge in gestreifter Häftlingskleidung waren angetreten. SS-Männer in ihren schwarzen Uniformen standen ihnen gegenüber, Peitschen in der Hand, Schä-

ferhunde an der Leine. Etwas weiter entfernt stand eine Gruppe der schwarzgekleideten Wächter, trank Bier aus Flaschen, aß Würstchen und lachte. Wie sich bald herausstellte, fanden auf dem Gelände Filmaufnahmen zu dem Film *Nackt unter Wölfen* nach dem gleichnamigen Roman von Bruno Apitz statt. Bei den ehemaligen Häftlingen, die sich dem Tor näherten, spürte ich, ähnlich wie bei den Frauen von Ravensbrück, wie sie buchstäblich den Boden unter Füßen verloren.

Es gab natürlich auch weniger bedrückende Begegnungen. Im Sommer 1975 fragte mich das Antifa-Komitee, ob ich Zeit und Lust hätte, zusammen mit einer Gruppe französischer Antifaschisten Urlaub zu machen und diese dabei auch zu betreuen und gelegentlich für sie zu dolmetschen; ich könne auch gern meine Frau mitbringen. Es sollte in Thüringen sein, im Schloss Grillenburg, dem Sitz des thüringischen Gauleiters während des Dritten Reichs.

Wir verbrachten schöne Tage auf der Burg und Thea und ich hatten ein freundschaftliches Verhältnis zu den Franzosen, besonders zu Jacques Gavel und seiner Frau. Sie waren ein bewundernswertes Paar, er Kommunist, sie gläubige Katholikin. Er hatte das KZ Buchenwald überlebt und erzählte mir von erschütternden Szenen. So berichtete er, wie die Häftlinge, soweit sie dazu noch fähig waren, am Tag der Befreiung ihren amerikanischen Befreiern entgegen rannten. Jacques' bester Freund unter den Häftlingen lief dabei neben ihm und wollte eine vorbereitete Fahne zur Begrüßung schwenken. Er griff in seine Häftlingsjacke, um sie hervorzuholen, doch einer der Soldaten verstand die Geste falsch, schoss eine Salve aus seiner Maschinenpistole ab und Jacques' Freund brach an seiner Seite tot zusammen.

Einige Wochen nach dem Grillenburger Urlaub teilte mir Thea mit, dass sie schwanger sei und das Kind behalten werde. Ich freute mich auf die Gelegenheit, diesmal wollte ich Sartre beweisen, dass es doch gute Väter geben kann. Eine Eheschließung hielten wir beide dafür nicht nötig. Im April 1976 kam schließlich Sarah zur Welt.

Als vermutlich unschuldig enttarnt

An Verfolgungswahn mangelte es dem 20. Jahrhundert nicht. Nicht nur in der DDR sah man – auch das ein sowjetisches Erbe – überall geheime Feinde. Ab 1976 verweigerte Frankreich mir plötzlich die Einreise in mein Geburtsland. Nach 1990 verstand ich, auch durch die Einsicht in meine Akten, meine damalige kafkaeske Situation besser; vorher hatte ich nur Bruchstücke zur Verfügung, um eine Erklärung zu finden. Bei meinem letzten Aufenthalt in Paris sagte mir Gérard, die *Direction de la surveillance du territoire*, das heißt der zivile Inlandsnachrichtendienst Frankreichs, wolle mich sprechen. Da ich nichts zu verbergen hatte, sagte ich zu. Die freundlichen Herren betonten, es läge nichts gegen mich vor, stattdessen erklärten sie ihren Wunsch, mich kennen zu lernen, mit den vielfältigen und ungewöhnlichen Kontakten, die ich in Frankreich hätte. Herr Périot hätte sie darüber informiert, wie meine Zusammenarbeit mit ihm entstanden war und worin sie bestand. Dass ich meinen Institutsdirektor Professor Buhr zu Gesprächen mit hochrangigen marxistischen Philosophen begleite, die auch führende Funktionen in der Kommunistischen Partei innehätten, wie Lucien Sève und Guy Besse, sei ebenso normal und einsichtig.

Die Vertreter der DST fanden einige meiner Kontakte in Paris nicht normal, zum Beispiel zu den Jesuiten. Dabei berührte mein Kontakt zum Jesuitenpater Xavier Tilliette keinerlei Staatsgeheimnisse. Manfred Buhr und ich hatten ihn an seinem Wohnsitz besucht, eine bescheidene Zelle im Schloss Chantilly. 1921 geboren, war er als Siebzehnjähriger dem Jesuitenorden beigetreten und 1951 zum Priester geweiht worden. Der international bekannte Philosoph war ein hervorragender Kenner der klassischen deutschen Philosophie. 1970 hatte er seine Doktorarbeit über Schelling verteidigt, eine Arbeit von stolzen 1.200 Seiten. Pater Tilliette veröffentlichte etwa 2.000 Titel in verschiedenen Sprachen.

Kommunisten und Jesuiten, nun gut, soweit sie Philosophen sind, aber dann auch ein Mitglied der Familie des Generals de Gaulles? Die Herren von der Sicherheit waren offensichtlich gut informiert.

Gérard hatte mich gefragt, ob ich einige Dokumente für Geneviève de Gaulle-Anthonioz, eine Nichte des Generals, übersetzen könnte. Während der deutschen Besatzung war sie Studentin im Widerstand, wurde von der Gestapo verhaftet und 1944 nach Ravensbrück deportiert. Nach dem Krieg engagierte sie sich insbesondere im Kampf gegen die Armut. Durch meine Arbeit mit Gérard galt ich wohl als Experte für die Übersetzung von Nazidokumenten, durch ihn kam ich in Kontakt zur berühmten Familie.
Schließlich bedankten sich die Herren für das aufschlussreiche Gespräch und kamen auf die DDR zu sprechen. Ob ich nicht meine, dass die DDR ein Polizeistaat sei. Ich ließ mich nicht provozieren, erwiderte, es gäbe dafür vielleicht einige Gründe. Und verwies auf französische Literatur über die Rolle der französischen Polizei und der Geheimdienste in verschiedenen historischen Situationen, erwähnte unter anderem die Affäre Ben Barka. Selbst Erich Honecker hätte stolz auf meine parteiliche Haltung sein können. Sie verließen schnell das Thema, sagten mir noch zum Abschluss, sollte ich in Zukunft irgendwelche Probleme haben, könne ich mich vertrauensvoll an sie wenden.
Nach meiner Rückkehr nach Berlin informierte ich Ludwig Nestler über dieses Gespräch. Als ich dann drei Jahre später keine Visa nach Frankreich und auch in kein anderes NATO-Land erhielt, erinnerte ich mich an dieses Gespräch. Ich wand mich nicht vertrauensvoll an die zuvorkommenden Herren und war bis 1990 kein *vermutlich Deutscher* mehr, sondern eine *persona non grata*. Analog zum DDR-Jargon von der „negativen Kaderentwicklung" eine negative Reisekaderentwicklung, die sich auf DDR-Seite fortsetzte.
Groteskerweise verweigerte mir von da an die DDR die Ausreise ins „westliche Ausland", ich war nun kein Reisekader mehr. Eine Ausnahme erkämpfte ich mir 1987 für die BRD. Die Erklärung dafür fand ich nach 1990 in meinen Stasiakten, als ich zu meiner Überraschung sah, dass ich aufgrund von „Feindberührung" verdächtigt wurde, ein Agent französischer Geheimdienste zu sein. Vielleicht hätte ich mich „vertrauensvoll" an die Herren der DST wenden sollen, dann hätte mich die Stasi nicht zu Unrecht verdächtigen müssen.
Als ich in den 1990er-Jahren meine Nachforschungen betrieb, wurde

ich im Archiv der Pariser Polizeipräfektur sehr freundlich empfangen und genoss die Hilfsbereitschaft der Mitarbeiter. Die Leiterin war bereit, sich zu erkundigen, ob in entsprechenden französischen Archiven etwas über mich vorhanden sei. Laut Gesetz war es mir zwar zugänglich, doch ihren Optimismus musste sie schnell dämpfen. Sie vertraute mir an, dass da zwar etwas wäre, doch selbst sie könne mir nicht weiterhelfen.

Das bestätigte mir lediglich, was einst Gérard Périot dank seiner Verbindungen bereits in Erfahrung gebracht hatte: Ein übergelaufener KGB-Agent hatte meinen Namen auf eine Liste gesetzt (je mehr Namen, desto besser), und die französischen Dienste waren unsicher, wie weit sie dem trauen konnten. Doch im Zweifelsfalle, und um die aufwendige Beobachtung zu sparen, verweigerte mir Frankreich von da an die Einreise. Um sich einen Eindruck von mir zu verschaffen, hatte die französische Abwehr DST mich in Paris zu dem Gespräch eingeladen, unter dem Vorwand meiner vielseitigen Kontakte, und bei der Gelegenheit auch ein diskreten Anwerbeversuch unternommen.

Das Ergebnis war, dass ich wegen der „Feindberührung“ fortan von der DDR keine Ausreisevisa erhielt, und von Frankreich nicht nur keine Einreisevisa mehr, auch Einladungen in die französische Botschaft blieben aus, und Madame Joëlle Timsit, die Frau Botschafter, zeigte sich plötzlich mir gegenüber distanziert. So wurde ich Opfer einer typischen Krankheit des Kalten Krieges, die man *Spionitis* nannte. Von allen als Spion der jeweils anderen Seite verdächtigt, ahnte ich nichts davon, rätselte, warum das Privileg, reisen zu dürfen (an das ich mich so gut gewöhnt hatte), in Grenzen Grenzen zu überschreiten, so plötzlich verschwunden war.

Wir für uns

Die DDR ging zunehmend ihrem Ende entgegen, das war nach langen Jahren der Stagnation und Resignation deutlich zu spüren. Wir fragten uns, wie lange Honecker sich noch halten könnte und wer ihn ablösen würde, seitdem Gorbatschow seit 1985 seine Politik der Glasnost und Perestroika vorantrieb. Wir hatten eine vergleichbare Vergangenheit: Unsere Eltern waren nach 1945 aus der Emigration in England, Frankreich, der Sowjetunion oder anderswo zurückgekehrt, hatten sich dem Aufbau eines neuen Deutschlands gewidmet, sie waren Kommunisten, hatten oft die jüdische Seite ihrer Persönlichkeit verdrängt oder verleugnet, ihre Kinder erfuhren von dieser spät und eher zufällig. Lange teilten sie die Identifizierung ihrer Eltern mit der DDR, es gab für sie keine Alternative.

Einige bemühten sich, die Kluft zwischen verkündeten Idealen und praktizierter Wirklichkeit als Kinderkrankheit eines historischen Experiments, als Folge des Kalten Krieges und des Drucks des übermächtigen westlichen deutschen Nachbarn zu erklären und zu rechtfertigen, oder flüchteten sich in eine selbstverschuldete Unmündigkeit. Andere nahmen die Ideale sehr ernst, ernster als viele ihrer Mitbürger, und kritisierten umso radikaler die sie widersprechende Wirklichkeit. Als Oppositionelle, Dissidenten, Dichter, Schriftsteller, Maler oder Musiker wurden sie vor allem im Westen bekannt, statt im Osten die gewünschten Veränderungen zu erreichen. Andere wiederum schwankten zwischen diesen beiden Polen, entdeckten für sich das Judentum als einen Ort jenseits von völliger Anpassung oder totaler Ablehnung. Zu diesen Schwankenden gehörte auch ich, eher als zu den anderen Gruppen.

Allerdings ist diese Topologie sehr schematisch, keiner der Freunde und Bekannten jener Zeit passt ganz in sie hinein. Bei den meisten trifft jedoch zu, dass sie mit der Entdeckung jüdischer Wurzeln zugleich erkannten, wie wenig sie von dem Boden wussten, in dem diese ihren Halt suchten. Aus der Erkenntnis der Unkenntnis entwickelte sich das Bedürfnis, mehr zu wissen. So bildete ich 1986 mit anderen Juden der sogenannten „zweiten Generation" eine Gruppe, die sich gemeinsam auf den Weg machte, um mehr über sich und ihre Vorgeschichte zu erfahren. Wir nannten uns *Wir für uns* und nahmen gern das Angebot an, uns unter das Dach der jüdischen Gemeinde zu stellen – trotz der Bedenken, uns als Atheisten von einer Religionsgemeinschaft abhängig zu machen.

In der DDR war es riskant, eine organisierte Gruppe außerhalb der

Kontrolle der Partei zu bilden. Diese Erfahrung hatte ich in den sechziger Jahren machen müssen, die Verhaftung meines Freundes Horst Peter nach dem 11. Plenum des ZK der SED hatte ich nicht vergessen. Selbst Taubenzüchter, Angler, Briefmarkensammler, Mal- oder Keramikzirkel, Sportgruppen, Chöre oder andere Interessenverbände bewegten sich in irgendeinem Rahmen, der vorgezeichnet und in nicht immer erkennbarer Weise kontrolliert wurde. Dabei gab es nur eine Ausnahme: die Kirchen. Natürlich waren auch sie, wie nach 1990 die geheimen Archive offenbarten, von Spitzeln und Informanten unterwandert, mitunter bis in ihre Führungsspitzen. Doch offiziell genossen sie eine Autonomie, die ihr Privileg war. Neben protestantischer und katholischer Kirche waren die jüdischen Gemeinden schon durch die geringe Zahl ihrer Mitglieder kaum sichtbar.

Für die jüdische Gemeinde war es eine zweischneidige Entscheidung, uns aufzunehmen. Sie erhoffte sich einen Zuwachs und eine Verjüngung, wenn der eine oder andere sich durch bessere Kenntnis des Judentums vielleicht zum Judentum bekennen und Mitglied der Gemeinde werden würde, aber sie befürchtete auch eine Unterwanderung durch diese nichtgläubigen linken Juden. Es gab wenige praktizierende Juden, meistens hatten sie, wie der Vorsitzende Dr. Kirchner, die Nazizeit als Partner in einer „privilegierten Mischehe" überlebt. Außerdem hatten viele von ihnen Anfang der 50er-Jahre die DDR verlassen. Die jüdischen Gemeinden – es gab sie außer in Berlin noch in Leipzig, Dresden, Halle, Rostock – hatten immer weniger Mitglieder. Ich habe noch eine Zahl im Kopf, verbürge mich jedoch nicht für ihre Richtigkeit: 400 Mitglieder der jüdischen Gemeinden insgesamt, davon 189 in Berlin, und zum Ende der DDR nur noch insgesamt etwa 200 Mitglieder. Dennoch fanden am Sabbat und an Feiertagen regelmäßige Gottesdienste statt. Manchmal besuchte ich sie, was von der kleinen Gruppe Versammelter mit großer Dankbarkeit aufgenommen wurde. Ohne zehn männliche Teilnehmer, ohne ein *Minjam*, kann ein jüdischer Gottesdienst nämlich im Grunde nicht stattfinden, und manchmal war ich eben dieser zehnte. Die jüdischen Gemeinden wurden jedoch vom Staat gefördert. Der DDR-Führung war es offensichtlich wichtig, auf ein jüdisches Leben in der DDR hinweisen zu können, und war es noch so bescheiden.

Es hätte im Ausland einen denkbar schlechten Eindruck gemacht, wenn im antifaschistischen Deutschland Hitlers Ziel, ein Land ohne Juden, ein „judenfreies Land“ zu schaffen, Wirklichkeit geworden wäre. Auch für Reparaturen der Synagoge oder zur Pflege des Friedhofs gab es Zuschüsse.

So wurden die Mitglieder der FDJ mobilisiert, den jüdischen Friedhof in Weissensee vom wuchernden Unkraut zu befreien, die Gräber zugänglich zu machen und die Wege zu harken. Dieser 1880 angelegte Friedhof ist mit seiner Fläche von zweiundvierzig Hektar und fast 116.000 Grabstellen der größte erhaltene jüdische Friedhof Europas. Mit seiner Pflege war die verbliebene Mini-Gemeinde entsprechend völlig überfordert. Man hatte den Jugendlichen nicht erklärt, dass sie behutsam vorgehen müssten, dass es für Juden wichtig ist, die Ruhe der Toten zu achten. So gibt es auch keine Umbettungen und keine zeitlich begrenzten Gräber wie auf christlichen Friedhöfen, und auch das die Gräber überdeckende Efeu reißt man nicht aus. In ihrem gutgemeinten Eifer verwandelten die FDJler den Friedhof in ein Musterbeispiel preußischer Ordnung.

Die Sorge um die Juden brachte dabei auch Kurioses mit sich. In der Eberswalder Straße im Bezirk Prenzlauer Berg wurde beispielsweise eine koschere Fleischerei eröffnet, in der Gemeindemitglieder einmal in der Woche koscheres Fleisch kaufen konnte. Doch um es entsprechend den traditionellen jüdischen Vorschriften zu schlachten, fehlte es an Wissen und Personal, und so wurde jede Woche ein sachkundiger Schächter, ein *Schochet*, aus Ungarn eingeflogen. Nach den Mitgliedern der jüdischen Gemeinde nutzten die Köche der arabischen Botschaften die Fleischerei – schließlich ist der Unterschied zwischen *koscher* und *halal* nicht sehr groß.

Die Verbindung zur Jüdischen Gemeinde hatte für die Gruppe *Wir für uns* nicht nur den Vorteil einer schützenden Legitimierung. Die Gemeinde half uns auch dabei, unsere Kenntnisse ein wenig zu erweitern, indem sie regelmäßig aus Westberlin einen Rabbiner einlud, der Vorträge über jüdische Geschichte, Kultur, über Bräuche und deren Bedeutung hielt. Es blieb nicht bei der Theorie. Wir feierten gemeinsam die hohen Feiertage, beim Sederfest brachte ein Rabbiner aus Westberlin die notwendigen, natürlich koscheren Speisen mit und erläuterte uns ihre Bedeutung. Wir feierten auch gemeinsam das Chanukkafest und tanzten beim traditionellen Ball.

Der 9. November 1988, der 50. Jahrestag der Pogromnacht von 1938, war Anlass zu einer Tagung, die am 10. November 1989 stattfand und an der neben westdeutschen und österreichischen Juden auch die Gruppe *Wir für uns* beteiligt war. Ich hielt einen Vortrag darüber, wie die Presse zu den jeweiligen Jahrestagen, 1948 noch in der Sowjetischen Besatzungszone, dann 1958 und 1968 sowie 1978 in der DDR, das historische Ereignis gewürdigt hatte oder auch nicht.

Am Rande der gut besuchten Tagung entstand der Gedanke, einen Jüdischen Kulturverein zu gründen. Wir meinten, mit dem Verschwinden der Mauer eröffneten sich zivilgesellschaftliche Möglichkeiten, die wir nun nutzen könnten. Wir würden uns nicht mehr unter dem Dach der Jüdischen Gemeinde verstecken müssen, könnten autonom und öffentlich wirken. Einige Freunde setzten sich zusammen und verfassten einen Gründungsaufruf. Eine mich erstaunende Dynamik bekamen diese ersten Gedanken, als Irene Runge die Initiative übernahm, ihn öffentlich zu machen. Er erschien, über ADN verbreitet, ab Mitte Dezember in fast allen DDR-Tageszeitungen und löste unerwartete Reaktionen aus. Das *Neue Deutschland* vom 13.12.1989 beispielsweise zitierte aus dem Gründungsaufruf:

„Der jüdische Kulturverein ist der Zusammenschluss von in der DDR lebenden Bürgern jüdischer Herkunft und ihren Angehörigen, unabhängig von ihrer Weltanschauung. (…) Der Verein erstrebt mit seiner Tätigkeit (…) die Verbreitung des Wissens um jüdische Geschichte und Gegenwart in Medien, Schulen, Universitäten, Kultureinrichtungen, um das Judentum im öffentlichen Bewusstsein lebendig zu erhalten.“ (in: *Neues Deutschland*, 13.12.1989)

Wir hatten heftig über jeden einzelnen Satz diskutiert. Ich erinnere mich, dass es nicht einfach war zu bestimmen, wer Mitglied werden könne und dass die Formel *„in der DDR lebenden Bürgern jüdischer Herkunft und ihren Angehörigen“* nicht allen zusagte. Warum sich *„auf in der DDR lebenden“* beschränken, was war *„jüdische Herkunft“*, sollte gemäß der Halacha eine jüdische Mutter Voraussetzung sein oder galt auch ein jüdischer Vater, und wie weit waren Angehörige zu verstehen, die oft keine jüdische Herkunft hatten? Einige befürchteten, sich durch eine zu großzügige Auslegung als jüdische Minderheit im jüdischen Kulturverein wiederzufinden, sich gegen eine eventuelle Mehrheit von nichtjüdischen Philosemiten nicht durchsetzen zu können und das uns wichtige Ziel der Selbstverständigung über uns und unsere Geschichte an den Rand gedrängt zu sehen. Ich teilte diese Ängste nicht, legte jedoch auf die Bestimmung *„unabhängig von ihrer Weltanschauung"* besonderen Wert. Ich sah bei einigen die Tendenz, verlorene kommunistische Ideale durch das Judentum ersetzen zu wollen, den Kulturverein zum Ersatz für die desavouierte Partei zu machen.

Ein Interview für die *TAZ* aus jenen Tagen mit Andrea Böhm, die später Rabbinerin wurde, erinnert mich daran. Nach Fragen zu den Umständen der Gründung eines Jüdischen Kulturvereins befragte sie mich zur aktuellen politischen Situation und zu den Perspektiven einer deutschen Einheit. Ich erklärte unter anderem, die wirklichen Bedürfnisse der Mehrheit der Menschen seien meiner Ansicht nach nicht in einer überstürzten Vereinigung zu verwirklichen, denn die Identität der meisten Menschen sei eher regional als national. Viele empfänden sich in erster Linie als Thüringer, Sachsen oder Berliner, und hatten gar nicht die Möglichkeit, anders zu empfinden, weil ihnen die Welt weitgehend verschlossen blieb. Ich wünschte mir, dass sie sich in einem nächsten Schritt zusätzlich als Europäer und Weltbürger empfinden könnten – und sich nicht auf diese eigenartige Zwischenstufe eines Deutschen mit der Betonung auf dem Deutschsein festlegen. Das Recht auf Selbstbestimmung und Identität gelte für jedes Volk, auch für das deutsche Volk – aber auf eine Weise, die nicht zur Bedrohung anderer werden darf. Schließlich sprachen wir von der Gefahr des Rechtsradikalismus. Ich meinte, die deutsche Geschichte lehre, dass man eine rechte Gefahr nicht unterschätzen sollte; auf der anderen Seite gäbe es jedoch erkennbare Züge einer Instrumentalisierung dieser Gefahr mit parteipolitischen Absichten. Ich dachte an eine Kundgebung aus dem Januar 1990 mit einer viertel Million Teilnehmern, bei der die Sozialdemokratische Partei, der Demokratische Aufbruch, das Neue Forum, Demokratie jetzt, die Vereinigte Linke und Initiative Frieden und Menschenrechte, die sich zum „Wahlbündnis 90" zusammengeschlossen hatten, vor dem sowjetischen Ehrenmal in Treptow gegen Neofaschisten und Antisowjetismus zusammen gekommen waren. Eine Kundgebung, bei der schon an ihrem Habitus einst führende SED-Funktionäre und mehr noch die Gattinnen mit ihren teuren Pelzen auffielen. Sie missbrauchten diese Kundgebung und forderten im Namen des Antifaschismus und des Kampfes gegen den Rechtsradikalismus den Erhalt der Staatssicherheit als Mittel dieses Kampfes – natürlich in gewandelter Form. Das erklärte auch, warum ich den Antifaschismus aus dem Wahlkampf für die im März stattfinden Wahlen heraushalten wollte.

Am Vorabend meines *TAZ*-Interviews, genauer am 22. Januar 1990, wurde der JKV schließlich im Kulturraum der Jüdischen Gemeinde in der Oranienburger Straße gegründet und im September 1991, nach der offiziellen Vereinigung der beiden deutschen Staaten, beim Amtsgericht Charlottenburg registriert. Nach dem Aufruf vom Dezember 1989 meldeten sich hunderte Bürger aus der ganzen DDR – darunter viele Nichtjuden, die Mitglied werden oder in irgendeiner Weise mitarbeiten wollten.

In den kommenden Jahren leistete der Verein große Arbeit bei der Verbreitung jüdischer Kultur. Besonders Irene Runge machte sich mit ihrem Engagement und ihrer Umtriebigkeit verdient. Der Kulturverein saß mit am Zentralen Runden Tisch der DDR und konnte dort durchsetzen, dass sich im Februar 1990 die DDR für jüdische Flüchtlinge aus der Sowjetunion öffnete. Perestroika und Glasnost hatten den Nebeneffekt, dass mit der größeren Freiheit auch der in der russischen Gesellschaft tief verankerte und unter Stalin erneut instrumentalisierte Antisemitismus lautstark äußerte. Über 200.000 Menschen sollten in den Folgejahren als sogenannte „Kontingentflüchtlinge" nach Deutschland kommen.

Für den Kulturverein entstand daraus eine große Herausforderung. Nachdem er vielen Juden ermöglicht hatte, die Sowjetunion zu verlassen, half er nun bei der Integration der russischsprachigen Einwanderer. Heute sind über 80 Prozent der Berliner Gemeindemitglieder eingewanderte Juden aus der Sowjetunion beziehungsweise ihren Nachfolgestaaten. Das Gemeindeblatt *Jüdisches Berlin* erscheint zweisprachig in Deutsch und Russisch, ebenso wie das Organ des Zentralrats der Juden in Deutschland, *Zukunft*.

Berlin war zwischen 1990 und 2010 die weltweit am schnellsten wachsende jüdische Gemeinschaft, wie das *American Jewish Committee* feststellen konnte. Nicht nur russischsprachige Juden kamen nach Berlin, auch Juden aus Israel, Frankreich, den USA und anderen Ländern. Ich hoffe, die deutsche Gesellschaft wird ein Erstarken des Rechtsradikalismus und des Antisemitismus, der diese Entwicklung – ein Ausdruck von neuem Vertrauen – umkehren könnte, zu verhindern wissen.

Die Mitgliederversammlung des Jüdischen Kulturvereins Berlin beschloss am 16. Dezember 2009, den Verein zum Ende des Jahres aufzulösen. Als Gründe wurden eine Überlastung des Vorstandes, rückgängige Mitgliederzahlen und fehlende Finanzmittel genannt, aber auch mangelnde Förderung durch den Berliner Senat und durch etablierte jüdische Institutionen in Deutschland – vor allem aber das inzwischen sehr hohe Lebensalter vieler Gründungs- und Vereinsmitglieder.

Ich hatte mich bereits früher vom Jüdischen Kulturverein zurückgezogen. Muss ich es mir vorwerfen? Ich hatte mich anderweitig engagiert, in der zunächst informellen Ost-West-Sartre-Gruppe, aus der 1993 die Sartre-Gesellschaft hervorging, die Sartre-Gesellschaft in Deutschland und nicht die Deutsche Sartre-Gesellschaft. Dieser Unterschied war mir von Anfang an wichtig. Die damaligen Mitglieder wählten mich zu ihrem Vorsitzenden, in den letzten Jahren bemühte ich mich mehr und mehr, die Verantwortung zu verteilen und zu übergeben. In der Sartre-Gesellschaft und im Vorstand sind Mitglieder aus der Schweiz und Österreich aktiv, ebenso wie aus den ehemaligen deutschen Teilstaaten. Die Zahl unserer Mitglieder und unserer Veranstaltungen ist wesentlich bescheidener als es die des Jüdischen Kulturvereins war, doch hoffen auch wir zu einer offeneren, toleranteren, menschenfreundlicheren Gesellschaft beizutragen, eine Gesellschaft, die die Aufklärung im Sinne Kants als Austritt aus selbstverschuldeter Unmündigkeit fördert.

El socialismo tropical

Es war eine ausgezeichnete Idee, die wahrscheinlich bei einem Besuch des Direktors unseres Partnerinstituts, dem Institut für Philosophie der Akademie der Wissenschaften Kubas, zustande gekommen war. Am 11. April 1978 fand eine Tagung der Direktoren der Philosophischen Institute der Akademien der Wissenschaften der sozialistischen Länder in Berlin statt. Hatte Mariano Solveira die Idee Manfred Buhr unterbreitet, oder kam sie gar von Kurt Hager, dem für Ideologie verantwortlichen Politbüromitglied? Hager, Leiter der Abteilung Wissenschaft des ZK der SED, hatte ihn zu einem Gespräch empfangen, das streng dem Protokoll folgte.

Hager eröffnete das Treffen mit einer Rede über die Bedeutung der Beziehungen zwischen der DDR und Kuba und der Wichtigkeit wissenschaftlicher Zusammenarbeit, des Austausches der Erfahrungen im ideologischen Klassenkampf, der Notwendigkeit, die bürgerliche Ideologie zu bekämpfen. Ich flüsterte Mariano simultan die entsprechenden Sätze ins Ohr, doch Mariano sagte bald, ich brauche nicht weiter ins Spanische zu dolmetschen. Er konnte mit dem Wiedererkennen der deutschen Schlüsselwörter unschwer verstehen oder erraten, was der Genosse sagte, es unterschied sich nicht von den Reden, die er schon mehr als genug zu hören bekommen hatte. Der protokollierende Mitarbeiter der Abteilung Wissenschaft beobachtete mich einen Moment lang, schlich schließlich gebückt zu mir herüber und flüsterte mir ins Ohr:

„Warum dolmetschen Sie nicht?“

Ich antwortete ihm, der kubanische Genosse verstehe ausreichend Deutsch, er möchte lieber Genosse Hager direkt zuhören. Etwas misstrauisch zog sich der Mitarbeiter auf seinen Platz zurück. Mariano erwiderte mit einer ähnlichen Rede, die natürlich den Dank der kubanischen Seite für die wertvolle, unentbehrliche Unterstützung der DDR betonte, insbesondere das Verständnis des Genossen Hager für die Lage Kubas würdigte, für die Schwierigkeiten beim Aufbau des Sozialismus in unmittelbarer Nachbarschaft des amerikanischen Imperialismus, der es nach dem Scheitern der Intervention nicht aufgegeben habe, die kubanische Revolution mit allen Mitteln zu stören und möglichst rückgängig zu machen. Ihm sei bekannt, dass die DDR ähnlichen Versuchen seitens des westdeutschen Imperialismus ausgesetzt sei und sie erfolgreich abwehre. Für Kuba sei die längere Erfahrung der DDR in diesem Kampf sehr wertvoll, die als das Land von Marx und Engels Kuba bei der weiteren Verbreitung und Vertiefung des Marxismus helfen könne.

Drei Jahre später war daraus ein Projekt geworden, in das ich einbezogen war und dafür eine Weile nach Kuba reisen sollte. Unser Partner-Institut an der Kubanischen Akademie der Wissenschaften plante schon seit einiger Zeit, das von ihm, Manfred Buhr, und Georg Klaus, seinem Vorgänger als Institutsdirektor, herausgegebene *Philosophische Wörterbuch* herauszugeben, ermutigt durch den Erfolg des zunächst einbändigen und der ab 1969 stark erweiterten zweibändigen Ausgabe in Deutschland.

Nach Mariano Solveiras Rückkehr hatte sein Institut mit dem Verlag *Editorial Ciencias Sociales*, dem kubanischen Verlag für Gesellschaftswissenschaften, einen Vertrag geschlossen und sich an die Arbeit gemacht. Das Wörterbuch war unter Kundigen der deutschen Sprache aufgeteilt worden, ein jeder hatte die ihm zugeteilten Stichworte übersetzt. Nun lag das Ergebnis vor, doch den Herausgebern fiel es schwer zu beurteilen, inwieweit die Übersetzungen dem Original entsprachen, vor allem in philosophischer Hinsicht. Man hatte sich an die DDR gewandt und um Hilfe gebeten: Ein Sach- und Sprachkundiger möge bitte nach Kuba kommen und das Vorliegende beurteilen. Ein alter Spanienkämpfer war entsandt worden, seine Sprachkenntnisse waren begrenzt, seine Qualifikation eher eine ideologische als philosophische. Nun suchte man einen Diplom-Philosophen, der außerdem hinreichend des Spanischen mächtig wäre. Unerwartet bot sich mir also die Gelegenheit, wieder einen neuen Kontinent zu entdecken.

Die Kubanische Revolution vom Januar 1959, während der eine sozialistische Gesellschaft durch das Volk selbst erkämpft und nicht von außen importiert worden war, übte schon lange einen besonderen Reiz auf mich aus. Der Direktor sicherte mir zu, ich hätte freie Hand, entsprechend den lateinamerikanischen Bedürfnissen und in Absprache mit den kubanischen Genossen, in die Texte einzugreifen,

zu kürzen oder zu ändern, vor allem bei ideologischem Ballast, der insbesondere deutsch-deutschen Bedingungen der ideologischen Auseinandersetzung und manchem überholten dogmatischen Denken geschuldet sei. Und es sollten ja möglichst viele Leser in Lateinamerika erreicht werden, nicht nur überzeugte Kommunisten. Diese Zusicherung erleichterte meine Zusage. Ich befürchtete nicht, Schwierigkeiten mit dem philosophischen Vokabular auf Spanisch zu haben, denn ich vertraute auf die enge Verwandtschaft mit dem Französischen und meiner Erfahrung bei der Übersetzung philosophischer Texte.
Am 1. Oktober landeten wir nachmittags im heißen Havanna. Ich fand mich einer jungen Einreisebeamtin gegenüber, die mich aus ihren schwarzen Augen anlachte. Das hinderte sie nicht, meinen Koffer gründlich zu untersuchen. Nach der Kontrolle von Pass und Einreisevisum durfte ich die Transitzone verlassen.
Nancy, Marianos Stellvertreterin, begrüßte mich im Namen des Instituts und fragte mich zugleich, ob ich damit einverstanden wäre, als ihr Ehemann zu fungieren. Ich war ob dieser Erklärung verdutzt, es war mir sicher anzusehen. Nancy erklärte mir ihr ungewöhnliches Ansinnen während unserer Fahrt ins Stadtzentrum. Sie erklärte mir, die kubanische Bürokratie sei schwerfällig und langsam und die notwendigen Genehmigungen, um mich als nicht mit Devisen zahlenden Ausländer im Hotel unterzubringen, seien nicht rechtzeitig fertig geworden. Als Kubanerin könne sie mich als ihren Mann im Hotel eintragen, damit würde das leidige Devisenproblem umgangen, das das Institut später regeln würde.
Ich wohnte im *Hotel Nacional.* Wie Sartre, als er ein Jahr nach der siegreichen Revolution, nach dem Sieg über den Diktator Batista, das Land besuchte, dort Fidel Castro und Che Guevara traf. Hier schrieb er seine Reportage *Huracán sobre al azucar.* Ich kannte die Geschichte von Sartres Kuba-Visite: Als Carlos Franqui, Herausgeber der Zeitung *Revolución*, Anfang 1960 Sartre nach Kuba einlud, zögerte dieser. Zehn Jahre zuvor hatte er die Insel besucht und gemischte Erinnerungen an diese Zeit. Kuba erschien ihm wie „eine Nachtschönheit, sehr undurchsichtig, wahrscheinlich verseucht“. Schließlich sagte er zu, mehr, um der bedrückenden Situation in Frankreich zu entfliehen. Von den bärtigen Revolutionären erhoffte er sich den Beweis,

dass es noch möglich sei, das Leben zu ändern. Im Februar und März 1960 verbrachte er zusammen mit Simone de Beauvoir fast einen Monat auf der Insel, veröffentlichte nach seiner Rückkehr eine Folge von sechzehn Artikeln in der auflagenstarken Zeitung *France-Soir*, um möglichst vielen Lesern die junge kubanische Revolution nahezubringen. Er ging ausführlich auf die Geschichte des Landes ein, das von der „unerbittlichen Göttin Zuckerrohr" erwürgt würde. Vom Zucker wurde eine Minderheit sehr reich, für die Bauernmassen bedeutete er Elend, Analphabetentum und Prostitution. Sartre beschrieb den „welken Überfluss und die zweifelhafte Fröhlichkeit" von Havanna. Achtundvierzig Stunden lang begleiteten Sartre und Beauvoir Fidel Castro auf einer Rundreise durch Kuba; bis 1971 hielt ihre Begeisterung und Unterstützung für Castro und sein Regime an. In diesem Jahr wurde der Dichter Heberto Padilla unter dem Vorwurf „subversiver Betätigung" verhaftet und zu einer öffentlichen Selbstkritik gezwungen. Die „Padilla-Affäre" führte zu internationalen Protesten. Simone de Beauvoir und Sartre unterzeichneten gemeinsam mit Susan Sontag, Marguerite Duras und Hans Magnus Enzensberger einen Protestbrief, Castro bezeichnete die Verfasser als „schamlose Pseudolinke". Es war nicht erstaunlich, dass die Reportage des nunmehr „pseudolinken" Sartre, trotz ihrer einst hohen Auflage, in Kuba zur schwer zu findenden Rarität wurde. Sie ist bis heute nicht ins Deutsche übersetzt.

Am nächsten Tag begann ich mit der Erkundung des *Hotel Nacional*. Das langgestreckte, erhabene, sechsstöckige Bauwerk, das im Jahr 1930 eröffnet wurde, liegt im Stadtteil Vedado. Es wurde 1988 zum Weltkulturerbe erklärt. Durch die erhöhte Lage auf dem Tagana-Hügel, wo während der spanischen Kolonialzeit die Geschützanlage *Bateria de Santa Clara* stand, und die dichte Vegetation zu seinen Füßen, drückt es mehr Macht als Luxus aus – eine unaufdringliche, selbstverständliche Macht. An die ehemalige spanische Militäranlage erinnern noch die auf die Bucht gerichteten Kanonen. Zwischen der Mauer und den Fluten erheben sich teilweise scharfkantige Felsen, man sieht, die Stadt ist auf festem Grund errichtet worden.

Im Hotel fragte ich ältere Angestellte, ob sich einer von ihnen an Jean-Paul Sartre, an Juan Pablo Sartre, erinnere. Sein Besuch lag gut zwanzig Jahre zurück, die Aussichten auf Erfolg waren gering. Einer erzählte mir von berühmten Schauspielergästen, von Buster Keaton und Marlene Dietrich; dass er sie selbst getroffen hatte, war eher unwahrscheinlich. Ein Kellner glaubte sich an Ernest Hemingway zu erinnern, in dessen Lieblingsbar *La Bodeguita del Medio* und auch in der von ihm häufig besuchten *El Floridita* ich bald regelmäßig Daiquiris und Mojitos trank. Eine Zimmerfrau erzählte mir noch vom berühmten sowjetischen Kosmonauten Juri Gagarin, dem ersten Menschen im Weltraum, dessen Bettlaken sie gewechselt hatte.

Ich lief viele Kilometer am Malecón entlang und sah die Hochhäuser aus jener Zeit, in der Havanna, Kuba überhaupt, seitdem die Amerikaner 1898 die Spanier vertrieben hatten, de facto eine amerikanische Kolonie war. Ich konnte stundenlang die Altstadt durchstreifen, *La Habana Vieja.* Der historische Kern der Stadt, mit dem Charme der spanischen Kolonialzeit, war jedoch mit einem schmerzenden Zustand des Verfalls konfrontiert. Nicht nur fehlten die Mittel für den Erhalt der Bausubstanz, die salzige Luft, die vom Meer her wehte, zerfraß zusätzlich die Fassaden. Seitdem die UNESCO 1982 Havannas Altstadt zum Weltkulturerbe erklärte, standen mehr Mittel zur Verfügung, wenn auch nicht genug.

Von meinen ausgiebigen Erkundungen konnte ich mich am großen Swimmingpool des *Nacional* erholen. Hier konnte man auch Getränke bestellen, doch die Kellner akzeptierten die kubanischen Pesos nicht, stattdessen verlangten sie Dollars. Ich versuchte ihnen zu erklären, ich käme aus einem Bruderland, das unter anderem daran erkennbar sei, dass seine Bewohner wie die Kubaner nicht über konvertierbare Devisen verfügten; ein Land, wo die normalen Untertanen so wenig wie die kubanischen Landeskinder über Devisen verfügten. Es fruchtete nichts, ein derart aus der Reihe fallender Hotelgast war hier nicht willkommen.

Ich fragte mich, ob der Kommissar aus der Serie *Polizeiruf 110*, den ich im Wasser wiedererkannte, besser dran war. Hatte er Devisen? Der Polizeiruf lief auch im kubanischen Fernsehen, war bei den Zuschauern sehr beliebt. Julian verriet mir einen der Gründe, die ich nicht erraten hätte: Die Kubaner sahen aufmerksam und neidvoll auf die Lebensbedingungen der DDR, auf die schmuck eingerichteten Wohnungen, die Straßen ohne tiefe Schlaglöcher, die Wartburgs und Trabis, die sich jedermann leisten zu können schien, die – verglichen mit den kubanischen *bodegas* – vollen Läden. Nein, sie schauten nicht nur neidvoll auf dieses Land, in dem es zwar auch Kriminalität gab (natürlich nur als Überrest der alten Gesellschaft oder vom westlichen Nachbarn gefördert), und noch nicht alle Bürger „neue Menschen" waren, sie sahen auch hoffnungsvoll ihre mögliche Zukunft, wenn der Sozialismus in Kuba das Niveau des ostdeutschen erreicht haben würde.

In Havanna arbeitete ich mit Julian und Gaspar zusammen. Wir einigten uns schnell, es war, als kannten wir uns lange. Das kubanische Spanisch half dabei, die Sie-Form ist nicht üblich, wie ich bereits am Flughafen erfahren hatte. Wir waren ungefähr eines Alters und hatten, trotz unserer verschiedenen Erfahrungen, eine verwandte Sicht auf unsere Welt, die man als kritisch-engagiert bezeichnen konnte. Gaspars Großeltern waren zu Beginn des Jahrhunderts aus Spanien nach Kuba eingewandert, arme Leute, die in der ehemaligen Kolonie ihr Glück machen wollten, was ihnen in bescheidenem Maß gelungen war. Seine Eltern hatten die Revolution der *barbudos* mit Sympathie verfolgt, ohne sich aktiv an ihr zu beteiligen. Gaspar verdankte dem neuen Regime die Möglichkeit, die Oberschule zu besuchen und ein Studium zu absolvieren. Er wusste die Vorteile der kubanischen Gesellschaft zu schätzen, fühlte sich zugleich mit Europa und seiner Kultur verbunden, war stolz auf seine nahe spanische Abstammung, ohne daraus eine Überlegenheit abzuleiten. Julian hatte in den USA sein Abitur bestanden, in Kuba Philosophie studiert und in Prag promoviert. Wir verabredeten, uns zwei bis dreimal pro Woche zu treffen, mal im Hotel, mal eventuell im Institut für Philosophie oder im Verlag, obwohl dort die Gefahr größer war, gestört und abgelenkt zu werden. Wir würden die Artikel, die ich gründlich gelesen und angemerkt hätte, dann gemeinsam durchgehen und ihnen ihre endgültige Form geben.

Nun saß ich Mariano Rodríguez Solveira, dem Direktor des Philosophiebereichs der Akademie der Wissenschaften in seinem Direktorenzimmer gegenüber. Mariano war ein Intellektueller, ein Philosoph, dem die ihm verliehene Macht eher lästig zu sein schien. Mariano führte uns durch das Institut und zeigte mir mit besonderem Stolz die Bibliothek. Er hatte Wert darauf gelegt, die großen kubanischen Denker der Vergangenheit zu sammeln und war Erstausgaben, seltenen Zeitschriften nachgejagt, bat seine Mitarbeiter, in den von den geflohenen Plantagenbesitzern und anderen reichen Bürgern zurückgelassenen Bibliotheken nach den Büchern zu suchen, die für die philosophische Forschung interessant sein konnten. Er zeigte mir Ausgaben von Varona, Mañach und anderen, auch Wörterbücher der Philosophie, die für unsere Arbeit hilfreich sein könnten. Unter ihnen befand sich das *Diccionario de filosofía* von Ferrater Mora. Von den sechs Ausgaben, die das Wörterbuch erfuhr, hatte Mariano die neueste auftreiben können. Sie war von Ferrater Mora völlig überarbeitet und erweitert worden und 1979 in Madrid erschienen. Sie enthielt 756 neue Artikel, die vier Bände umfassten 3.589 Seiten, mehr als das von Klaus und Buhr herausgegebene *Philosophische Wörterbuch*. Bei Ferrater Mora spiele der Marxismus zwar keine zentrale Rolle, doch könne dieses Wörterbuch sicher hilfreich bei unserer Arbeit sein. Es war spürbar, dass Mariano mit zunehmender Begeisterung sprach, er war in seinem Element und nahm das zum Anlass, in die Geschichte der spanischsprachigen beziehungsweise katalanischen Philosophie einzutauchen.

Im Kontrast zum lebendigen philosophischen Leben gab es in Kuba am Vorabend der Revolution keine Forschungszentren, vor allem für die Entwicklung der Wissenschaften und der Technik war das ein Nachteil. Hinzu kam eine hohe Rate an Analphabeten, eine unterentwickelte Landwirtschaft, die durch die Monokultur des Zuckerrohrs extrem abhängig war, und dazu eine Industrie, die zum großen Teil von Importen von Ersatzteilen abhing. Nach dem Sieg der Revolution 1959 ging es zunächst darum, diese Situation zu überwinden, eine breite Alphabetisierungskampagne zu organisieren, ein Bildungssystem, das kostenlosen Unterricht für alle garantierte, ein Stipendiensystem zu schaffen.

Es fehlte an Sozialwissenschaftlern, nicht wenige, die geblieben waren, übernahmen Funktionen im neuen Staatsapparat. Von 1964 an wurden Verträge mit Akademien der Wissenschaften sozialistischer Länder über die Zusammenarbeit auf den Gebieten der Philosophie, Ethnologie, Geschichte, Literatur und Ökonomie abgeschlossen. Viele

Studenten wurden zum Studium in diese Länder geschickt. Die Akademie der Wissenschaften passte ihre Struktur der der sozialistischen Länder an, die selbst nach sowjetischem Modell organisiert waren. Das bedeutete auch, dass Disziplinen wie der Anthropologie und der Soziologie in Kuba für viele Jahre der Boden entzogen wurde. Gleichzeitig breitete sich ein überwiegend dogmatischer Marxismus aus. Im Dezember 1975 fand der erste Parteitag der Kommunistischen Partei Kubas statt. Er nahm einen Beschluss über die „nationale Wissenschaftspolitik“ an. Die Partei forderte, alle notwendigen Anstrengungen zu unternehmen, um die günstigsten Bedingungen für die Entwicklung von Forschung und Lehre auf dem Feld der marxistisch-leninistischen Theorie zu schaffen und dafür alle Mittel zu nutzen, die das sozialistische Lager zur Verfügung stellte.
Ein Jahr zuvor, im Jahr 1980, fand der zweite Parteitag der KKP (PCC) statt. Er kritisierte die Langsamkeit in der sozialen Forschung, forderte eine vorrangige Konzentration auf Ökonomie und Geschichte. Ein nationaler Plan Wissenschaft und Technik für die Jahre 1981–1985 wurde angenommen, der erstmalig die Sozialwissenschaften einschloss, aber auch die Grundlage für einen Kampf um Vorherrschaft von Institutionen und auch Individuen bot, der nicht unbedingt den nationalen Interessen entsprach. Kritisch bemerkte Mariano, dass die Sozialforschung in jenen Jahren vor allem darin bestand, in den Fakten die Bestätigung für die Gesetze und Thesen zu finden, die von dem in den europäischen sozialistischen Ländern vorherrschenden Marxismus aufgestellt worden waren. An die Stelle eigener theoretischer Forschung in den Sozialwissenschaften traten die aus den sozialistischen Ländern importierten Leitsätze.
Mariano hatte nicht ohne Grund die Situation ausführlicher beschrieben, die den Hintergrund für die Entscheidung bildete, die DDR um Hilfe bei der Herausgabe des *Philosophischen Wörterbuchs* zu bitten. Es ging nicht nur um seine Verbreitung in Lateinamerika, wie Manfred Buhr sich vorgestellt hatte oder gern glauben wollte. Der Konflikt zwischen einem wissenschaftlich gediegenen Werk, das in nichtsozialistischen Gesellschaften anerkannt werden könnte, und einem ideologisch-propagandistisch orientierten Machwerk war angelegt. Doch daran dachten in diesem Augenblick weder Julian

noch Gaspar noch ich, bevor wir uns zu unserem ersten gemeinsamen Arbeitstag verabredeten.
Wir kamen gut voran, mit manchen Artikeln ging es schnell, es gab kaum an ihnen etwas zu beanstanden oder zu diskutieren, bei anderen hielten wir uns stundenlang auf, ohne eine wirklich zufriedenstellende Lösung zu finden. Manchmal schweiften wir ab, gerieten in Diskussionen, die uns vom Text wegführten, diskutierten nicht mehr seine mögliche Übersetzung, sondern seinen Inhalt, mit dem wir nicht immer einverstanden waren. Wir mussten entscheiden, wieviel Freiheit wir uns genehmigen konnten, welchen Spielraum wir unserer Rolle als Überarbeiter einer Übersetzung einräumen konnten. Das vertretbare Maß zu finden, verlangte mitunter längere Erörterungen, das Erwägen von Argumenten für und wider.
Über die Streichung von ideologischem Ballast einigten wir uns schnell, doch das war mitunter der Ausgangspunkt für Diskussionen, die nicht rein philosophischer Natur waren. Wir verglichen die Erfahrungen, die wir in verschiedenen sozialistischen Gesellschaften gemacht hatten, suchten nach dem Gemeinsamen und den Unterschieden. Gaspar betonte die besonderen Merkmale der kubanischen Revolution, die sich von allen anderen unterscheide, auch wenn ihr Ursprung mit anderen vergleichbar sei. In Kuba, sagte Gaspar, handle es sich mehr um eine antiimperialistische, genauer Anti-US-Revolution als um eine sozialistische. Er habe dafür keinen Begriff, deshalb spräche er lieber vom *socialismo tropical*, denn seine Erscheinungsweise ist vor allem vom tropischen Klima und der *mezcla*, der Vermischung der Bevölkerung, der Ursprünge in Spanien, Afrika, Asien, der Traditionen, der Kulturen, der Religionen, ja selbst der Vegetation geprägt. Diese Vielfalt habe Kuba davor bewahrt, in den Nationalismus, dem Grundgebrechen des 20. Jahrhunderts in Europa, zu versinken, wofür Deutschland mit seinem Reinheitswahn, seinem tief verwurzelten Misstrauen gegen alles Fremde ein extremes Beispiel liefere. Es möge in Kuba einen gewissen Rassismus geben, doch ein derartiger Rassenwahn sei undenkbar. Es gebe fast nichts auf der Insel, das nicht irgendwann von irgendwoher importiert wurde. Und alles wurde in diesem *melting pot* mit der Zeit zu etwas spezifisch Kubanischem. Diese Eigenschaft teile es mit dem großen Gegner im Norden, der alles zu etwas Nordame-

rikanischem zu machen verstehe. Dem Sozialismus würde es vermutlich nicht anders ergehen. Im Übrigen entspräche keine der sozialistischen Revolutionen dem klassischen Schema, das Marx entwickelt hatte. Seine Beobachtungen der Industriellen Revolution in England, der Entwicklung des Industrieproletariats dort und dann in Deutschland hatten nicht viel zu tun mit den Bedingungen in Russland, noch weniger in China oder Kuba, nirgends sprengten die entwickelten Produktivkräfte die für ihre weitere Entwicklung zu eng gewordenen Produktionsverhältnisse, nirgends war eine Arbeiterklasse treibende Kraft.

Diese Bedingungen wären am ehesten in Deutschland erfüllt gewesen, doch hier fand die Revolution 1918 nicht als sozialistische statt, denn die Versuche in dieser Richtung wurden brutal niedergeschlagen. In der Chinesischen Revolution waren schließlich die Bauernmassen, Maos und einiger anderer strategische Weitsicht entscheidend, die den langen Marsch organisierten. Die europäischen sozialistischen Länder schließlich seien das Ergebnis des Zweiten Weltkrieges, wo der Sozialismus, bis auf Jugoslawien, aus Moskau importiert oder besser exportiert wurde. Bei allen diesen Revolutionen war eine kleine Minderheit, vorwiegend Intellektuelle, die die Revolution zu ihrem Beruf machten, die treibende Kraft, die zunächst einen Aufstand erfolgreich durchführte, indem sie die spontane Revolte eines Teils des Volks geschickt organisiert oder auch auszulösen verstand und eine mehr oder weniger breite Massenbasis gewann. Das traf auch für Kuba zu, allerdings war hier keine kommunistische Partei die auslösende und führende Kraft. Und auch der Satz, weniger wissenschaftlich als aus Erfahrungen stammend, bewahrheitete sich: Eine revolutionäre Situation ist gegeben, wenn die Herrschenden nicht mehr können, die Beherrschten nicht mehr wollen. Vieles davon fand sich in Kuba am Ende der 1950er Jahre während der Ära des Diktators Batista wieder. Die Unzufriedenheit der Massen wuchs, erreichte selbst den Mittelstand. Im März 1957 griffen revolutionäre Studenten unter Führung von José Antonio Echeverría den Präsidentenpalast an und scheiterten. Zwei Monate später, am 26. Juli 1957, stürmte eine Gruppe von Studenten die Moncada-Kaserne. Viele von ihnen wurden getötet, ihr Anführer Fidel Castro geriet in Gefangenschaft. Am 01. Januar 1959 floh Batista, eine Woche später marschierten der vorzeitig aus der Haft entlassene Fidel Castro und seine Kampfgefährten in Havanna ein. Die kommunistische Partei war vor der Revolution in Kuba unbedeutend, doch Castro blieb schließlich durch die Politik der USA keine andere Wahl, als die nicht interessenlose Hilfe der Sowjetunion anzunehmen – was auch bedeutete, die Kommunisten in Kuba an der Macht zu beteiligen.

Wir stimmten der Sicht Gaspars weitgehend zu, diskutierten ausgiebig über das Verhältnis von objektiven Bedingungen und dem sogenannten subjektiven Faktor, die Rolle von Persönlichkeiten in der Geschichte. Julian kam auf das Problem der Minderheit zurück und erinnerte daran, dass in allen Revolutionen Minderheiten am Ursprung standen, bei den französischen von 1789 und 1848 oder der Pariser Kommune von 1871. Und die Revolutionen machten vergleichbare Phasen durch: Eine erste euphorische, in der alles möglich scheint, in der die alten Regimes beseitigt, die Könige und Diktatoren abgesetzt seien, während der auch erhebliche Einschränkungen akzeptiert werden, dann muss sie sich gegen ihre inneren und äußeren Feinde verteidigen, es folgt eine Phase des Terrors und der Repression, die mehr oder weniger lange anhalten könne. Dieses Schema findet sich ziemlich überall wieder, in verschiedenen Varianten.

Nachdem Julian und Gaspar gegangen waren, begann ich die ersten Seiten von Sartres Reportage zu lesen, die 1960 unter dem Titel *Huracán sobre el azucar* als Beilage der Zeitschrift *Lunes de Revolución* erschienen war. Die kubanische Ausgabe, ein Geschenk von Gaspar, hatte ich nie zuvor gesehen.

„Diese Stadt, 1949, als ich sie zum ersten Mal besuchte, leicht zugänglich, desorientierte mich. Diesmal hatte ich das Gefühl, nichts zu verstehen. Wir lebten in einem der besten Viertel, im Hotel Nacional, eine Luxusfestung, flankiert von zwei quadratischen Türmen. Von den Gästen, die aus den Vereinigten Staaten kommen, erwartet man nur zwei Eigenschaften: Vermögen und Geschmack. Da sie selten miteinander vereinbar sind, setzt man, wenn die erste gegeben ist, die zweite voraus, ohne lange zu suchen … In meinem Zimmer eines Millionärs hätte ich meine ganze Pariser Wohnung unterbringen können … Ich drehte die Klimaanlage voll auf, um die Kälte der Reichen genießen zu können. Bei dreißig Grad im Schatten setzte ich mich in die Nähe

der Fenster und sah mit einem herrschaftlichen Frösteln, wie die Vorübergehenden schwitzten. Ich musste nicht lange nach den Gründen für die unbestreitbare Überlegenheit des Nacional suchen. Ich brauchte nur die Vorhänge zurückzuziehen, als ich eintrat: Ich sah große anmutige Geister zum Himmel aufsteigen. Das Nacional herrscht über dem Meer in der Art der Kolonialstädte, die seit drei Jahrhunderten den Hafen bewachen. Hinter ihm gibt es nichts: das Vedado."[6]

Meine Berliner Wohnung hätte zwar nicht in meinem Hotelzimmer Platz gefunden, doch empfand ich ähnlich wie Sartre das Außergewöhnliche des Ortes. Vor allem kam das Gefühl hinzu, das er nicht empfinden konnte: Hier, im *Hotel Nacional*, hatte vor mir Sartre gewohnt. Eine vergleichbare ungläubige Verwunderung habe ich später empfunden, als ich mich plötzlich an Orten befand, deren Namen mir aus der Geschichte vertraut waren, mit denen ich jedoch keinen genauen Platz verband und geradezu erstaunt war, dass es sie wirklich gab. So ging es mir, als ich mit dem Auto von Berlin nach Paris fuhr, Belgien durchquerte und plötzlich südlich von Brüssel das Ortsschild *Waterloo* sah.

Wie war es zu erklären, fragte ich Gaspar, dass in einem Land, in dem tropische Früchte im Überfluss wachsen mussten, die Regale und Auslagen der Geschäfte in der Hauptstadt leer waren? Es sei unvermeidlich, sagte er, sich die Geschichte Kubas noch einmal zu vergegenwärtigen. Man müsse zur Revolution von 1959 zurückgehen, hier gebe es reichlich Stoff für mehrere Politkrimis. Batista unterhielt zu dieser Zeit enge Beziehungen zu den Mafiabossen Meyer Lansky und Lucky Luciano, deren Gangs das Glücksspiel und die Prostitution kontrollierten. Havannas Militärflughafen diente als Drehscheibe für den Drogenhandel in Lateinamerika und für die Lieferungen von Kokain und Heroin an die Klubs. Batista und seine Kumpanen in der Regierung waren an den Riesengewinnen persönlich beteiligt. Im Dezember 1946 war Havanna sogar Schauplatz der größten Gipfelkonferenz der nordamerikanischen Mafia aller Zeiten,

---

[6] Sartre, Jean-Paul: Huracán sobre el azucar, Hrsg. von Ministerio de Relaciones Exteriores, Departamento de Asuntos Culturales, in: Sartre visita a Cuba, Havana (1960), S. 7 (Übersetzung: Vincent v. Wroblewsky).

mehr als tausend Bosse und Geschäftsleute aus den verschieden US-Staaten sowie führende kubanische Politiker versammelten sich im *Hotel Nacional*. Diese Tagung bildete den Hintergrund für eine Szene im zweiten Teil des Films von Francis Ford Coppolas *Der Pate*.

Anfangs unterstützte die nordamerikanische Regierung die kubanische Revolution, hielt sie für eine der vielen üblichen Regierungsänderungen, die zu Reformen führen konnten und von denen auch die USA profitieren würden. Sie erkannten am 7. Januar 1959 die Regierung von Manuel Urrutia an, eine Woche nach der Flucht von Batista in die Dominikanische Republik, der bei der Gelegenheit rund vierzig Millionen Dollar in bar mitgehen ließ. Der Jurist Urrutia war schon früh von Castros *Bewegung des 26. Juli* für seine Rolle ausgewählt worden. Während eines Besuchs der USA im Jahr 1958 erreichte er, dass diese ihre Waffenlieferungen an Batista einstellten. Nach dem Sieg der Revolution forderte er vergeblich von Castro und seinen Anhängern, sofort mit den „summarischen Verfahren" aufzuhören, die zur Hinrichtung vieler Oppositioneller führten. Ein halbes Jahr nach dem Sieg der Revolution trat er zurück, ging nach Venezuela, dann in die Vereinigten Staaten ins Exil.

Im Februar 1959 wurde Fidel Castro zum Ministerpräsidenten, das heißt zum Regierungschef, ernannt. Im Mai 1959 nahm die neue Regierung das Gesetz über die Agrarreform an, alle Güter über 420 Hektar wurden verstaatlicht und an Bauern oder Landarbeiter verteilt; auch Güter nordamerikanischer Privatbesitzer oder Gesellschaften wurden entschädigungslos enteignet. Am 24. Juni 1959 erklärte das US State Department, die Regierung der USA müsse sofort sehr entschieden gegen die Agrarreform in Kuba vorgehen, die beste Reaktion sei ökonomischer Druck.

Bei der kubanischen Bevölkerung bewirkte diese nordamerikanische Haltung zweierlei: Ein Zehntel der Bevölkerung floh von der Insel, doch die Mehrheit reagierte mit einer Trotzhaltung, sah sich als David gegenüber Goliath. Ihr Stolz lag darin zu beweisen, dass sie sich nicht unterkriegen lassen würden. Losungen wie *Venceremos* (Wir werden siegen) oder *Cuba si, yankee no* entsprachen einem tatsächlich gelebten Gefühl.

Obwohl sich Kuba in die blockfreien Staaten einreihte, geriet es durch den nordamerikanischen Druck schnell unter sowjetische Vormundschaft. Das äußerte sich auch in der Wahl von Che Guevara als Industrieminister. Der mutige, uneigennützige und entschlossene Revolutionär verstand sich als Marxist-Leninist, war gar ein Bewunderer Stalins. Er sah in der radikalen Verstaatlichung der kubanischen Wirtschaft, im Aufbau einer Schwerindustrie die Alternative zur kubanischen Unterentwicklung, zum Einbruch der Produktivität, die die Flucht des Kapitals und von zehn Prozent der Bevölkerung – darunter ein großer Teil von Fachleuten – bewirkt hatte. Che Guevara hatte Kenntnisse und Erfahrungen als Arzt, nicht als Wirtschaftsfachmann. 1964 trat er von allen Ämtern zurück, verschwand als Person aus der kubanischen Öffentlichkeit, blieb als Ikone und Mythos zurück. Er starb in Bolivien, wo er die Revolution auszulösen hoffte.

Mit ihm war Tamara, eine Kommilitonin aus dem Institut für Romanistik an der Humboldt-Universität. Als wir ins Gespräch kamen, stellten wir fest, dass wir vieles gemeinsam hatten. Sie war wie ich im Exil geboren, allerdings in Argentinien, ihre Eltern waren als Kommunisten und Juden emigriert, aus ähnlichen Gründen wie meine Eltern und viele andere Emigranten. Sie waren noch später als meine Mutter in die DDR zurückgekehrt. Auch sie waren nicht zu Führungskadern der Partei geworden, vielleicht fiel auch auf sie der gegen sogenannte Westemigranten gehegte Verdacht, das zusätzlich gegen Juden genährte Misstrauen. Wie ich verdankte Tamara ihren Sprachkenntnissen regelmäßige Dolmetschereinsätze, die ihren Horizont erweiterten und vermutlich ihr Fernweh förderten. Im Dezember 1960 kam Guevara mit einer Wirtschaftsdelegation in die DDR, Tamara dolmetschte für ihn und war natürlich von ihm fasziniert. Tamara sagte mir, sie werde nicht in der DDR bleiben, sie finde das Leben in diesem Land langweilig. Sie hatte das Ideal ihrer Eltern mehr als hundertprozentig verinnerlicht und wollte deren Kampf gegen den Faschismus fortsetzen. Das konnte sie in der DDR nicht, und die Planerfüllung, die dieser Staat stattdessen anbot, konnte sie nur langweilen, war sie doch allzu entfernt von ihrer revolutionären Romantik. Zu ihrem achtzehnten Geburtstag beantragte sie, in die SED aufgenommen und aus der Staatsbürgerschaft der DDR entlassen zu werden, sie wollte in Argentinien den revolutionären Kampf ihrer Eltern

fortführen. Letzteres wurde zunächst abgelehnt, doch dann im Dezember 1960 vom ZK der SED genehmigt. Dabei half vermutlich auch die Hauptverwaltung A (Aufklärung) des Ministeriums für Staatssicherheit, das in ihr eine zukünftige Agentin für Argentinien und die USA sah. Nach ihrem Tod in Bolivien wurde sie in der DDR als sozialistische Heldin gefeiert, über 200 Schulen, Jugendbrigaden, Kindergärten trugen ihren Namen, auch auf Kuba ist ihr Name verbreitet.
Es gab eine Zeit, da war ich für den Heldenkult anfällig. Glücklicherweise waren Sartre und Brecht da, die beide nicht zum Helden taugten, die das Ende meiner Pubertät prägten und mich, jeder auf seine Weise, gegen jede Anfälligkeit für irgendeinen Heldenkult immunisierten. Sie sahen nicht in der Züchtung oder Erziehung eines besseren, eines „neuen" Menschen den Weg für eine bessere Welt, sondern in der Veränderung der Verhältnisse. Dafür brauchte es vorübergehend auch Menschen, die bereit sind, Opfer auf sich zu nehmen. Doch die bessere Gesellschaft erkennt man daran, dass sie mit völlig normalen, durchschnittlichen, fehlerhaften Menschen im Interesse aller gut funktionieren kann.
Gaspar und Julian widersprachen mir nicht. Sie mochten noch so sehr stolze Kubaner sein, die vielen Porträts von Che Guevara und Fidel Castro und mehr noch die immer gleichen beschwörenden Losungen, die inzwischen zu Leerformeln geworden waren, so leer, dass viele Kubaner sie überhaupt nicht mehr wahrnahmen, sahen sie mit ähnlich kritischem Blick. Wir kehrten zur Frage nach den Ursachen des unverständlichen Mangels zurück. Bis zur Revolution gab es einen entwickelten Kleinhandel, vor allem Chinesen fuhren vor Tagesanbruch aufs Land hinaus, holten von den Kleinbauern frisches Obst und Gemüse, brachten es in die Stadt und verkauften es dort. An den Früchten, die ich im Hotel genoss und hinter dem Schaufenster vermisste, gab es keinen Mangel. Doch die Revolution sah diese vielen Kleineigentümer nicht gern, die nach nichts anderem strebten als gute Geschäfte zu machen und ein, wenn auch bescheidenes, Vermögen zusammenzubringen. Sie waren keine Basis für die Revolution, verdienten mehr Misstrauen als Vertrauen. Und eine moderne sozialistische Gesellschaft musste, wie die Berater aus den sozialistischen Bruderländern empfahlen, den gesellschaftlichen Sektor

stärken und den privaten zurückdrängen. So wurden der staatliche Handel gegründet und die Genossenschaften gefördert. Die chinesischen Kleinhändler flohen in Massen aus dem Land, die Kleinbauern beschränkten den Obstanbau auf ihre eigenen Bedürfnisse, das Obst und das Gemüse verschwanden aus Havanna.

Die Härte und den Verzicht, die Che Guevara als Person sich selbst abverlangte, erwartete er auch von anderen. Er verzichtete auch selbst auf Vergünstigungen und Privilegien. Das trug gewiss zu seiner Popularität bei. Doch entscheidend, ja vielleicht ausschlaggebend war schließlich das Embargo, das die USA am 3. Februar 1962 gegen Kuba verhängten. Es umfasste die Wirtschaft, den Handel, die Finanzen, den Tourismus, von dem US-Bürger ausgeschlossen wurden. In Kuba gab es kaum etwas, das nicht von den USA abhing: der Strom, das Telefon, Kühlschränke, Autos, Kleidung … Ohne die Hilfe der Sowjetunion hätte Kuba es nicht überstehen können, vor allem nicht ohne die Erdöl-Lieferungen zu einem Preis unter dem welthandelsüblichen. Doch der politische und ideologische Preis war erheblich, ebenso wie die Einschränkungen, die den Kubanern aufgezwungen wurden, um den Mangel möglichst gerecht zu verteilen. Am 12. März 1962 wurde die *Libreta* eingeführt – ein Heft, in dem jedem Bürger eine bestimmte Menge Waren zugeteilt wurde, vor allem Grundnahrungsmittel, aber auch Tabak und Haushaltswaren. Diese Waren wurden subventioniert und waren sehr billig, aber nicht immer ausreichend vorhanden. Oft musste man lange nach ihnen anstehen, besonders für Fisch, Fleisch, Schinken und Wurst, die nach einem komplizierten System verteilt wurden. Neben diesen sehr billigen und rationierten Produkten bestand die Möglichkeit, zu wesentlich höheren Preisen auf freien oder Parallelmärkten zu kaufen, doch diese Möglichkeit schwankte während der kubanischen Geschichte je nach politischer Konjunktur. Es folgten Phasen gewisser Liberalisierung, die Kleinhändlern einen Spielraum ließen, bis die Initiativen erneut begrenzt wurden. Bei meinem ersten Aufenthalt 1981 war diese Möglichkeit besonders eingeschränkt. Der Zwang, stets seine *libreta* bei sich zu haben, um einzukaufen, erinnerte mich an Berlin-Ost vor dem Bau der Mauer. Ich nutzte meine Zeit in Havanna, um mehr Informationen über Sartres Aufenthalt in Kuba zu finden. Ich ging in die Nationalbibliothek

und konsultierte die Zeitungen, die während Sartres Besuch erschienen waren. Sie hatten unter den Jahren und den nicht optimalen Aufbewahrungsbedingungen gelitten, waren jedoch noch zu entziffern, man musste sehr behutsam mit ihnen umgehen.
Ich stieß auf das *Diario de la Marina*, eine konservative, katholische Zeitung mit hoher Auflage, die seit 1832 existierte und die Revolution ein gutes Jahr lang überstanden hatte. Sie war die langlebigste Zeitung Kubas. Am 24. Februar 1960 veröffentlichte sie eine Doppelseite über den von der revolutionären Regierung eingeladenen Juan Pablo Sartre. Für das *Diario* war es ein ungeheurer Skandal, dass das Nationaltheater mit Sartres *Die respektvolle Dirne* eröffnet werden sollte. Als gäbe es nicht ausgezeichnete kubanische Stücke, dic das Volk zu einem gesunden Patriotismus und einem sauberen Christentum erziehen könnten. Stattdessen ein unmoralisches und häretisches Stück über eine Hure! Eine besondere Provokation, wo doch das Gesamtwerk Sartres auf dem Index des Vatikans steht, die Lektüre und die Aufführung seiner Stücke also Katholiken verboten ist. Das Blatt vergaß zu erwähnen, in welcher guten Gesellschaft Sartre und auch Simone de Beauvoir, die das *Diario* nicht erwähnte, die zusammen mit Sartre Gast der revolutionären Regierung war, sich in diesem Index befanden.
Dem Artikel folgte eine Erklärung, die eine Vorstellung von den Auseinandersetzungen jener Zeit gab: Das lokale Komitee für Pressefreiheit erklärte im Namen der Pressefreiheit, dank derer die Zeitung den Artikel veröffentlichte, dass dieser in tendenziöser Weise Angriffe gegen die kubanische Revolution enthalte. Wie häufig in Revolutionen folgte der mehr oder weniger kurzen Übergangsphase, in der viele Stimmen möglich sind und aufeinanderprallen, eine lange Phase, in der nur noch eine Stimme zu hören ist. Der kubanischen Revolution erging es leider nicht anders: Im Mai 1960 wurde das *Diario de la Marina* von seinen Anhängern symbolisch zu Grabe getragen. Man konnte ihm nicht nachsagen, dass es sich selbst für die Freiheit Andersdenkender eingesetzt hatte.
Während meines zweiten Kuba-Aufenthaltes im Sommer 1982 machten meine Sprachkenntnisse Fortschritte, ich verstand immer besser das gesprochene Kubanisch mit seinen Tücken, von denen die Tatsache, dass viele Silben oder Wortenden verschluckt werden, von den

Wörtern oft nur Stummel übrigbleiben, eine der größten ist.

Es heißt, aller guten Dinge sind drei. 1983 standen wiederum fünf Wochen Havanna auf dem Programm, doch mein dritter Aufenthalt war mehr als nur die Fortsetzung der ersten zwei. Der erste Schock, der mich gleich bei meiner Ankunft am Flughafen traf: Es war kein Zimmer für mich im *Hotel Nacional* reserviert worden, vorbei also die imaginierte Nähe zu Sartre und Beauvoir. Unser Arbeitsrhythmus glich dem der Vorjahre. Wir kamen zwar stetig voran, doch waren wir immer noch weit vom Ende des Alphabets entfernt, wir hatten nicht mal seine Mitte erreicht. Uns war klar, dass wir eine andere Lösung finden mussten. Ich hatte einen Vorschlag, den ich nicht mit meinem Direktor abgesprochen hatte, doch nahm ich an, er sei so vernünftig (der Vorschlag und auch der Direktor), dass er akzeptiert werden würde: Statt fünf Wochen pro Jahr unter Bedingungen, die den kubanischen Verlag viel Geld kosteten und den Abschluss der Arbeit erst in einigen Jahren wahrscheinlich machten, schlug ich vor, für ein Jahr nach Kuba zu kommen, unter Verhältnissen zu leben und zu arbeiten, die denen der Mitarbeiter des Verlages oder des Philosophie-Instituts glichen. Eine Wohnung und ein Jahresgehalt wären wahrscheinlich nicht teurer als fünf Wochen im Luxushotel, vermutlich sogar billiger, und für mich wäre es eine gute Gelegenheit, das Land und seine Sprache gründlich kennenzulernen. Gaspar und Julian hatten einige Bedenken: Würde man einem Europäer, andere Lebensbedingungen gewohnt, kubanische Verhältnisse zumuten können, würde die Bürokratie das Problem lösen können, und vor allem: Wie würde sich die neue Institutsleitung zu diesem Vorschlag verhalten?

Die 1981 vom 2. Parteitag der KKP beschlossene Durchsetzung des Marxismus-Leninismus machte offensichtlich unter der neuen Direktorin große Fortschritte. Wir kamen nicht dazu, ihr meinen Vorschlag nahezubringen. Julian und ich wurden zu einer Institutsversammlung eingeladen, auf der wir das Projekt Philosophiewörterbuch und den Stand der Arbeiten vorstellen sollten. Es stellte sich sehr schnell heraus, dass die Versammlung gegen Julian gerichtet war, er passte wohl nicht in das Personalkonzept der neuen Institutsleitung. Ihm wurde vorgeworfen, für die Entstellung einiger Artikel verantwortlich zu sein, vor allem in ihrer ideologischen Bedeutung. Als Julian, Nancy und Gaspar mich einige Zeit später zum Flughafen begleiteten, war allen bewusst, dass wir uns auf längere Zeit nicht wiedersehen würden.

Einige Wochen nach meiner Rückkehr in Berlin rief mich Manfred Buhr in sein Zimmer und bat mich, ihm einen Brief des kubanischen Partnerinstituts zu übersetzen. Es war ein Brief von Thalía Fung. Sie bedankte sich für die bisherige Hilfe, doch angesichts der Situation in Kuba und der veränderten Bedingungen würde man das Projekt aus eigenen Kräften zu Ende führen. Ich hatte Buhr bereits vom Ausgang der Arbeit in Kuba und von der neuen Direktorin berichtet, er war über den Brief nicht überrascht, machte mir keine Vorwürfe. Warten wir ab, meinte er. Meines Wissens ist eine spanische Ausgabe des *Philosophischen Wörterbuchs* bis heute nicht erschienen.

*

Seit ich vor etwa zehn Jahren Monique, eine Pariserin, kennenlernte, lebe ich teils in Berlin, teils in Paris. Monique ist eine leidenschaftliche Reisende; es gibt kaum ein Land auf der Welt, in das sie nicht gereist war, zu den weißen Flecken auf ihrer touristischen Landkarte gehörte ausgerechnet Kuba. So flogen wir Ende 2018 gemeinsam dorthin.

Für mich war es ein Rollentausch, nun besuchte ich als westlicher Tourist mit Devisen ein sozialistisches Land. Eine junge, gut französisch sprechende Kubanerin empfing uns und führte uns zur Unterkunft, in der wir in den ersten Tagen wohnen würden, eine *casa particular.* Die *casas particulares*, private Herbergen, gab es bei meinen früheren Aufenthalten nicht, sie waren die erste Überraschung. Man konnte sie an einem Schild und einem blauen Zeichen, einen abstrakten Schirm erkennen. Es gab seltener auch eine rote Variante, auf dem Schild stand *Arrendedor Moneda nacional.* Diese waren Gästen vorbehalten, die in nationaler Währung bezahlten, den nicht konvertiblen CUP.

Havannas Altstadt hatte sich sehr verändert. Neben den verfallenen alten Häusern gab es nun restaurierte Straßenzüge, vor allem in der Nähe der Kathedrale, Restaurants mit vielen Gästen, leicht als westliche Touristen zu identifizieren. In den Straßen boten Stände frisches Obst an, der Ruf „Taxi, Taxi“ war allenthalben zu hören. Der Begriff umfasste Angebote aller Arten von Gefährten, mit denen Personen befördert werden konnten, bis hin zu Ochsenkarren und Coco-Taxis, kleine runde gelbe Wagen, eine Mischung von Jahrmarktauto und aufgeblasenem Marienkäfer, klapprige Ladas oder, Gipfel des Luxus, amerikanische Limousinen, alle Modelle, chrombeladene Straßenkreuzer, liebevoll gepflegte Oldtimer. Schnell bemerkte ich, dass im Unterschied zu den 1980er Jahren der Tourismus zum vorrangigen Broterwerb der Kubaner geworden war. Am 31. Dezember fuhren wir von einem modernen Busbahnhof in einem komfortablen Bus nach Cienfuegos – im Kontrast dazu war eine weniger gepflegte Hälfte für Einheimische gedacht, die auf schrottreife Busse warteten. Es war nicht zu übersehen, die zwei Währungen spalteten das Land in allem, auch in der Befriedigung von Grundbedürfnissen wie einem Dach über dem Kopf, Essen, Fortbewegung. Diese Bedürfnisse waren gesichert, doch auf welchem Niveau, unter welchen Bedingungen!

Am Neujahrstag bummelten wir durch die Stadt. Ein Gottesdienst in einer barocken Kirche erstaunte uns nicht, schon eher die wie aus der Wüste auftauchende nagelneue Moschee, in der wir, nach dem Ablegen der Schuhe, freundlich empfangen wurden. Die große Moschee sei mit Hilfe Saudi-Arabiens errichtet worden, erläuterte der junge Mann, der sicher kein Imam war. Er berichtete über die kleine, aktive Gemeinde, das gute Verhältnis zum kubanischen Staat und auch zu den anderen Religionsgemeinschaften. Ich fragte ihn, ob es in der Stadt auch eine Synagoge gäbe. Ja, antwortete er, unweit von hier, und er beschrieb uns den Weg. Wir folgten seinen Hinweisen, schließlich fanden wir sie, wurden von einem jungen Mann empfangen, der sicher kein Rabbiner war. Er gab uns fast die gleichen Auskünfte zum Verhältnis zwischen Juden, kubanischem Staat und den anderen Religionsgemeinschaften wie sein Kollege aus der Moschee. Das gute Verhältnis zum Staat war am Eingang der Synagoge unübersehbar: Auf der einen Seite prangte ein großer Davidstern, auf der anderen hing eine Girlande von kubanischen Fahnen.

Einige Tage später spazierten wir etwas ziellos durch Havanna, als wir auf ein eigenartiges Zwittergebäude stießen. Wir standen vor dem *Centro Cultural Bertolt Brecht*, zu dem auch das *Café Teatro Bertolt Brecht* gehörte. Doch warum befand sich vor dem Eingang zum Theater, in der marmornen Fläche, ein großer Davidstern? Wir gingen zur Rückseite des Gebäudes und fanden des Rätsels Lösung: Das Brechttheater teilte sich das Gebäude mit einer großen Synagoge.

In der *Comunidad Hebrea de Cuba* hier in Havanna informierten mehrere Tafeln über die Geschichte dieser Gemeinde; sie waren anlässlich ihres 100. Jahrestages im Jahr 2006 angebracht worden. Ich dachte zurück, 1906, ein Jahr nach den schrecklichen Pogromen in Russland, die eine große Emigrationswelle auslösten. Ich las auf einer Tafel:

„In Kuba wurde die Jüdische Gemeinde nicht an den Rand der kubanischen Gesellschaft gedrängt, […] als 1961 die öffentlichen religiösen Institutionen nationalisiert und die Privatindustrie abgeschafft wurde. Die Schule Albert Einstein führte unter der Schirmherrschaft der Regierung ihren Unterricht über die jüdische Geschichte in Hebräisch und Jiddisch fort. Außerdem setzte das Radio seine Sendungen in Jiddisch fort, als andere Fremdsprachenprogramme eingestellt wurden, und die koschere Fleischerei blieb als einziges Privatgeschäft im Land geöffnet. […] Die jüdische Gemeinde war die einzige, die eine Unterstützung erhielt, als ihre Mitglieder beschlossen, das Land zu verlassen und nach Israel zu emigrieren, es wurde als eine Rückkehr in das Geburtsland und nicht als ein Verlassen Kubas betrachtet.“

Im *Centro Hebreo Safaradi de Cuba* waren wir wie am Vortag in der *Comunidad Hebrea de Cuba* die einzigen Besucher, die entsprechend herzlich empfangen wurden. Im Eingangsbereich überraschte mich eine Ausstellung, die ich eher am Vortag in der Synagoge der aschkenasischen Juden, deren Wurzeln in Osteuropa liegen, erwartet hätte. Sie war dem Holocaust, der Shoa gewidmet. Man konnte die historischen Etappen verfolgen und wurde mit Einzelschicksalen konfrontiert. Auf einer großen Tafel las ich das berühmte Wort von Pastor Niemöller auf Spanisch, zu deutsch:

„Als die Nazis die Kommunisten holten, habe ich geschwiegen …“

Nachdenklich verließen wir die Synagoge.

Sartre-Kongress, in weiter Ferne

Zu oft hatte ich das Gefühl, in einem Kindergarten zu leben. Ein einziger, riesiger Kindergarten, mit wenigen Erziehern und vielen Unmündigen. Die Bevormundung machte vor wissenschaftlichen Kontakten nicht halt, im Gegenteil. Diese Erfahrung machte ich öfter, doch einmal war die Schmerzgrenze überschritten.

Knapp drei Jahre vor dem Ende des Kalten Krieges erlebte ich, dass Selbstverständlichkeiten wie wissenschaftliche Veranstaltungen und die Teilnahme an ihnen immer noch komplizierte bürokratische Angelegenheiten waren und einen Briefwechsel von kafkaeskem Ausmaß erfordern konnten, die von den kuriosesten Fantasmen begleitet wurden, wenn zwischen Austragungsort und Teilnehmer eine Mauer stand.

Es begann am 26. Februar 1986 mit einer Einladung von Traugott König, der für den Rowohlt Verlag die Werke Sartres herausgab und viele von ihnen übersetzte, einen diplomatisch durchdachten und ideologisch unangreifbaren Brief. Diesen maschinengeschriebenen Brief erhielt ich eine Woche später und legte ihn meinem Institutsdirektor Manfred Buhr vor. Ich begründete mein Interesse an einer Teilnahme an besagtem Kongress. Buhr erklärte sein prinzipielles Einverständnis, gab jedoch zu bedenken, dass seitens der DDR angesichts der Devisenknappheit eine finanzielle Beteiligung kaum in Frage käme. Er bat mich, einen offiziellen Brief an ihn zu schreiben, in dem ich die Notwendigkeit meiner Teilnahme begründe. Daraufhin schrieb ich einen nicht weniger diplomatisch und ideologisch ausgefeilten Brief, anschließend konnte ich die Einladung von Traugott König beantworten. In meiner Antwort erwähnte ich Sartres Kriegstagebücher von 1939–1940, damals noch ohne die Hefte, die Sartre im September und Oktober 1939 geschrieben hatte. Diese tauchten später auf und wurden in einer erweiterten und überarbeiteten Ausgabe veröffentlicht – in meiner Übersetzung und unter meiner Verantwortung, denn ich hatte inzwischen als Übersetzer und Herausgeber die Nachfolge des 1991 verstorbenen Traugott König angetreten.

Am 18.12.1986 ging im Zentralinstitut für Philosophie eine offizielle Einladung zum Kongress ein. Sie wurde mir mit knapp einem Monat Verzögerung ausgehändigt, wobei ich aufgefordert wurde, eine Stellungnahme zu schreiben. Den Anlass kann ich in dieser selbst nachlesen:

„Dr. Kirchhoff teilte mir mit, ich solle meine Teilnahme am geplanten Sartre-Kongress absagen – nicht aus fachlichen Gründen noch wegen des Charakters des Kongresses, noch weil ein wissenschaftliches und politisches Interesse an meiner Teilnahme in Frage gestellt sei, sondern weil die derzeitige Situation es erfordere, Reisen in die BRD möglichst zu unterlassen."

Um welche mysteriöse Situation handelte es sich? Zwei Jahre zuvor war mein Bruder nach einem Ausreiseantrag legal aus der DDR ausgereist. Das konnte ein Grund für die Ablehnung meiner Teilnahme am Sartre-Kongress sein, mehr aber noch, dass der Wirtschaftswissenschaftler Professor Harry Maier 1986 von einer Reise nach Österreich nicht in die DDR zurückgekehrt war. Harry Maier war zu diesem Zeitpunkt stellvertretender Direktor des Instituts für Theorie, Organisation und Geschichte der Wissenschaft der Akademie der Wissenschaften der DDR, nachdem er seit den 1970er Jahren stellvertretender Direktor des Zentralinstituts für Wirtschaftswissenschaften der Akademie gewesen war. Im Westen wurde er Dekan der Wirtschaftswissenschaftlichen Fakultät der neu gegründeten Nordischen Universität Flensburg, und nach deren Auflösung im Jahr 1989 bis zum Ruhestand 1999 Professor für Wirtschaftswissenschaften an der dortigen PH.

Man kann sich fragen, was ich mit Harry Maier zu tun hatte, der sich entschied, die DDR zu verlassen.

Hinzu kam, dass Professor Herbert Meißner, ein Wirtschaftswissenschaftler, seit 1981 Ordentliches Mitglied der Akademie, Nationalpreisträger, Vorsitzender der Urania, in einem Interview geäußert hatte, es könnten in der Bundesrepublik Provokationen gegenüber einem Mitarbeiter der Akademie nicht ausgeschlossen werden.

Wozu hätte ich provoziert werden können? Ebenfalls nicht zurückzukehren? Nach dieser Logik hätte man generell Reisen von Mitarbeitern der Akademie untersagen müssen – was man nicht tat. Warum ausgerechnet ich? Man konnte es drehen und wenden, wie man wollte, die Begründung blieb undurchsichtig und unglaubwürdig. Es war naiv anzunehmen, ich könnte mich damit abfinden.

Es lohnt sich dennoch, sich an die Geschichte von Herbert Meißner zu erinnern, der eine DDR-Bilderbuchkarriere durchlaufen hatte: 1927 geboren, wurde er 1945 mit achtzehn Jahren Mitglied der KPD (ein typischer Vertreter der Flakhelfergeneration). An der Universität Leipzig studierte er Wirtschaftswissenschaften, es folgte ein Studium in Leningrad, wo er 1956 promovierte und anschließend einen Lehrstuhl an der Hochschule für Ökonomie in Berlin-Karlshorst bekam. Am Zentralinstitut für Wirtschaftswissenschaften der Akademie der Wissenschaften war Meißner zunächst Abteilungsleiter, später einer von drei stellvertretenden Direktoren, und drei Jahre lang stellvertretender Generalsekretär der Akademie der Wissenschaften. Doch selbst verdienstvolle, hochrangige Professoren waren letztlich Bürger der DDR. Er versuchte, in Westberlin einen mit seinem Devisenvorrat nicht bezahlbaren Duschschlauch an der Kasse vorbei im Kaufhaus Wertheim mitgehen zu lassen und wurde, ungeübt und ungeschickt in solchen Dingen, erwischt.

Von dieser Geschichte, die sich zu einem innerdeutschen Skandal auswuchs und auch die Medien beschäftigte, gibt es zwei Varianten – eine Ost- und eine Westvariante. Mit der Ostvariante ist das von Rolf Kirchhoff gegen meine Teilnahme am Sartre-Kongress in Stellung gebrachte Interview im *Neuen Deutschland* verbunden:

FRAGE: *„Gut, dann wollen wir doch zurückschauen an den Anfang dieser ganzen Geschichte. Ich kann mir nicht vorstellen, dass ein Mann wie Sie für zehn Mark einen – wie es hier gesagt wurde – Ladendiebstahl begeht. Hat man Ihnen da eine Falle gestellt, oder worum ging es?"*

PROF. DR. MEISSNER: *„Ja, das war ganz offensichtlich eine Provokation."*

Die Westvariante liest sich anders und hat mehr Wahrscheinlichkeit auf ihrer Seite. *Der Spiegel* berichtete 1986 ausführlich:

„Persönlich und mit einer schlimmen Räuberpistole trat Dr. Meißner-Kimble am Freitagabend im DDR-TV auf, befragt in seinem Asyl in Bonns DDR-Mission: Das Ganze sei eine West-Provokation; er sei verschleppt und unter Drogen gesetzt worden. (...) Der Ost-Berliner Professor (...) war unversehens Hauptdarsteller einer deutsch-deutschen Affäre. Die kam der Bundesregierung äußerst ungelegen. Denn sie belastet zusätzlich die Beziehungen zur DDR,

die wegen des Streits über den Asylanten-Zustrom von Ost- nach Westberlin ziemlich getrübt sind.“ [7]

Sollte ich also wegen der Affäre des Herbert Meißner auf meine Teilnahme am Sartre-Kongress verzichten? Diese Zumutung übertraf alle bisherigen und ich war weniger denn je bereit, mich damit abzufinden. In einem Gespräch mit Professor Buhr schloss dieser angesichts der Zeit, die noch vor dem geplanten Kongress liege, und aufgrund des besonderen Interesses des Aufbau Verlages an meiner Teilnahme nicht aus, dass bei veränderter Situation im ersten Quartal 1987 die Frage noch einmal überprüft und positiv entschieden werden könnte.

Manfred Buhr verstand es, meinen Zorn und meine Ungeduld zu entkräften und der Hoffnung eine Hintertür zu lassen. Ich hatte bereits mehrfach die Gelegenheit gehabt, seine Kunst zu bewundern, etwas abzulehnen, ohne frontal nein zu sagen. Mir blieb übrig, ein weiteres halbes Jahr auf eine Entscheidung zu warten, die abhängig von der Laune der Situation und der Unberechenbarkeit einiger Akademiker für oder gegen meine Teilnahme am Sartre-Kongress ausfallen würde.

Gut einen Monat später kam Bewegung in die Angelegenheit. Ich erhielt von Traugott König das Programm für den 10. und 11. Juli 1987. In der Sektion „Sartres Geschichts- und Sozialphilosophie“ war mein Name aufgeführt, noch ohne Vortragsthema. Kurz darauf erhielt ich aus dem wissenschaftlichen Sekretariat des Direktors einen Anruf mit der Aufforderung, eine Reisedirektive für meine Teilnahme am Kongress zu schreiben, Herr Buhr habe meine Reise befürwortet. Damit schien endlich die Wende eingeläutet. Ein letzter bürokratischer Akt. Vor jeder Dienstreise in den Westen musste eine Reisedirektive eingereicht werden. Ich nahm darin die für den Zweck brauchbaren Formulierungen von Traugott König auf und sicherte mir die Möglichkeit, über den Kongress hinaus ein oder zwei Tage bleiben zu können.

---

[7] Wie auf einer Bühne – Staatsaffäre um einen geklauten Brauseschlauch: Ein DDR-Professor wollte westwärts und wieder zurück (aus: Der Spiegel 30/1986, 20.07.1986).

Alles schien sich nun für mich zum Besten zu entwickeln. Am 2. März 1987 rief mich Traugott an, vermutlich berichtete ich ihm, welche positive Wendung die Dinge genommen hatten. Wurde dieser Anruf abgehört, kam mein Brief doch in falsche Hände? Ich weiß es nicht.

Am 3. März erhielt ich eine Mitteilung, ich brauche die Reisedirektive nicht zu schreiben, ich sei zwar als Reisekader bestätigt, jedoch nicht für Westberlin und die BRD! Da saß ich nun zwischen allen Stühlen: Von Frankreich erhielt ich keine Einreisevisa, aus der DDR konnte ich nicht nach Westberlin und die BRD, wohin keine Einreisevisa notwendig waren (wir waren ja dort auch Deutsche!), weil ich kein Ausreisevisum erhielt. Am 9. März gewährte mir Manfred Buhr ein Gespräch, in dem er sagte, das Schreiben sei vorschnell gewesen, er wolle doch noch versuchen, meine Reise zu ermöglichen. Erneut schrieb ich also meine Reisedirektive. Am 7. April teilte mir die Leiterin der Kaderabteilung mit, ich würde nicht fahren, und zwar zu meinem eigenen Schutz. Sie erzählte mir eine Geschichte vom Akademiemitglied Professor Hennig. Wieder ein leitender Akademiker, der sich für den Westen entschieden hatte – ohne sichtbare Provokation! Diesmal handelte es sich zur Abwechslung nicht um einen Vertreter der Gesellschaftswissenschaften, sondern um einen Physiker, allerdings erneut ein stellvertretender Direktor, und zwar des Zentralinstituts für Mathematik und Mechanik. Im Februar 1987 nutzte Klaus Hennig eine Dienstreise, um im Westen zu bleiben, und nach wenigen Wochen kehrte er über Wien in die DDR zurück. Diese wenigen Wochen seiner Abwesenheit genügten erneut als Vorwand, meine Ausreise zu behindern. Für Klaus Hennig dagegen hatte die kurzzeitige Flucht keine sichtbaren Folgen. Er blieb sogar bis zu ihrer Abwicklung Mitglied der Akademie.

Ich fühlte mich wie ein Spielball, der je nach Willkür hin- und hergeworfen wurde. Alles war in Frage gestellt, meine Arbeit und ihre Anerkennung, meine Würde als Person, meine Rechte als Individuum, saß man doch über mich zu Gericht und machte mir einen Prozess, bei dem es keine Anklageschrift, keinen Richter, keinen Anwalt gab, es gab keine Schuld, auch keine Unschuldsvermutung – von Vertrauen erst gar nicht zu reden. Ich merkte, wie ich zunehmend schlecht schlief, wütend wurde, keinen Gegenstand hatte, gegen den ich meine Wut richten konnte, denn ich fand keinen Adressaten für meinen Zorn. Ich wollte dieses Spiel nicht mehr mitspielen, nicht länger seine Regeln anerkennen. Ich sah eine letzte Möglichkeit, eine Entscheidung zu erzwingen, und es ging mir dabei längst nicht mehr nur um den Sartre-Kongress in Frankfurt am Main – es ging um meine psychische Gesundheit. Ich verstand, dass aus einer anfänglich für andere, die es von außen sehen, scheinbar trivialen Angelegenheit für den Betroffenen eine existentielle Frage werden konnte, eine Frage, bei der mit der Selbstachtung die Existenz auf dem Spiel steht.

Es gab für DDR-Bürger, die meinten, vergeblich alle Instanzen bemüht zu haben, die Möglichkeit, eine Eingabe an den Staatsratsvorsitzenden zu richten, der seit Ulbrichts Zeiten mit dem Generalsekretär des ZK der SED zusammenfiel und alle Macht in sich vereinte. Wie einst Monarchen – in Frankreich Präsidenten mit monarchistischen Zügen – hatte er nicht nur das Gnadenrecht, sondern konnte auch ein letztes Wort in Fragen sprechen, für die sich keine andere Lösung fand. Nachdem ich mich einen Monat lang gequält und innerlich tatsächlich von der DDR und ihrem Regime so viel Abstand gewonnen hatte, dass ich mich von ihr auch moralisch und politisch verabschiedet hatte, nutzte ich dieses Ventil, das die Macht in ihren Apparat eingebaut hatte.

In Gesprächen mit französischen Freunden wurde mir ein bemerkenswerter Unterschied bewusst: In westlichen Lebensläufen nach 1945 kommen kaum Situationen vor, die Karl Jaspers „Grenzsituationen" nennt. Situationen, die auch im Werk von Jean Paul Sartre eine große Rolle spielen, Situationen, in denen sich das Individuum entscheiden muss mit dem Bewusstsein, dass der Entschluss nicht umkehrbar ist, einen gewissen endgültigen Charakter hat, eine Weiche im Leben stellt und eine Richtung vorgibt, die sich für lange Zeit und radikal auswirken wird. Das galt für die Entscheidung, das Land zu verlassen, und damit für lange Zeit getrennt zu sein von den nächsten Menschen und dem vertrauten Milieu.

Am 10. Mai 1987 schrieb ich meine Eingabe an Erich Honecker, in der erkennbar war, dass ich im Falle einer negativen Entscheidung

einen Antrag auf Ausreise aus der DDR stellen würde, wie er möglich wurde, nachdem die DDR am 1. August 1975 in Helsinki die Schlussakte der KSZE, der Konferenz für Sicherheit und Zusammenarbeit in Europa, unterzeichnet hatte. Es blieb nicht mehr viel Zeit bis zum Beginn des Kongresses. Die Form hatte ich mir wohl überlegt. Ich dachte an die *lettres de doléances* aus der Zeit vor der französischen Revolution, und daran, wie sich einst sogar berühmte Gelehrte und Literaten in einem floskelhaften Ton an ihre Fürsten wandten, wenn sie um eine Gunst oder auch nur um ein selbstverständliches Recht oder deren gefällige Aufmerksamkeit baten. Und auch über den Inhalt hatte ich ausgiebig nachgedacht. Es ging mir darum, alle möglichen Einwände bereits im Vorfeld zu entkräften – sie waren mir seit einem Jahr ja reichlich begegnet, ich hatte bereits eine gewisse Übung erworben, ihnen zu entgegnen – und Honecker mit seinen eigenen Waffen zu schlagen. Ihn zu zitieren war hier angebracht und nicht ehrenrührig; in wissenschaftlichen Arbeiten hatte ich es, im Unterschied zu vielen meiner Kollegen, immer tunlichst vermieden.
Am 15.5.87 erhielt ich vom „Büro Honecker" an meine private Postadresse folgende Antwort:
„Werter Genosse Wroblewsky! Im Auftrag bestätigen wir den Eingang Deines Schreibens und teilen Dir mit, dass eine Prüfung veranlasst wurde. Mit sozialistischem Gruß. Hubert Ruhmke"
Vierzehn Tage später, am 29. Mai, wurde ich im Institut aufgefordert, nunmehr die Reisedirektive zu unterschreiben, etwa drei Wochen später wurde mir die Reise endgültig bestätigt. Bis zum Kongressbeginn blieben nochmals gut drei Wochen. Würde die Zeit reichen, um rechtzeitig das Ausreisevisum zu erhalten? Die Spannung sollte bis zum letzten Tag währen, doch am Ende hatte ich den über ein Jahr währenden Hürdenlauf durchgestanden und war ans Ziel gelangt.

*

Natürlich erwiesen sich alle Fantasmen von Provokation, Diskriminierung und anderer Schreckgespenster als völlig absurd und gegenstandslos. Denn nicht nur für mich war der Frankfurter Sartre-Kongress ein besonderes Ereignis: Zeitweise herrschte die Hochstimmung vom Mai 1968, die ich aus den Medien kannte und hier ein wenig nachempfinden konnte.

Einer der vielen unvergesslichen Momente war der Vortrag von Hans-Georg Gadamer. In betont aufrechter Haltung hielt der 87-Jährige außerhalb des offiziellen Programms stehend seinen Vortrag über Heidegger und Sartre, ohne Manuskript, nicht mal Notizen hielt er in der Hand, und sein Vortrag war klug, durchdacht, schlicht druckreif.

Ich erinnere mich zudem besonders an die nicht vorgesehene Kundgebung der Teilnehmer, als der in der Universität reservierte Raum die über tausend an der Eröffnungsveranstaltung Interessierten nicht aufnehmen konnte und man kurzentschlossen in einen großen Saal der Gewerkschaften umzog, fröhlich in einem langen Zug durch Frankfurts Straßen, begleitet von der herbeigeeilten Polizei, die dafür sorgte, dass der Verkehr nicht völlig zusammenbrach.

Sartre hätte seine Freude gehabt an dieser plötzlichen, spontan aus dem Nichts herausbrechenden fusionierenden Gruppe, die sich gebildet hatte, um sich mit seinem Denken zu beschäftigen. Ich schwamm mit auf dieser Welle der Begeisterung, war ein Teil von ihr und genoss es vor allem, die Sartre-Forscher persönlich kennenzulernen, die ich seit vielen Jahren aus der Literatur kannte.

Selbst im Reisebericht, den ich pflichtgemäß als letzten üblichen bürokratischen Akt im Zuge der Kongressteilnahme zu verfassen hatte und am 10. September 1987 einreichte, schimmert die Hochstimmung, mit der ich die drei Kongresstage erlebte, ein wenig durch. Wie viele DDR-Reisekader war ich nicht gegenüber der Staatssicherheit berichtspflichtig, sondern gegenüber der Institution, die meine Reise veranlasst beziehungsweise genehmigt hatte – in meinem Fall die Akademie der Wissenschaften. Dass diese Berichte dann an die Stasi weitergereicht wurden, ist sicher richtig, davon dürften jedoch die wenigsten Reisekader gewusst haben. Jedenfalls hatte ich bei der Niederschrift meines Reiseberichts nicht die Stasi als Adressaten im Kopf. Wurden diese Reiseberichte überhaupt, wie gründlich und von wem gelesen?

*

Israel, ein Land, in das zu reisen ich mir unter DDR-Bedingungen nicht im Entferntesten vorstellen konnte, lernte ich 1988 kennen. Ich verdankte es Shlomo Avineri, Professor für politische Wissenschaften und Philosoph, und zusätzlich einer Hegel-Konferenz in Moskau im Herbst 1987. Die Teilnehmer aus Deutschland (Ost und West) und aus Frankreich waren auf dem Flughafen Scheremetjewo angekommen und wir warteten auf den Teilnehmer, der aus Israel eintreffen sollte. Mit erheblicher Verzögerung stieß er zu uns und berichtete: „Der Zollbeamte stieß auf ein Buch in hebräischer Sprache und fragte mich, was das sei. Ich antwortete ihm, es sei das Kommunistische Manifest, von Marx und Engels geschrieben, von mir ins Hebräische übersetzt. Daraufhin beschlagnahmte der Beamte das Buch mit der Bemerkung: ‚Wir haben hier genug Kommunistische Manifeste, wir brauchen keins in Hebräisch.' Ich bestand darauf, von ihm ein Schriftstück zu erhalten, dass die Beschlagnahme bestätigte. Ich bedauere meine Verspätung, liebe Kollegen, aber nicht, dass ich auf dieses Dokument bestanden habe – die Beschlagnahme des Kommunistischen Manifestes in Moskau!"

Shlomo Avineri und ich wurden Freunde. Ich sah ihn gut ein halbes Jahr später in Berlin wieder. Am 26. März 1988 hielt er in der jüdischen Gemeinde einen Vortrag, in dem er die Geschichte des Zionismus von seinen Anfängen an nachzeichnete, als Junghegelianer wie Moses Hess als Reaktion auf die Entstehung der Nationalstaaten und die Rechtslosigkeit der Juden über einen eigenen jüdischen Staat nachzudenken begannen, über die Pogrome in Russland, 1905 in der Ukraine, die Dreyfus-Affäre in Frankreich, die Bewegung von Theodor Herzl bis in die Gegenwart. Es dürfte eine der seltenen Publikationen in der DDR gewesen sein, die in sachlicher Weise, ohne Verteuflung, vom Zionismus sprachen.

In Moskau hatte er mich während einer geselligen Gesprächsrunde unvermittelt gefragt, ob ich nicht Lust hätte, nach Israel zu kommen und an der Universität einen Vortrag zu halten. Zuvor war das Land immer ein alter Traum von mir gewesen, doch sah ich nie eine Möglichkeit, ihn je zu verwirklichen, es gab nicht mal diplomatische Beziehungen zwischen Israel und der DDR. Er antwortete mir, als ehemaliger Staatssekretär im Außenministerium würde er das Not-

wendige veranlassen, das Einreise-Visum könne ich über Wien erhalten und er würde auch sein gutes Verhältnis zu Professor Buhr, meinem Institutsdirektor, nutzen, damit ich die Möglichkeit eines Besuchs erhielte.
Kein Jahr nach unserer Moskauer Bekanntschaft landete ich also in Tel Aviv. Es wurde eine intensive Woche, während der ich einen Vortrag über Marxens *Zur Judenfrage* und Sartres *Überlegungen zur Judenfrage* hielt. Shlomo lud mich zu verschiedenen Treffen mit Professoren der Universität ein, mich beeindruckte die fehlende Förmlichkeit, die Selbstverständlichkeit dieser Begegnungen, bei denen Hebräisch, Deutsch, Englisch, Französisch oder Spanisch gleichermaßen gesprochen wurde. Bei einem großen Festessen zu Ehren des letzten Nachfahren des österreichischen Kaisers sagte dieser, Israel sei der einzige lebendige Ort auf der Welt, wo noch alle Völker der einstigen K.u.k.-Monarchie und auch alle Sprachen dieses einstigen politischen Gebildes anzutreffen sind.
Die Universität hatte eine Reiseführerin engagiert, die mir die Sehenswürdigkeiten der Stadt zeigte. Nachdem wir uns kennengelernt und angefreundet hatten gestand sie mir, dass sie als Überlebende der Shoa zunächst skeptisch war, einen Deutschen zu begleiten, doch verflog ihre Skepsis, als sie meine Geschichte hörte.
Meine erste Reise nach Israel gab mir zudem die Gelegenheit, erneut für das Nachrichtenblatt des Verbandes der Jüdischen Gemeinden in der DDR zu schreiben. Der Titel fasste die Widersprüche zusammen, die mir aufgefallen waren: *Israel – Utopie und Wirklichkeit.*
Im April 1989 war ich erneut in Jerusalem. Diesmal nicht allein, sondern in Begleitung von Professor Buhr. Er hatte, wie ich vermuten konnte, meine Reise von 1988 zuvor gefördert, weil Shlomo Avineri als international anerkannter Politologe und Philosoph ein wichtiger Partner für ihn in der Internationalen Hegel-Gesellschaft war. Er versprach sich von ihm Unterstützung bei den Flügelkämpfen, die auch dort stattfanden und mir bei meiner gelegentlichen sprachlichen Vermittlung zwischen Buhr und französischen Mitgliedern nicht entgangen waren. Außerhalb der Universität und ihrer gediegenen Ausstattung beeindruckten mich viele Kontraste im israelischen Alltag. Zum Beispiel die oft sehr hübschen jungen Frauen in Uniform, die

ihre Maschinenpistole locker über der Schulter trugen wie anderswo ihre Altersgenossinnen ihre Handtaschen. Oder, unvergessen, die Gruppe von Kindern, ein Kindergarten, unterwegs, von zwei oder drei Erwachsenen begleitet – auch sie mit Maschinenpistolen.

*

Ende August 1988 durfte ich in ein Land reisen, das vor meiner Eingabe ebenso wenig wie Israel zu den Ländern gehörte, von denen ich mir vorstellen konnte, je ihren Boden zu betreten. Von ihm sagt man, jeder erwachsene Bürger bewahre seine Waffe im Schrank auf, zeige sie jedoch seltener in der Öffentlichkeit. Es ist für seine idyllischen Berglandschaften, seine Schokolade und seine Uhren bekannter als für seine Wehrhaftigkeit, die es dank seiner geschickt vorgespiegelten Neutralität nicht beweisen musste. Ich war nach Zürich eingeladen worden, um ein Sartre-Seminar durchzuführen.

Empfangen wurde ich von Theo Pinkus. 1987 hatte ich im von ihm herausgegebenen *Zeitdienst* eine Serie von Artikeln über Sartre veröffentlicht. Theos Vater und seine Mutter, die Schauspielerin Else Flatau, hatten ihm alle Möglichkeiten geboten, seinen Verstand und seine intellektuelle Neugier, verbunden mit einem humanistischen Weltbild, zu entfalten. Er besuchte eine Privatschule, als sich die Verhältnisse der Familie plötzlich veränderten: Die Bank seines Vaters ging in Konkurs, Theo machte eine Lehre als Verlagsbuchhändler in Berlin, wurde Mitglied des kommunistischen Jugendverbandes und arbeitete ab 1930 für den *Internationalen Arbeiterverlag* und den *Neuen Deutschen Verlag* von Willi Münzenberg. Im Februar 1933 wurde Theo Pinkus verhaftet. Er kann sich noch gut an den Schweizer Botschafter erinnern, der ihm nach seiner Entlassung riet, in die Schweiz zurückzukehren: „Jude, Kommunist und Ausländer – das ist ein bisschen viel. Fahren Sie weg."

Aus der Kommunistischen Partei wurde Pinkus 1943 ausgeschlossen, ab 1947 gab er die Zeitschrift *Zeitdienst* heraus. Auf der Grundlage seiner umfangreichen Privatbibliothek schuf er die 50.000 Bücher umfassende *Studienbibliothek zur Geschichte der Arbeiterbewegung*, die

Bücher über die kommunistische Bewegung des 20. Jahrhunderts, den Marxismus, den antifaschistischen Widerstand, das Exil, die Studentenbewegung von 1968 und neue soziale Bewegungen wie die Frauenbewegung sammelte. 1971 hatte er dank einer großzügigen Spende das idyllisch im Seitental Orden an der Orlegna-Brücke gelegene Bauernhaus erwerben können. Er hatte das Haus umgestalten und die anliegende Scheune zu einem großen Schlafraum für 60 Personen umbauen lassen können. So war ein Ferien- und Bildungszentrum entstanden, in dem unter anderen Max Frisch und Herbert Marcuse zu Seminaren eingeladen worden waren.

Als ich vom Castello Belvedere ins Tal hinabblickte und die Häuser von Maloja sah, kaum erkennbar in ihrer puppenstubengleichen Winzigkeit, dachte ich an die Ziege des Herrn Seguin, die meine Kindheit begleitet hatte. Es gibt wohl kaum ein französisches Kind meiner Generation, dass ohne Blanquette aufwuchs, sie als Erzählung aus den *Briefen aus meiner Mühle* von Alphonse Daudet kennenlernte, als Erzählung, als Bilderbuch, als Film. Blanquette bezahlte ihren unbändigen Willen nach Freiheit mit ihrem Leben. Mahnendes Beispiel, nicht Vorbild sollte sie sein, so wurde es vermittelt, so hatte ich sie in Erinnerung als ich vom Castello Belvedere hinabschaute. Die Moral dieser Geschichte, sich brav mit den gegebenen Verhältnissen abzufinden, hatte ich nicht in Frage gestellt, auch wenn sie mir nicht behagte und ich sie mir nicht zu eigen gemacht hatte. Doch nun traf es mich wie ein Blitz. War es die klare Bergluft, das Glücksgefühl, das mich durchströmte, nachdem ich den Gipfel erreicht hatte, das Licht? Ich fühlte mich unendlich frei, ich hätte die Arme ausbreiten und über das Tal fliegen können.

In diesem Augenblick entdeckte ich eine andere Lesart der Geschichte. Sie wurde mir zur Parabel für die Situation der DDR, für das Verhältnis der Herrschenden zu den von ihnen Beherrschten. Herr Seguin verwandelte sich in Walter Ulbricht, in Erich Honecker, in die „Partei- und Staatsführung". Ja, Daudet hatte vorweggenommen, was mehr als ein Jahrhundert später zur wesentlichen Struktur einer ganzen „realen" Gesellschaft wurde. Herr Seguin hatte kein Glück mit seinen Ziegen, er verlor sie alle auf die gleiche Weise: Eines schönen Morgens rissen sie sich los und stiegen hinauf auf den Berg, wo der Wolf sie fraß. Nichts hielt sie zurück, weder die Liebkosungen ihres Herren noch die Angst vor dem Wolf. Sie wollten um jeden Preis die Weite und die Freiheit. Der gute Herr Seguin verstand sie nicht, doch er gab nicht auf, und nachdem er sechs Ziegen auf die gleiche Weise verloren hatte, kaufte er eine siebte. Doch diesmal kaufte er eine sehr junge, damit sie sich besser an ihn gewöhnen konnte. Hinter dem Haus von Herrn Seguin befand sich eine Einfriedung, von Weißdorn eingegrenzt, wo er seine neue Ziege unterbrachte. Er band sie an einen Pfahl, an der schönsten Stelle der Wiese, wohl bedacht, den Strick lang zu halten, und ab und zu schaute er nach, ob es ihr gut ging. Die Ziege war sehr glücklich und fraß das Gras mit derartiger Lust, dass Herr Seguin begeistert war. Endlich, dachte der arme Mann, da ist eine, die sich nicht bei mir langweilt! Doch Herr Seguin irrte sich, denn die Ziege langweilte sich und dachte eines Tages: Wie wohl muss man sich dort in den Bergen fühlen, kann in den Farnkräutern herumtollen, ohne diesen verdammten Strick, der einem den Hals abschnürt! Von diesem Moment an schien ihr das Gras der Weide fade. Eines Morgens, er war gerade mit dem Melken fertig, wandte sich die Ziege ihm zu und sagte: „Hören Sie, Herr Seguin, ich langweile mich bei Ihnen, lassen Sie mich in die Berge gehen."

Auch die Parteiführung hatte kein Glück mit ihren Bürgern. Sie verlor sie auf die gleiche Weise wie Herr Seguin seine Ziegen. Eines schönen Tages brachen sie auf in Richtung Westen, wo der Imperialismus sie verschlang. Nichts hielt sie zurück, nicht das ewige Versprechen einer sorgenfreien und glücklichen Zukunft, weder Prämien noch Orden, Lobpreisungen und Feierlichkeiten, auch nicht die Angst vor Ausbeutung, Konkurrenz, Arbeitslosigkeit. Sie waren, wie es schien, unabhängige Bürger, sie wollten um jeden Preis die Weite und die Freiheit.

Mir kamen beim Blick vom Castello Belvedere hinab auf das winzige Häuschen noch andere Gedanken. Seit 27 Jahren waren die meisten DDR-Bürger eingesperrt. Zu ihrem Schutz? Ich glaubte, ich hätte mich dank eines kritischen Verstandes frei halten können vom allgemein verbreiteten, unsichtbaren, doch allgegenwärtigen Virus des Misstrauens und der Angst. Ich hätte mich vom Strick befreit, der mich festhielt. Mich durchfuhr eine erschreckende Erkenntnis: Zwar

war mein Hals frei vom Strick, doch dieser war in mir, und es würde noch einige Zeit brauchen, ihn ganz loszuwerden.

*

Beim Sartre-Kongress 1987 in Frankfurt lernte ich Rainer Zimmermann kennen. Wir hatten damals schnell festgestellt, dass jeder von uns Berlin auf seine Weise vertrat: er West, ich Ost. Ende September 1989 fand ich mich in Westberlin am Ausgang des S-Bahnhofs Charlottenburg auf dem Weg Richtung Bonn, wo ich mich an einem Seminar über Sartre beteiligen sollte. Bei der Ausfahrt aus Westberlin in die DDR, die zu durchqueren war, am Kontrollpunkt Dreilinden, staunte der Kontrolleur nicht schlecht, als auf seine Forderung hin der Fahrer des in die Jahre gekommenen VW-Käfers ihm vier Pässe überreichte, darunter einen DDR-Pass. Doch auch bei sorgfältiger Prüfung fand sich kein Grund zur Beanstandung, ihm blieb nur, uns gute Fahrt zu wünschen und mir einen neidvollen Blick nachzuwerfen.

Ich hatte nicht den Eindruck, dass meine westlichen Co-Seminaristen gleichermaßen bewegte, was sich zur gleichen Zeit weiter östlich abspielte. Ich hätte es spannender gefunden, Sartres *Kritik der dialektischen Vernunft* mit der Entwicklung der Protestbewegung in der DDR zu konfrontieren, zu prüfen, inwieweit gerade sie als theoretisches Instrument für das Verständnis der Dynamik brauchbar wäre, die in den sozialistischen Ländern in Gang gekommen war. War die Analyse der fusionierenden Gruppe, die Sartre anhand der französischen Revolution, des Sturms auf die Bastille, unternommen hatte, in diesen Septembertagen 1989 nicht näherliegend als die Untersuchung der Beziehung von Ansichsein und Fürsichsein?

Es kam mir vor, als lebten wir in verschiedenen Welten mit auseinanderklaffenden Interessen. Am Abend stürzte ich mich auf den Fernsehapparat, um die Abendnachrichten zu sehen, die anderen hingegen unterbrachen nur unwillig ihr Gespräch. Hatten sie verfolgt, was mich seit Monaten in Atem hielt?

Die Nachrichten skizzierten zunächst einen Rückblick: In Leipzig hatten sich am 4. September über tausend Menschen versammelt,

Verwaltung für Staatssicherheit
Groß-Berlin
Abteilung II

Berlin, den 2. April 1973
Vg/Wt - App. 237 -
II/2/ 761 /73

Ministerium für Staatssicherheit
Hauptabteilung XX

B e r l i n

Operativinformation Nr. 58 - X. Weltfestspiele

Durch eine zuverlässige inoffizielle Quelle wurde folgendes bekannt:

In der Zeit vom 14.-16.03.1973 fand eine internationale Expertentagung zum Kulturprogramm der X. Weltfestspiele statt. Es nahmen daran ca. 20 Delegationen teil.

Die Vertreter der französischen und belgischen Delegationen sind bereits am 2. Tag aus der Quelle nicht bekannten Gründen abgereist.

Einige Probleme gab es mit den afrikanischen Staaten. Diese wollten, daß nur die offiziellen staatlichen Jugendorganisationen an den Weltfestspielen teilnehmen, nicht aber die kommunistischen Jugendorganisationen.

Die westdeutsche Delegation war vertreten durch ein Mitglied der SDAJ, einen Falken und vermutlich durch einen Jungsozialisten. Der Vertreter der SDAJ hinterließ einen sehr positiven Eindruck. Er soll gleichzeitig Mitglied des Spartakusbundes sein und seinen Sitz in Bonn haben. Die SDAJ hat in Vorbereitung der X. Weltfestspiele Kontakt zu den anderen Jugendorganisationen in Westdeutschland. Vom Spartakusbund ist geplant, daß sie eine Charta des guten Benehmens von allen westdeutschen Teilnehmern annehmen lassen wollen. Damit soll garantiert werden, daß ihr Auftreten in der DDR einwandfrei ist. Es ist anzunehmen, daß die rechten Jugendorganisationen mit eigenem Kulturprogramm auftreten. Die rechten Jugendorganisationen der BRD haben großes Interesse, Kontakte zu der DDR-Jugend herzustellen.
Die Quelle schätzt ein, daß sie über den Vertreter des Spartakus weitere Angaben über Teilnehmer und evtl. Programmgestaltungen der einzelnen westdeutschen Jugendorganisationen in der Perspektive noch bekommen kann.

Die jugoslawische und rumänische Delegation brachten zum Ausdruck, daß sie bei der Kunst keine Einschränkungen haben möchten, auch nicht vorgeschriebene Programme, sie wollen selbst bestimmen, was sie machen.

Die „Operativinformation Nr. 58 – X. Weltfestspiele" des Ministeriums für Staatssicherheit vom 02.04.1973 schildert die Konflikte innerhalb der

- 2 -

Ende April werden die endgültigen Beschlüsse vom internationalen Vorbereitungskomitee gefaßt. Wir als DDR können lediglich Vorschläge unterbreiten. Verantwortlicher Leiter für die Gruppe Kultur im internationalen Komitee ist ein Koreaner. Die einzelnen Jugendverbände bzw. Vertretungen der Staaten sind nur gegenüber dem internationalen Vorbereitungskomitee rechenschaftspflichtig.

Während der internationalen Expertentagung zum Kulturprogramm fand auch eine Dampferfahrt mit geselligem Beisammensein statt. Dabei war der Hauptabteilungsleiter Kultur im DDR-Vorbereitungskomitee F u h r m a n n ziemlich stark betrunken und hinterließ durch sein Verhalten bei den anderen Teilnehmern keinen guten Eindruck. Ferner wurde bekannt, daß der Dolmetscher für die französische Delegation v. W r o b l e w s k y nach Westgeld fragte, um im Intershop einkaufen zu können.

Unserer Quelle wurde außerdem bekannt, daß die Mitarbeiterin im Org.-Komitee [geschwärzt]

angeblich laufend von ihrem Cousin aus Österreich Besuch bekommt. Dieser Österreicher soll sich dann jeweils 24 Stunden in der Wohnung der H. aufhalten, während sie selbst schon seit einiger Zeit vermutlich deshalb bei ihren Eltern wohnhaft ist.
Der österreichische Staatsbürger soll täglich von Westberlin aus einreisen.
Die H. ist erfaßt für die Abteilung XX der BV Potsdam und zwar KK.

Stellvertreter Operativ	Leiter der Abteilung II
[Unterschrift]	[Unterschrift]
Ehrhardt	Heinert
Oberstleutnant	Major

Vermerk

Nach Rücksprache mit dem Gen. Engel (Tel. 237 der Verwaltung Groß-Berlin) wurde bekannt, daß v. Wr. nicht nach BRD-Währung fragte, sondern jemand suchte, der für ihn Einkäufe im Intershop tätigen sollte. Der inoffizielle Hinweis kann nicht legalisiert werden.

[Unterschrift]
11.5.73

Kulturkommission – und warum ich bei der Internationalen Expertentagung zum Kulturprogramm (unangenehm) auffiel.

die Behörden griffen zunächst nicht ein. Es war Messemontag, sodass westliche Journalisten anwesend waren. Trotz einer Erklärung des DDR-Außenministeriums, in der von einer „zügellosen Hetze“ der BRD die Rede war, gingen die Montagsdemonstrationen weiter, und mit jeder Woche wuchs die Zahl der Teilnehmer. Am 18. September reagierten die „Ordnungskräfte“ mit Gewalt und Verhaftungen, dennoch beteiligten sich eine Woche später rund 8.000 Menschen an der Demonstration. Nun war Anfang Oktober in den Nachrichten bereits von 20.000 Teilnehmern die Rede, und nach meiner begeisterten Vermutung sollten es bald noch viel mehr sein! Meine Co-Seminaristen nahmen meinen Begeisterungsausbruch gelassen hin, aber umso verblüffter war ich über die Reaktion von Roberto M. Ihm als Leipziger und Ossi sollten doch die Ereignisse mindestens so nahegehen wie mir!
Stattdessen sah er mich entsetzt an, in seinem Gesichtsausdruck erkannte ich Ablehnung und Missbilligung. Wer ist er eigentlich, wie kommt er her, wer kennt ihn? Der alte Misstrauensreflex legte sich über meine Begeisterung, ich wollte mir meine euphorische Stimmung nicht verderben lassen, doch es gelang mir nicht – ein Blick hatte genügt. Tatsächlich zogen am kommenden 9. Oktober über 70.000 Demonstranten über den Innenstadtring, eine Woche später waren es in der ganzen DDR etwa 120.000 Menschen. Die Ordnungskräfte griffen nicht mehr ein. Von Roberto M. hörte ich nichts mehr.

*

Einen jüdischen Witz erzählte ich damals besonders gern, er resümierte für mich die zurückliegenden fast vierzig Jahre DDR: Zwei arme Schlucker schleppen sich hungrig und durstig durch die Natur. Einer von ihnen hat noch eine Münze, vielleicht reicht sie für eine Flasche Wein oder ein Brot, für beides wohl kaum. Sie kommen an einem Froschteich vorbei. Fragt der eine den anderen:
Wenn ich so ’n Frosch lebendig runterschlucke, gibst mir dann deine Münze?
Klar.
Der Frosch zappelt ein wenig, doch schließlich ist er verschluckt.

Nach einer Weile kommen sie an einen neuen Froschteich. Fragt der andere:
Wenn ich so ’n Frosch lebendig runterschlucke, gibst mir dann die Münze zurück?
Klar.
Wieder zappelt der Frosch ein wenig, doch schließlich ist er verschluckt. Sie laufen eine ganze Weile weiter, wieder ein Froschteich. Plötzlich bleiben sie stehen, sehen sich an und fragen:
Warum haben wir gefressen die Frosch?

Arbeitsgruppe
Ausländische Festivalteilnehmer

Berlin, am 5. 6. 73

Mitteilung

Im Bereich der Dolmetscher und Übersetzer der Ständigen Kommission des IVK und der Hauptabteilung Koordinierung mit dem IVK ergibt sich durch operative Maßnahmen unsererseits eine komplizierte Kadersituation.
Im Ergebnis der Sicherheitsüberprüfungen machte es sich erforderlich, den Dolmetscher (französisch) v. Wroblewsky, Vincen kurzfristig aus dem Organisationskomitee zu entfernen. Da W. für die französische Sprache die qualifizierteste Kraft war, entstand eine ernsthafte Lücke. Der Koordinierungssekretär der Ständigen Kommission, D. Vidal, hat gegen diese Maßnahme Einspruch erhoben. Von leitenden Genossen im Organisationskomitee wurde festgestellt, daß W. auch nach seiner Rückversetzung (29. 5. 73) noch im Bereich des IVK verkehrt. Es wird vermutet, daß W. noch durch IVK-Mitarbeiter nebenberuflich als Dolmetscher herangezogen wird. Der Leiter der Hauptabteilung Koordinierung mit dem IVK, Genosse Böhme, bat nochmals, unseren Entschluß bezüglich der Rückversetzung des W. zu prüfen, ka gegenwärtig kein gleichwertiger Ersatz gestellt werden kann.

Wie bereits in unserer Mitteilung vom 30. 5. 73 erwähnt, ergibt sich eine ähnliche Situation bezüglich des Einsatzes des Genossen Erhardt, Günter als Verantwortlicher für den Aufbau des Zentralen Übersetzerbüros.
Wir bitten über den Dienstbereich Genossen Oberstleutnant Freyer, zu prüfen, inwieweit aus dem Kreis der Dolmetscher für die Durchführungsphase zuverlässige IM für eine sofortige Einschleusung als Ersatz für W. und E. herangezogen werden können.
Wir bitten zu beachten, daß wir mit dieser Maßnahme wichtige Absicherungs- und Informationsbasen besetzen könnten.

Strobel
Major

Die Mitteilung der „Arbeitsgruppe ausländischer Festivalteilnehmer", verfasst am 05.06.1973 von Major Strobel

III
1989–2021

„Denn wir sind alle zugleich siegreiche Konformisten und besiegte Opponenten.“
Jean-Paul Sartre: *Saint Genet*

9. November 1989. Ein schrilles, anhaltendes Klingelläuten riss mich aus dem Schlaf. War es ein Traum, ein Albtraum? Nein, es gab keinen Zweifel, dieser unzeitgemäße Lärm kam von meiner Wohnungstür. Noch schlaftrunken zog ich meinen Bademantel an, wankte durch den Flur, öffnete die Tür. Ich musste mir nicht die Augen reiben: Da stand mein Bruder Clément vor mir, streckte sich, wie an dem Tag, da er mit stolzgeschwellter Brust entdeckt hatte, dass er mich körperlich eingeholt, sogar überholt hatte. Er hatte damals seinen Arm um meine Schulter gelegt und genüsslich gesagt:
„Na, mein kleiner Bruder!“
Dieser Augenblick machte all die Kränkungen gut, die er als der vier Jahre Jüngere bis dahin erlebt hatte.
„Was, du pennst noch, ganz Berlin ist seit Stunden auf den Beinen. Seit heute Nacht, 9. November 1989, merk dir das Datum, ist die Mauer offen, und du liegst im Bett! Wir sind hungrig, mach uns ein Frühstück!“
Was blieb mir weiter übrig, meine Ruhe war hin, doch konnte ich schlecht meinem Bruder, der seit seiner Ausreise vor fünf Jahren Ostberlin nicht mehr betreten hatte, sagen, komm später vorbei. Seine Ausreise mit zwei Frauen und zwei Kindern, in einer russischen Li-

mousine der Marke Wolga, einer großen Kuh aus Pappmaché auf dem Dach war von der *Bild*-Zeitung mit Text und Foto begleitet worden, man feierte die grenzübertretenden Künstler.

Und ich hatte tatsächlich dieses welthistorische Ereignis verschlafen! Dabei war ich mittendrin, seit Tagen hellwach. Veränderung lag in der Luft, viele spürten es, doch niemand sah voraus, welche Gestalt sie annehmen würde. Die Hochstimmung, die eine halbe Million fröhlicher Demonstranten auf dem Alexanderplatz am 4. November vereint hatte, hielt in den nächsten Tagen an. Um keinen Preis hatte ich diese Demo versäumen wollen, ich musste mir die Teilnahme erkämpfen.

Der alle vier Jahre in der Kongresshalle stattfindende nationale Philosophiekongress der DDR war zwei Tage zuvor beendet worden. Ich war dazu bestimmt worden, den rumänischen Ehrengast des Kongresses zum Flughafen Schönefeld zu begleiten – just in der Zeit, als die Demo auf dem Alexanderplatz angesetzt war! Es gelang mir, einen Kollegen meines Instituts zu überreden, an meiner Stelle den rumänischen Professor zu begleiten. Wie froh war ich darüber, als ich auf dem Alexanderplatz stand! Ich hatte das Gefühl, den Mai 1968 in Paris nachholen zu können, war überwältigt vom Gefühl des Aufbruchs in eine neue, von der Verabschiedung einer alten Zeit in einem Überschwang von Lust und Fröhlichkeit. Wenn treffend von einer Wende gesprochen werden kann, in diesen Stunden erlebte ich sie.

Ich hatte meinen Fotoapparat mitgenommen, wollte das Ereignis festhalten, verzichtete dann auf das Fotografieren, wollte nicht für einen Stasispitzel gehalten werden. Dafür notierte ich mit Begeisterung die Losungen, eine Explosion von befreiendem Witz, schrieb sie abends auf meinen Computer, druckte sie aus, damals noch auf einer endlosen Papierrolle, die ich am nächsten Tag an die Wandzeitung des Instituts hängte. In Wirklichkeit gab es drei Wandzeitungen: eine von der Partei, eine zweite von der Gewerkschaft und eine dritte, amtliche, mit Informationen des Instituts. Ich wählte die zweite, schließlich war ich der gewählte Gewerkschaftsvertreter meines Bereiches.

Am Abend des 9. November fuhr ich zu meiner Freundin Lore. Kurz vor Mitternacht fuhr ich zurück, entlang der Mauer zwischen Ostbahnhof und Warschauer Straße. An der Warschauer Brücke war ein Grenzübergang, an dem gewöhnlich am Tag einige Rentner die Seite wechselten. Eine der größten Errungenschaften der DDR war es ohne Zweifel, das Altwerden attraktiv gemacht zu machen. Wer das Rentenalter erreicht hatte, durfte ohne Schwierigkeiten in den Westen reisen und in die DDR zurückkehren – oder auch nicht, aus ökonomischer Sicht noch wünschenswerter.

Jetzt erlebte ich ein ungewohntes Schauspiel. Eine schier endlose Menschenschlange überquerte die Warschauer Straße, bewegte sich auf diesen Grenzübergang zu. Zuvor hatte ich in den Nachrichten im Fernsehen Schabowskis Erklärung vor der internationalen Presse gehört und vernommen, dass eine neue Grenzregelung in Kraft trete, die jedem DDR-Bürger erlaube, ohne besondere Voraussetzungen entsprechende Visa zu beantragen, um maximal vier Wochen im Jahr den Westen zu besuchen.

Ja, hatte er auf die Frage eines italienischen Journalisten geantwortet, diese neue Bestimmung trete sofort in Kraft, unverzüglich, hatte er nachgeschoben, unsicher auf einem hervorgezogenen Zettel die richtige Antwort suchend. Das hatte später zur tausendfach kommentierten Maueröffnung, zuerst an der Bernauer Straße, dann aber eben auch an der Warschauer Brücke geführt. Ich sah dieses mir unwirklich scheinende Schauspiel, setzte meine Fahrt fort und legte mich schlafen. Nicht ahnend, dass ich wenige Stunden später unsanft aus dem Schlaf gerissen würde, um in einer anderen Welt aufzuwachen.

Am Tag der Maueröffnung erstaunte mich meine Mutter, die manchmal Schwierigkeiten hatte, sich in den überstürzenden Ereignissen zurechtzufinden, mit einer Bemerkung, die sich als weitsichtig herausstellen sollte. Ich hatte unterschätzt, dass sie – obwohl 88 Jahre alt – gerade deswegen auf eine lange politische Erfahrung zurückblicken konnte. Ihre erste Reaktion war: „Jetzt werden sie den Honecker verhaften." Das geschah tatsächlich, doch erst 1992, was meine Mutter nicht mehr erlebte.

Wie schnell, wie radikal schlug die Stimmung in diesen letzten Wochen des Jahres 1989 um! Meine Freunde und ich erwachten, geweckt durch die linden Lüfte einer neuen, anbrechenden Zeit. Neuer Mut durchströmte uns, wir ahnten, dass wir an tiefgreifenden Veränderungen teilhatten, doch war uns unsere individuelle Bedeutungslosigkeit gegenüber den angeblichen großen Akteuren der Geschichte – der Klasse, der Partei und einigen großen, führenden Persönlichkeiten – dermaßen gründlich und fast unbemerkt eingebläut worden, dass uns der Gedanke, historische Akteure zu sein, anmaßend vorkommen musste. Umso heftiger forderten wir, Subjekte unserer eigenen Geschichte zu werden.

So war ich nun Delegierter des Zentralinstituts für Philosophie der Akademie der Wissenschaften der DDR bei der Kreisdelegiertenkonferenz der SED besagter Akademie der noch existierenden, schon grenzenlosen DDR, am 21. Dezember. Drei Tage vor Weihnachten, sechs Wochen nach der versehentlichen, aber längst überfälligen Öffnung der Berliner Mauer. In Berlin-Adlershof, am Standort der naturwissenschaftlichen Institute, hatten sich in einem großen Saal die Entsandten aller Institute versammelt, um über die Zukunft der DDR, der Akademie, des Sozialismus und natürlich auch der Partei zu debattieren. Die Veranstaltung dauerte den ganzen Tag, bis in den späten Abend hinein.

Ich war hier fehl am Platz. Was suchte ich hier? Mit jeder Stunde wusste ich weniger darauf zu antworten. Ausgerechnet ich! Waren alle derart kompromittiert, dass sie nicht in Frage kamen? Man hatte mir eingeredet, es gäbe keinen Geeigneteren. Das war abwegig und schmeichelhaft. Seit fast zwanzig Jahren war ich Mitglied dieser Partei, und nie war jemand auf die Idee gekommen, mich als Delegierten zu wählen. Es schmeichelte mir nicht nur, es weckte meine Neugier. Ich sagte zu.

Vorbei war die Zeit, da alles zuvor wohl orchestriert wurde, feststand, welche Beschlüsse gefasst, welche Kandidaten für leitende Funktionen gewählt wurden. Den ehemaligen Strippenziehern im Hintergrund waren die Strippen entglitten, sie standen da mit bloßen Händen und versuchten, diese in Unschuld zu waschen. Alle Meinungen waren möglich und wurden verkündet: Die einen wollten eine völlige Erneuerung, andere retten, was ihnen erhaltungswürdig schien oder auch nur, was zu retten möglich schien.

Mit jeder Stunde offenbarte es sich mir deutlicher: Ich bin nicht *the right man in the right place at the right time*. Dieses Gefühl hatte ich oft, in den letzten Jahrzehnten, doch selten bedrängte es mich so stark wie heute, selten wurde aus dem Gefühl ein klares Bewusstsein. Warum dachte ich es in Englisch? Weil keine andere Sprache diesen auf den ersten Blick trivialen Gedanken so knapp und klar ausdrücken konnte? Oder ging die berühmte Schere im Kopf, die Selbstzensur so weit, dass ich nicht wagte, diesen Gedanken im vertrauteren Deutsch zu denken?
Ja, der falsche Mann am falschen Ort zur falschen Zeit, das war ich, ich wurde mir dessen bewusst. Der Satz bohrte weiter. Wer kann schon von sich sagen, der richtige Mann – die richtige Frau – am richtigen Ort zur richtigen Zeit zu sein? Und wenn ja, ist es selten mehr als ein glücklicher Zufall. Nein, so trivial wie auf den ersten Blick ist der Satz nicht.

Ich dachte zurück an einen meiner Westberliner Freunde in den 1960er-Jahren. Er, ein Linker, erklärte mir, ich sollte in den Westen wechseln. Nicht, um vor dem Kommunismus, dem Sozialismus selbst in seiner poststalinistischen Variante zu fliehen. Wäre ich ein Fachmann auf einem technischen Gebiet, könnte ich trotz aller Hindernisse dem Sozialismus in der DDR nutzen, doch als kritischer Geist wäre ich im Westen nützlicher. Gegen seine Argumente hatte ich nichts zu setzen als meine Loyalität gegenüber dem Lande, in das meine Mutter mich 1950 verpflanzt hatte; Loyalität, die ich für eine Loyalität gegenüber meinen Eltern und ihren vergangenen Kämpfen hielt.
Ich hätte entgegnen können, kritisches Denken sei auch in der DDR nötig, doch mein Selbstvertrauen reichte nicht, um es über meinen engen Wirkungskreis hinaus, wo ich es zu beweisen glaubte, für so wichtig zu halten, dass es zu einer tatsächlichen Änderung der Verhältnisse beitragen könnte. Doch in den folgenden Jahren, in all der Zeit bis zu diesem unwirklich-überwirklichen Tag hatte ich an seine Worte denken müssen – ohne dass ihnen Taten folgten.
In Berlin-Adlershof, am 21. Dezember 1989, überwand ich schließlich mein Unbehagen, ergriff das Wort und erklärte, ohne durch die

Mehrheit der mich entsendenden Genossen dazu legitimiert zu sein, die ehrlichste Antwort auf die vergangene Geschichte wäre die Selbstauflösung der alten SED, die an der Unfähigkeit, Sozialismus und Demokratie miteinander zu vereinbaren, historisch gescheitert sei. Das könnte die Voraussetzung sein für die Gründung einer offenen, demokratischen linken Partei ohne Machtanspruch, schon gar einen ausschließlichen. Ich stellte den Antrag, darüber abzustimmen, erhielt jedoch keine Mehrheit. Die groteske Theateraufführung nahm ihren Fortgang, und mehr und mehr wurde in vielen Erklärungen der Wille erkennbar, zu bewahren, sich weiter etwas vorzulügen, nichts lernen zu wollen. Ich begriff, meine Genossen hatten den Falschen gewählt. Seine persönliche Sicht war hier nicht gefragt, blieb unerhört.

Nun ergriff Gregor Gysi das Wort. Der Anwalt war kein Mitarbeiter der Akademie. War er vom neuen Vorstand der SED entsandt oder war er als Gast eingeladen worden? Er argumentierte weder moralisch noch forderte er radikale Veränderungen. Seine Rede war ein geschliffenes juristisch-pragmatisches Plädoyer, ähnlich legalistisch wie am 4. November auf dem Alexanderplatz, wo es ihm – wie den meisten Rednern – nicht darum ging, die DDR abzuschaffen, sondern diese in einen Rechtsstaat zu verwandeln, ohne dabei den Sozialismus über Bord zu werfen.

Rechtsstaat und Sozialismus hielten sie für miteinander vereinbar, trotz der bisherigen historischen Erfahrungen. Er hatte einprägende Sätze für Forderungen gefunden, die für einen halbwegs gesunden Menschenverstand selbstverständlich sind: Bisher war alles verboten, was nicht ausdrücklich erlaubt war, und es sollte alles erlaubt sein, was nicht ausdrücklich und eindeutig vom Gesetz verboten ist. Nun begründete er, warum die SED sich nicht auflösen könne, dürfe (ganz überhört wurde mein Beitrag also vielleicht doch nicht). Sie verlöre dann ihr gesamtes Eigentum, und damit ginge auch die Existenzgrundlage, nicht nur die heutige, für Abertausende hauptamtliche Funktionäre verloren. Es gäbe dann keine Fonds, um ihre Rentenansprüche zu erfüllen. Die Millionen, die Genossen als Beiträge eingezahlt haben, die Immobilien, die parteieigenen Betriebe, der Rechtsanspruch auf dieses Eigentum ginge verloren.

Die *Berliner Zeitung* vom 26. Juni 2018 spricht von der SED als einer der reichsten Parteien in Europa, der es gelang, in der Wendezeit einen Teil ihres Vermögens auf Schweizer Banken zu retten.[8] Nach Gysis Plädoyer meldete sich ein Genosse zu Wort, über dessen Antrag ich zutiefst erschrak und der mich in meinem Gefühl bestärkte, fehl am Platz zu sein. Die Mitglieder der Kampfgruppen wüssten doch, wo die Waffen stünden und hätten gelernt, mit ihnen umzugehen. Die drei Hundertschaften der Akademie könnten die Pistolen, die Kalaschnikows, die Panzerfäuste aus den Waffenkammern holen, noch hätten wir die Schlüssel und könnten das Signal geben, um die Konterrevolution zu stoppen, die Macht wieder fest in die Hand nehmen, um die Grenze zu schließen, wie sie es 1961 getan hatten, noch sei es nicht zu spät, man dürfe die historische Initiative nicht kampflos aus der Hand geben.

Sein anti-konterrevolutionärer Aufruf fand noch weniger Widerhall als meine Einladung zur Selbstauflösung und wurde einer ernsthaften Erwägung nicht für wert befunden. Keiner der versammelten akademischen Genossen verspürte das Bedürfnis, sich als Märtyrer für eine Sache zu opfern, deren historisches Scheitern allzu offensichtlich war. Die Grenze blieb offen und die Bürger der DDR fanden eine Freiheit wieder, die sie mehr noch als alle anderen seit drei Jahrzehnten vermisst hatten – die Freiheit, uneingeschränkt reisen zu können.

Auch die anderen bürgerlichen Freiheiten entdeckten sie bald und lernten, sie zu nutzen: Die Rede- und Meinungsfreiheit, die Pressefreiheit, die Versammlungsfreiheit, die Freiheit, sich in Parteien, Gewerkschaften, Vereinen, Verbänden, Interessengemeinschaften zusammenzufinden, und die Bedeutung freier Wahlen. Diese Freiheiten hatten die Nazis mit ihrem Machtantritt 1933 abgeschafft, ihre Wiedereinführung geschah nach 1945 in der sowjetischen Besatzungszone in zaghaften, vorläufigen, bald pervertierten Formen, für die Walter Ulbricht die vertrauliche Gebrauchsanweisung gegeben hatte: Es muss alles demokratisch aussehen, doch wir müssen die Macht haben. Die Lüge breitete sich über die gesamte Gesellschaft aus, die Herrschenden belogen die

[8] siehe Ringelstein, Ronja: Ehemaliges SED-Vermögen. Berliner Ost-Bezirke erhalten 15 Millionen Euro. In: Berliner Zeitung, 26. Juni 2018.

Beherrschten, sie belogen auch sich selbst und glaubten ihrer Lüge, ihr Lügen diene einem guten Zweck.

Poivre d'Arvor, ein bekannter französischer Journalist, lud wenige Tage nach dem Mauerfall namhafte deutsche Intellektuelle in das bekannte Ostberliner Restaurant *Ganymed* an der Spree ein, gegenüber dem Bahnhof Friedrichstraße, dem berühmten Grenzübergang, an der nächsten Ecke zum Berliner Ensemble, dem einstigen Theater Bertolt Brechts. Er hätte kaum einen Ort mit stärkerer politischer und künstlerischer Symbolik auswählen können. Jemand fragte ihn nach der Sendung, warum er, um über die Ereignisse im Osten Deutschlands, über die Zukunft der beiden deutschen Staaten zu sprechen, nur westdeutsche Intellektuelle an diesen Ostberliner Ort geladen hatte. Seine über die Frage erstaunte Antwort war, im Osten spräche doch niemand Französisch.

Bald sprach sich herum, dass einige seltene und seltsame Individuen hinter der bisher geschlossenen Mauer in der Lage waren, ihre Gedanken in dieser Sprache auszudrücken, dass dieses Idiom auch in Schulen und Universitäten gelehrt wurde. Journalisten französisch sprechender Sender gaben sich wenig später nicht nur die Klinke in die Hand, sie reichten sich auch meine Adresse weiter, ebenso wie die inländischen Medien.

Die Medienauftritte boten mir die Gelegenheit, meine Vorstellung von der Zukunft der DDR und über den nicht selbstverständlichen Platz der Juden in ihr darlegen zu können – in der Hoffnung, damit vielleicht etwas gegen Vorurteile und Unwissenheit zu tun. Vielleicht habe ich ein wenig dazu beigetragen, dass der JKV bei dem bald gegründeten Zentralen Runden Tisch gehört wurde, seine Bemühungen fruchteten und die Modrow-Regierung nachholte, was ihre Vorgänger versäumt hatten. Sie erkannte an, dass auch die DDR ein Nachfolgestaat des Dritten Reiches war, an der Schuld gegenüber den Juden mittrug und etwas wieder gut zu machen hatte, was sie bisher dem Westen Deutschlands überlassen hatte, zudem auch ihr Verhältnis zu Israel korrigieren müsse.

Eine unvergessene Anschauung von einem neuen westlichen Blick auf den Osten erhielt ich wenige Wochen nach dem Mauerfall. Ich war am 23. Januar 1990 im Palasthotel mit Pasquale Hugues, damals Korrespondentin der Zeitung *Libération*, verabredet. Wir wollten den

Besuch ihres Chefredakteurs, Serge July (der nach 1968 zusammen mit Sartre die Zeitung gegründet hatte) in Berlin besprechen, er wollte einige Vertreter der neuen politischen Bewegungen interviewen und ich sollte dabei dolmetschen.

Henry Kamm, der Korrespondent der *Washington Post*, schloss sich uns an. Wir hatten uns im Umfeld des neuen Jüdischen Kulturvereins kennengelernt. Henry, polnisch-jüdischer Abstammung, hatte gerade das ehemalige KZ Buchenwald bei Weimar besucht, Verwandte von ihm waren dort ermordet worden, und er war empört darüber, dass die jüdischen Opfer beim Gedenken, vor allem an der „Straße der Nationen", nicht genannt waren.

Für ihre Interviews hatten Pascale Hugues und Serge July fünf unterschiedliche Gesprächspartner gewonnen, die wir nacheinander trafen. Zunächst waren wir mit Sebastian Pflugbeil verabredet. Der 43 Jahre alte Physiker arbeitete im Zentralinstitut für Herz-Kreislauf-Forschung der Akademie der Wissenschaften im Norden Berlins, gehörte also zu meinen Kollegen in den naturwissenschaftlichen und medizinischen Instituten. Als Bürgerrechtler vertrat er das *Neue Forum*, zu deren Mitbegründern er 1989 gehörte. Er war in der evangelischen Kirche engagiert, auch das Friedensseminar der evangelischen Immanuel-Gemeinde in Berlin hatte er mitbegründet. Keine Woche nach unserem Interview gehörte er zu den acht Vertretern oppositioneller Gruppierungen des Zentralen Runden Tisches, die Modrow als Minister ohne Geschäftsbereich in die Regierung aufnahm.

Danach waren wir mit Manfred Bofinger verabredet, einem der bekanntesten und beliebtesten Zeichner und Karikaturisten der DDR. Den meisten Kindern dürften seine lustigen Kinderbuch-Illustrationen bekannt gewesen sein, denn viele Erwachsene erinnerten sich noch lange an sie. Von 1963–1989 war er Mitglied der SED und gehörte zu den Künstlern, die sich für eine Erneuerung der DDR einsetzten.

Später trafen wir Michael Brie am Haupteingang der Humboldt-Universität, der als junger Mann Mitglied der SED geworden war. Er war 1989 nicht ausgetreten, im Gegenteil: Ab Dezember 1989 war er Mitglied des Parteivorstandes der SED-PDS, PDS hieß *Partei des Demokratischen Sozialismus*, so kam die Kontinuität mit der bis-

herigen und zugleich ihre Umwandlung in eine demokratische Partei zum Ausdruck. Er gehörte zu den theoretischen Köpfen der Partei und arbeitete in verschiedenen Programmkommissionen mit, die sich den Kopf darüber zerbrachen und Programme aufstellten: Wie konnte die SED-PDS eine marxistisch-leninistische Partei bleiben, was hieß das, wie waren die Rollen und Theorien von Marx und Lenin zu interpretieren, wie verhielt sich die Partei zu den Eigentums- und Produktionsverhältnissen, zur Revolution, zur Reform, zur Perspektive einer sozialistischen Gesellschaft?
Bei Sebastian Pflugbeil lag eine Logik darin, keine zwangsläufige, aber wahrscheinliche, dass der Sohn eines Kirchenmusikers sich in der evangelischen Kirche engagierte. Bei Michael Brie konnte man eine vergleichbare Logik sehen, wenn der Diplomatensohn in Berlin und Leningrad Philosophie studierte, 1988 Dozent für Historischen Materialismus an der Humboldt-Universität wurde. Seine Kompetenz und undogmatische Denkweise wurden anerkannt, im September 1990 erhielt er einen Lehrstuhl für Sozialphilosophie. Er wurde 1994 entlassen, nachdem er seine Tätigkeit als IM der Stasi offengelegt hatte. Schließlich wurde er als Mitglied der PDS/Linke wissenschaftlicher Mitarbeiter des Instituts für Gesellschaftsanalyse der Rosa Luxemburg Stiftung.
Anschließend klingelten wir an der Tür von Rainer Eppelmann, Pfarrer an der Samariterkirche, Bürgerrechtler, zwei Jahre vor Ende des Zweiten Weltkrieges geboren. Er war Mitbegründer des *Demokratischen Aufbruchs* (DA), im September 1990 trat er in die CDU ein. In der Regierung Modrows gehörte er zu den Ministern ohne Geschäftsbereich, in der ihr folgenden Regierung unter Lothar de Maizière wurde er Minister für Abrüstung und Verteidigung. Auf diese Wochen und Monate des Übergangs zurückblickend, schrieb er in *Fremd im eigenen Haus. Mein Leben im anderen Deutschland*:
„In unseren Diskussionen spielte die Vorstellung einer deutschen Einheit damals keine Rolle. Wir wollten eine andere DDR schaffen. Die weltpolitische Konstellation und die Lage in Europa schlossen jede andere Überlegung aus … Wir träumten von einem dritten Weg, von einem Reformsozialismus mit allen demokratischen Freiheiten. Die Namen, die wir unseren Organisationen und Parteien gaben, hatten im Westen keine Vorbilder: Neues Forum, Demo-

kratischer Aufbruch, Demokratie jetzt, Initiative für Frieden und Menschenrechte, Deutsche Forum Partei – *in diesen und anderen Benennungen drückte sich unser Wille aus, eine eigene politische Kultur zu schaffen: weder Diktatur noch Konsumgesellschaft … Es gab damals kaum einen Oppositionellen, der nicht für einen so oder so gearteten Sozialismus eintrat.*"[9]
Widersprüchlicher war, wie wir in unserem Gespräch bemerkten, der Zusammenhang zwischen politischer Haltung und religiösem Glauben. Verglich man die deutschen Protestanten mit den deutschen Katholiken, so gab es zwar bei beiden – motiviert durch christliche Nächstenliebe und die Überzeugung, Gott habe alle Menschen gleich geschaffen – einen Widerstand gegen die Nazis und deren Rassenlehre, manchmal auch den Mut, den verfolgten Juden zu helfen. Doch war in protestantischen Regionen wie Sachsen und Thüringen der Einfluss der Nazis größer als im katholischen Rheinland – das glaubten wir zumindest feststellen zu können. Die Protestanten erkannten eher die jeweilige staatliche Autorität an, auch wenn sie zuerst ihrem Gewissen verpflichtet und ohne Vermittlung Gott direkt rechenschaftspflichtig waren. Später erfuhr ich im französischen Dieu-le-fit, dass die Protestanten bereit waren, während der Pétain-Regierung und der deutschen Besatzung ihren verfolgten jüdischen Brüdern zu helfen, so Gott gebend, was Gottes ist.
Den Widerspruch zwischen Gehorsam oder wenigstens Loyalität gegenüber der herrschenden Autorität und Gehorsam gegenüber dem eigenen Gewissen, der Pflicht zur Wahrheit, dem Widerstand gegen die Lüge (offensichtlich gefälschte Wahlergebnisse), der Pflicht gegenüber dem Friedensgebot (Ablehnung des Dienstes an der Waffe), dem Schutz der Natur erlebten viele Protestanten in der DDR am eigenen Leibe – oft auch als Widerstand gegen die eigene Kirche, die zu sehr darauf achtete, Konflikte mit der staatlichen Macht zu vermeiden. Dennoch waren Institutionen wie die evangelischen Akademien oder die Friedensgemeinden Orte, in denen mutige Pfarrer die Opposition nicht scheuten, in denen sich Bürger, auch ohne Gottesglauben, frei

---

[9] Eppelmann, Rainer: Fremd im eigenen Haus. Mein Leben im anderen Deutschland. Köln 1993, S. 101.

äußern konnten. Ich schätzte die Diskussionsveranstaltungen der evangelischen Akademie in Berlin und besuchte sie des Öfteren. Die evangelische Kirche hatte – mit allen ihren Widersprüchen – dazu beigetragen, ein Klima zu erzeugen, das dazu führte, dass im Herbst 1989 Hunderttausende Bürger ihre Ängste überwanden, auf die Straße gingen, ihre Forderungen stellten. Protestanten waren ebenso wie Katholiken in den Bürgerrechtsbewegungen zu Sprachrohren und zu Identifikationsfiguren geworden.

Der nächste Besuch galt dem Pastor im Wartestand, Markus Meckel. Dieser war am 7.10.1989 Mitbegründer der SPD und wurde zu ihrem Zweiten Sprecher gewählt. Nach der Wahl vom 18. März 1990 war er bis August desselben Jahres Außenminister der DDR. Die Übergangszeit, in der unter Lothar de Maizière die erste und letzte frei gewählte Regierung der DDR die Amtsgeschäfte führte, war eine Zeit kurzer Karrieren, jedenfalls für die meisten der zu Politikern mutierten Bürgerrechtler.

Die sechs weiteren Bürgerrechtler, die Hans Modrow neben Eppelmann und Pflugbeil als Vertreter der neuen oppositionellen Gruppierungen des Zentralen Runden Tisches als Minister ohne Geschäftsbereich in die Regierung am 5. Februar 1990 aufnahm, hatten ein ähnliches Profil, einen vergleichbaren Werdegang. Sie kamen wie diese entweder aus kirchlichen Kreisen oder waren mehr oder weniger oppositionelle Wissenschaftler mit SED-Hintergrund.

*

Ostdeutsche erlebten mit dem Verschwinden der Mauer am Abend des 9. Novembers 1989 einen Kulturschock, während das Leben der Westdeutschen ziemlich unerschüttert weiter in vertrauten Bahnen verlief. Plötzlich, über Nacht konnten sie hinter dem nun gelüfteten eisernen Vorhang sehen, riechen, schmecken, hören, was sie bislang nicht so gesehen hatten.

In den Bahnhöfen, auf den großen Straßen, an Orten, wo sie es nicht erwarteten, empfing sie der Duft der Currywürste, er strömte aus den Würstchenbuden, in den Kaufhäusern umschmeichelten sie neue

Weisen, eine andere Kultur des Alltags überflutete sie. An die Stelle des eintönigen Grau abblätternder Fassaden, der bescheidenen Verpackungen, der überschaubaren „Artikel des täglichen Bedarfs" (ihre Entsprechungen kosten nun oft ein Mehrfaches des stark subventionierten DDR-Preises) trat ungeahnte Farbenpracht, der Überfluss der Waren trat an die Stelle der Knappheit, aufdringliche Werbung und allgegenwärtige Sonderangebote warben für ihren Erwerb, Autos aller Typen und Farben, Größen und Preisklassen, Reisen in alle Welt – kein Traum war mehr unerreichbar. Bereits in den ersten Tagen eroberten Gebrauchtwagen freie Plätze im Osten, quollen die Zeitungskioske von leicht bekleideten Damen über, überboten sich eilig eröffnete Geschäfte in ihrem Angebot an Pornovideos, die Nachfrage war riesig und sie zu stillen ein lohnendes Geschäft.

Das Business hatte schnell die erste Euphorie wiedergefundener Schwestern und Brüder verdrängt. Nachdem man sie mit einem Begrüßungsgeld von hundert deutschen Mark, echten DM, und Geschenken – Bananen, echten Kaffeebohnen – in gute Stimmung versetzt hatte, konnte unter dem Banner der gewonnenen Freiheit beginnen, was Spielverderber, ewige Meckerer, unverbesserliche linke Kapitalismuskritiker und Nostalgiker eine Kolonisierung nannten.

Viele Wessis hatten jedoch an der zivilisatorischen Mission weniger Anteil, beobachteten sie mit Abstand, Verwunderung und auch beschämt. Selbst einige, die von ihr einen Nutzen zogen und einen unerwarteten Karriereschub erfuhren, fühlten sich unwohl, wenigstens in den ersten Monaten. Die Beziehungen zwischen den drei Prinzipien der französischen Revolution, die man in Frankreich an und in allen offiziellen Gebäuden lesen kann, verschoben sich für die Ossis, verlangten eine neue Lesart: Die Freiheit nahm gewaltig zu, alle Freiheiten, die Gleichheit hing mehr als zuvor vom verfügbaren Geld ab und auf die Brüderlichkeit verwiesen die westlichen Schwestern und Brüder eher in ihren Sonntagsreden. Und die bewegenden Bilder der ersten Stunden? Sie waren Ausdruck ehrlicher Freude, wurden jedoch schnell überschattet vom Geschäftssinn, der vielen zur zweiten Natur geworden war.

Dieser Geschäftssinn, der vielen von uns (auch mir) völlig fehlte, überraschte mich immer wieder. Ich beobachtete an der nun offenen Mauer, wie einige Individuen herbeieilten, Stücke abhackten. Diese künftigen

Abschrift/Wl
Berlin, 3. 11. 1972

Tonbandbericht - IMS

Vincent von WROBLEWSKY ist Mitarbeiter am Philosophischen Institut der Akademie der Wissenschaften der DDR und arbeitet in der Arbeitsgruppe Kritik der bürgerlichen gegenwärtigen Philosophie under der speziellen Anleitung von Dr. Iljana BAUER. Er ist in Frankreich geboren und mit seiner Mutter und einem Bruder nach dem Krieg nach Deutschland zurückgekehrt. Seiner Ausbildung nach ist er, soviel ich weiß, nicht Philosoph, sondern Romanist. Er spricht schon von Kindheit an und inzwischen wohl wissenschaftlich ausgebildet Französischperfekt in Wort und Schrift. An unserem Institut arbeitet er seit einigen Jahren über die französische Nachkriegsphilosophie, insbesondere über den Existentialismus, über Sartre und Merleau-Ponty. Er soll seit einigen Jahren promovieren. Er hält eigentlich keine Termine und es gibt stets Auseinandersetzungen mit ihm, daß seine Produktivität weit unter der geplanten und auch zu erwartenden Produktivität liegt. Er ist auch in seinen sonstigen Umgang sehr unzuverlässig und unpünktlich, und es gibt stets Auseinandersetzungen in der Arbeitsgruppe, die dadurch ausgelöst sind, daß er zu einfachen Gruppenberatungen selten zur rechten Zeit kommt.

Speziell Iliana BAUER hat auf verschiedenste Art und Weise versucht, mit ihm zurechtzukommen, d. h. ihn zu einem soliden Arbeiter auf philosophischen Gebiet zu entwickeln. Bisher sind aber eigentlich alle Versuche ohne einen sichtbaren oder durchschlagenden Erfolg geblieben. Er ist auch in der gesellschaftlichen Arbeit im Institut sehr unzuverlässig, was schließlich dazu führte, daß auf Beschluß der Parteigruppe er im vorigen Jahr nicht mehr für das von ihm bis dahin ausgeübte Amt eines Vertrauensmannes der Gewerkschaftsgruppe kandidieren sollte. Seit dieser Zeit übt er innerhalb des Instituts keine gesellschaftlichen Funktionen mehr aus. Soviel ich weiß, hat er das Parteilehrjahr in einem anderen Institut der Akademie, ich glaube Institut für Elektronenphysik, übernommen.

Seine Unzuverlässigkeit in der wissenschaftlichen Arbeit hat auch dazu geführt, daß sein Ansehen unter den parteilosen Kollegen, speziell unter den Mitarbeitern des technischen Bereichs, sehr gelitten hat, und sie werfen von sich aus die Frage auf, ob es richtig sei, solch einen unproduktiven und unzuverlässigen Mitarbeiter weiter im Rahmen der Akademie promovieren zu lassen.

Der nächste größere Termin für seine Arbeit liegt Ende dieses Jahres, und es ist bei einigen wissenschaftlichen Mitarbeitern unseres Instituts eigentlich klar, daß, wenn er diesen Termin

- 2 -

wiederum nicht halten sollte, die Frage aufgeworfen werden muß, ob es richtig ist, bei Vincent von WROBLEWSKY die Notwendigkeit einer Promotion weiterhin zu betreiben oder es nicht vielleicht richtig ist, die Frage eines anderweitigen sinnvollen Einsatzes von ihm, sei es im Institut, sei es außerhalb des Instituts, zu erwägen.

Er ist ein außerordentlich gewandter Mensch in seinem Auftreten. Er ist durchaus in der Lage, seine Ideen interessant für andere vorzutragen. Er hat allerding wohl außergewöhnliche Schwierigkeiten, zu einem kontinuierlichen Arbeitsstil zu finden. Gewöhnlich beschäftigt er sich mit ungeheuer vielen Problemen gleichzeitig, wobei er in der Arbeitsweise eines Journalisten eher arbeitet, als mit der eines Wissenschaftlers. Sein Auftreten in Diskussionen mit parteilosen und anderen ist parteilich, anregend und wird auch von Mitarbeitern geschätzt.

Seine Sprachkenntnisse werden auch von anderen Einrichtungen als der Akademie genutzt, so ist er mehrfach im Auftrage gesellschaftlicher Organisationen oder anderer staatlicher Einrichtungen ins kapitalistische Ausland als Dolmetscher gefahren. Es ist allerdings so, daß im Institut, besonders unter den Kollegen, die mit ihm zusammenarbeiten, manchmal der Eindruck entsteht, daß er für die außerhalb der Akademie gelegene Übersetzerarbeit oder Dolmetschertätigkeit mehr Zeit und Energie und vielleicht auch Interesse aufbringt, als für seine eigentliche Arbeit in der Akademie.

Bereits in der Beurteilung von Prof. Hermann Klenner alias IM „Klee“ vom 03.11.1972 wird deutlich, dass meine Arbeitsweise sich nicht für eine akademische Karriere am Philosophischen Institut der Akademie der Wissenschaften der DDR eignete – mir jedoch eine spannende Dolmetscherlaufbahn ermöglichte.

Souvenirs versprachen Gewinn und man konnte auch sofort ein paar Mark machen, zum Beispiel mit der Ausleihe von Hammer und Meißel für ein bescheidenes Entgelt. Die Nachfrage war groß, das Angebot in den ersten Stunden noch gering, wer zuerst kommt, hackt zuerst. Als „Mauerspechte" gingen sie in die Geschichte ein oder wurden von der offiziellen schnell vergessen. Den Gipfel des Geschäftssinns erlebte ich – in einer makabren Variante – noch im gleichen Jahr nach dem Tod meiner Mutter.

Ich war schon eine Weile kein echter Ossi mehr, soweit ich es je gewesen war (Was garantiert die Echtheit?), aber auch noch kein richtiger Wessi (Wann ist er richtig?), konnte mich zwar in viele einfühlen, mich jedoch nie vollends mit ihnen identifizieren. Um mich herum beobachtete ich den schwierigen Übergang meiner bisherigen Landsleute. Die Theorien von Pierre Bourdieu, die ich noch rechtzeitig vor dem Mauerfall, auch im persönlichen Umgang mit ihm, kennengelernt hatte, halfen mir, meine Beobachtungen in wissenschaftliche Begriffe zu fassen. Seinen Habitus änderte man nicht von einem Tag auf den anderen, aus dem im neuen Umfeld sich unsicher verhaltenden Ossi wurde nicht von einem Tag auf den anderen ein selbstsicherer Wessi. Die Kleidung ließ sich schnell ändern, obwohl zu ihrer Auswahl auch eine entsprechende jahrelange Sozialisation gehörte, und Kleider allein machten noch keine Leute – es gehörten der Gestus dazu, das Verhalten (zum Beispiel einem jeden in der Runde die Hand geben – unverkennbar Ossi), die Redeweise und vor allem die Sprache. Die verriet noch lange, teilweise bis heute, die Herkunft. Wenn jemand mitten im Satz, im Wort sich besann und von seinem Kollektiv zu seinem Team überging, in die Kaufhalle statt in den Supermarkt einkaufen ging oder mit dem Flugzeug statt mit dem Flieger flog, hatte er sich unfreiwillig „geoutet".

Neben Habitus und Sprache blieb zwischen Ossis und Wessis ein großer, schmerzender Unterschied: Letztere verfügten über das wichtigste Identitätsmerkmal, die Deutsche Mark, die international anerkannte und geschätzte Währung, erstere nicht. Der Druck vieler Währungsbenachteiligter wurde immer größer, es gab Demonstrationen unter der Losung: Wenn die DM nicht zu uns kommt, gehen wir zu ihr. Das war das Letzte, was der durchschnittliche Bundesbür-

ger wollte, eine massenhafte Zuflucht ökonomischer Flüchtlinge, mögen sie auch Verwandte sein. Und die vielen Waren schrien nach kaufkräftigen Konsumenten! Es musste etwas geschehen.
Am 18. Mai 1990 schlossen die Finanzminister Theodor Waigel (West) und Walter Romberg (Ost) einen Vertrag zwischen den beiden deutschen Staaten, einen Staatsvertrag, auf dessen Grundlage am 1.7.1990 eine Währungs-Wirtschafts- und Sozialunion in Kraft treten konnte. Dieser erste Juli markiert mehr noch als die Öffnung der Mauer den Tag, an dem das Ende der DDR besiegelt wurde. Ab null Uhr konnten die Noch-DDR-Bürger ihre bisherige Währung in beschränkter Höhe bei den Banken gegen die neue eintauschen. Viele konnten es nicht abwarten, standen bereits in langen Schlangen ab Mitternacht vor den Banken. Die Westwährung im Osten hatte einen durchschlagenden Erfolg, sie veränderte in einer Nacht die Warenwelt, für viele die wahre Welt.

Am Montag nach dem Umtauschsonntag war ich am Alexanderplatz. Vor dem Kaufhaus türmten sich Berge von Regalen, Reste von Ladentischen, Packpapier, auch sogenannte Werbeträger. Überall in den Geschäften fand in den letzten Tagen vor dem 1. Juli ein drastischer Ausverkauf statt, mit dem kein Sommer- und kein Winterschlussverkauf vergleichbar ist. Ich sah, wie ein eleganter und teurer Schuhladen gestürmt wurde und mischte mich unter die Kundschaft. Nach dem Umtausch von West in Ostmark in den Wechselstuben am Zoo konnte man Schuhe guter Qualität für kaum mehr als für den Preis einer S-Bahn-Fahrkarte erwerben.
Am schmerzhaftesten empfand ich die „Liquidation“ der in der DDR produzierten Bücher. Der Inhalt ganzer Buchhandlungen wurde auf die Straßen geschüttet, die Bücher bildeten Berge, aus denen sich bedienen konnte, wer wollte. Immerhin wurden sie nicht verbrannt.
In wenigen Stunden und Tagen veränderte sich die Stadtlandschaft: Transporter mit Gebrauchtwagen fuhren durch die Straßen, Banken ließen sich zunächst in Containern nieder, solange sie nicht eine passende Immobilie gefunden hatten, Erotikläden schossen aus dem Boden, einige Zeiten später folgten Apotheker, Optiker, Cafés und Restaurants.

Es gab vom unmittelbaren Alltag etwas weiter entfernt auch eine andere Ebene – hier betraf der Kulturschock nicht nur die Gegenwart. Der in der DDR verbreitete Satz *„Die Zukunft ist auch nicht mehr, was sie war"*, nahm plötzlich andere, konkretere Züge an. Für die meisten Ossis hatte der gerade, bruchlose Lebensweg vom Kindergarten über die Schule und die Berufsausbildung (egal, ob Lehre oder Universität) und die entsprechende bis zur Rente garantierte Arbeit quasi naturgesetzlichen Charakter angenommen – für viele eine beruhigende Vorstellung, für andere trug dieses Leben ohne große Überraschungen, Herausforderungen, Abenteuer, ohne Abwechslungen – nicht mal ferne Reisen – dazu bei, mit dem Dichter Volker Braun die DDR als das langweiligste Land der Welt zu empfinden.

*

Am 25. 2.1990 fuhr ich für drei Monate nach Frankreich, die Universität Paris VIII hatte mir eine Gastdozentur angeboten. In meinen Seminaren las ich mit Germanistikstudenten literarische Texte der deutschen Nachkriegszeit in Ost und West und übernahm sogar das Seminar zum Surrealismus eines französischen Kollegen, der nach Berlin fuhr. Von meiner kleinen Wohnung in der Rue de la République, in der Fußgängerzone zwischen der Basilika und der Kirche, ging ich zu Fuß in die Universität, kaufte in der riesigen Markthalle ein, in der man alles aus allen Ländern finden konnte, alle Sprachen hören konnte, zwischen Menschen aller Hautfarben.
Auch in Paris waren die deutschen Umwälzungen gegenwärtig, hatte ich die Gelegenheit, mich als Zeitzeuge an Diskussionen zu beteiligen. Am 7. März fand abends in der Bibliothek des Centre Pompidou ein öffentliches Gespräch statt, an dem Gilbert Badia, J.P. Domercq, Antoine Spire und Stefan Heym teilnahmen. Am 9. folgten viele Zuhörer in der Mutualité einer Diskussion zum Thema *L'Est et nous*. Mit dem Osten war nicht nur der Osten Deutschlands gemeint, doch spielte dieser eine große Rolle.
Eine entscheidende Weiche der Nachmauerperiode stand bevor, am 18. März würden die ersten freien Wahlen auf dem Territorium der

DDR stattfinden. Sie sollten darüber entscheiden, welchen weiteren Weg die DDR gehen, wie, wie lange und ob überhaupt sie als eigenes Land fortbestehen würde. Ich zweifelte nicht an einem Wahlsieg der linken Kräfte, der Sozialdemokraten und der verschiedenen Bürgerbewegungen. Auf die zur SED-PDS gewandelte SED gab ich nicht viel, ich sah in ihren Mitgliedern eine Spaltung in zwei unvereinbare Teile: Die Nostalgiker und jene, die einen Bruch mit der DDR-Vergangenheit, eine grundlegende Erneuerung anstrebten. Diesen fühlte ich mich nahe, hielt sogar eine mögliche Vereinigung mit der SPD für denkbar und wünschenswert, natürlich in keiner Weise vergleichbar mit der Zwangsvereinigung von SPD und KPD, wie sie 1946 in der damaligen sowjetischen Besatzungszone stattgefunden hatte.

Am Wahltag nahm ich an zwei Gesprächsrunden im französischsprachigen Schweizer Fernsehen teil. Bei der ersten, an der ich als „Ossi vom Dienst" neben namhaften westlichen Deutschlandexperten saß, war meine Prognose von diesem Gedanken geprägt. Noch lag kein Ergebnis vor, frohen Mutes nahmen wir die Einladung zum Essen an. Da schaltete jemand das Radio ein, die ersten Hochrechnungen waren zu hören. Ich empfand sie wie einen Faustschlag in die Magengrube und erkannte, welcher Graben mich von der Mehrheit meiner Landsleute trennte. Die CDU lag vorn, die Überlebenschancen der DDR waren gewaltig gesunken. Meine vorherrschende Erinnerung an diesen Schweizer Auftritt war der Tiefschlag, den ich empfand.

Ich vermute, vielen Bürgerrechtlern und Oppositionellen, die plötzlich aus ihren abgeschirmten, von der Staatsmacht beobachteten Nischen, aus ihrem mehr oder weniger konspirativen Schatten ausbrachen, erging es ähnlich. Für einige von ihnen währte ihre Rolle als politische Akteure im grellen Scheinwerferlicht der Öffentlichkeit nur einige Wochen oder Monate, andere erklommen die politische Erfolgsleiter bis hinauf in höchste Staatsämter.

Mir verdrehte die plötzliche Nachfrage nach meiner Meinung zu den Ereignissen nicht den Kopf, ich wusste, sie war vor allem dem Zufall zu verdanken, dass ich in der Lage war, frankophonen Zuhörern und Zuschauern einige Gedanken und Erfahrungen zu vermitteln. Es blieb für mein Leben eine Randerscheinung, die sich seit nunmehr dreißig Jahren fast alle Jahre wiederholt, besonders bei runden Zahlen, doch in bescheidenerem Maß als 1989/90.

Im April 2007 sendete der Sender *France Culture* eine Woche lang, von Montag bis Freitag, ein Gespräch von jeweils 45 Minuten, das die damalige Journalistin Dominique Treilhou aufgezeichnet hatte. In diesen fünfmal 45 Minuten befragte mich Dominique ausführlich nach den Brüchen meiner Kindheit, nach meinem Leben als Intellektueller in der DDR, nach der Rolle, die Sartre für mich spielte, nach dem Fall der Mauer und schließlich nach meinem Verhältnis zum Judentum. Ihre Fragen waren zum Teil Fragen, auf die ich seit einer Weile selbst Antworten suchte und die mich in verschiedene Archive geführt hatten. Es waren aber vor allem Fragen, auf die Archive keine Antworten geben können; Fragen, die mit Recht existentielle Fragen genannt werden können. Wie weit konnte ich in der DDR als Intellektueller leben, mehr noch als Sartrianer, für den Freiheit, Engagement, Verantwortung, Aufrichtigkeit zentrale Begriffe sind; Begriffe, die danach verlangen, gelebt zu werden. Ich bemühte mich, so aufrichtig wie möglich zu antworten, Situationen zu schildern, die den ständigen Widerstreit der Gefühle veranschaulichten, das Unbehagen darüber, sich ständig fragen zu müssen, wieviel Anpassung, Verbiegung, Verleugnung annehmbar ist, ohne die Selbstachtung zu verlieren – unvermeidbar, wenn man nicht den radikalen Bruch in Kauf nehmen will.

Ich beschrieb die Umstände, unter denen 1984 das *Centre culturel français* Unter den Linden als einziges westliches Kulturzentrum eröffnet worden war. Nachdem ich vom Generalsekretär der Akademie der Wissenschaft die Erlaubnis erhalten hatte, bei der feierlichen Eröffnung die Reden der anwesenden Minister und Botschafter zu dolmetschen, hatte ich diese Genehmigung auf alle späteren Gelegenheiten stillschweigend ausgedehnt. Auf diese Weise begegnete ich vielen der bekanntesten französischen Künstler, Schriftsteller und Politiker, die im *Centre culturel* auftraten.

Henri Cartier-Bresson, einer der bekanntesten französischen Fotografen, war zur Eröffnung einer Ausstellung seiner Bilder im *Centre culturel* nach Berlin gekommen. Das war nicht nur ein Ereignis für Berufsfotografen und Amateure, die aus der ganzen DDR nach Berlin geeilt waren. Nach der Eröffnung gingen der Institutsleiter und einige geladene Gäste mit dem Künstler in das berühmte historische Berliner Restaurant *Zur letzten Instanz*, in der Nähe des Alexanderplatzes und des Gerichts (später aß dort auch der Kanzler Schröder mit Putin).

Ich saß neben Cartier-Bresson und hatte die Gelegenheit, ausführlich mit ihm zu sprechen, auch über Sartre, den er gut gekannt und der unter anderem ein Vorwort zu seinem Bildband über China verfasst hatte. Einige Tage nach seinem Besuch übergab man mir in der französischen Botschaft einen großen Umschlag, der vier von Cartier-Bresson mir gewidmete Fotos erhielt, je ein sehr bekanntes und je ein unbekanntes von Sartre und Simone de Beauvoir. Der Mitarbeiter der Botschaft kommentierte bei der Übergabe, niemand sonst hätte ein derartiges Zeichen des Dankes erhalten.

Als ich das Frühjahr 1990 als Gastdozent an der Universität Paris VIII. verbrachte, traf ich alte Bekannte, die ich als Dolmetscher vor dem Mauerfall in Berlin kennengelernt hatte. Antoine Spire machte für den Kultursender *France culture* Interviews und fragte nicht danach, in welche Schwierigkeiten er mich mit seinen direkten, provozierenden Fragen, aus DDR-Sicht alles andere als *political correct*, bringen konnte.

Zwei Tage nach dem Abend bei Antoine Spire erwartete mich Pierre Bourdieu in seinem Büro im *Collège de France*. Er verfolgte sehr genau die Entwicklung in Deutschland, und meine Erfahrungen interessierten ihn. Auch ihn hatte ich in Berlin vor der Maueröffnung kennengelernt. Das philosophische Institut der Akademie für Gesellschaftswissenschaften beim ZK der SED, die wir, in der „richtigen" Akademie nicht ohne eine gewisse Verachtung die „GeWi-Akademie" nannten, hatte ihn zu einem Gespräch über den Klassenbegriff eingeladen. Ich begleitete ihn, da er auch Gast unseres Instituts war und mir seine Begleitung anvertraut worden war. Bourdieu stellte den GeWi-Mitarbeitern einen wesentlich differenzierteren Klassenbegriff vor, als sie gewohnt waren, und bezog auch seine Theorie vom Habitus ein. Er sprach ferner von Unterschieden, die nicht nur das Verhältnis zu den Produktionsmitteln betreffen. Wie verbringen Angehörige der verschiedenen Schichten und Klassen ihre Freizeit, wie Junge und Alte, wie Frauen und Männer, wie in der Stadt und auf dem Lande, welche Sportarten bevorzugen sie, wie kochen und essen sie, wie feiern sie, wie verbringen sie wo ihren Urlaub? Welche Gemeinsamkeiten teilen unter diesen und vielen anderen Aspekten die sozial, geografisch, nach Bildung und Kultur verschiedenen Individuen? Vieles kam während dieser zwei Stunden zur Sprache, was den Ge-Wi-Mitarbeitern weniger gewohnt war. Mir bereitete es eine große innerliche Freude, beim Dolmetschen die verunsicherten Parteiphilosophen zu beobachten, und ich vermute, Bourdieu spürte, wie sehr meine Sympathien auf seiner Seite waren. Wir empfanden füreinander eine heimliche Komplizenschaft.

Bei diesem Ostberlin-Besuch hielt er auch eine Vorlesung an der Humboldt-Universität. Ich denke gern zurück an den überfüllten Hörsaal, wo er mir eines der schönsten Komplimente machte, das ich während meiner langen Dolmetscherkarriere zu hören bekam. Bevor er mit seinem Vortrag anfing, sagte er:

„Wenn mich Wroblewsky übersetzt, habe ich den Eindruck, deutsch zu sprechen."

Ich kann nicht ohne Wehmut an unsere letzte Begegnung denken. Das war bereits nach der Maueröffnung. Er hielt in Wien einen Vortrag und es war sein Wunsch, dass ich für ihn dolmetsche, er hatte darum gebeten, dass ich aus Berlin nach Wien komme.

Ich traf auch Rainer Zimmermann und die Studenten seines Umkreises wieder, die sich besonders für Sartre interessierten. Wir beschlossen, jene, die sich im Westen und im Osten mit Sartre beschäftigten, zusammenzubringen, ein gemeinsames Treffen zu veranstalten. Wir trafen uns zunächst in Westberlin im Institut français auf dem Kurfürstendamm. Am 20. Juli hatte ich einen Raum in der Akademie und zum Mittagessen einen Tisch im Kellergewölbe des Brechthauses reserviert.

Hier erreichte mich der Anruf: Meine Mutter war gestorben. Sie lag angezogen auf ihrem Sofa, das sie abends in ein Bett umwandelte, so pflegte sie nach dem Mittagessen zu ruhen. Man hätte meinen können, sie mache ihre Siesta. Ich machte mir große Vorwürfe. Die drei Tage des Treffens mit den Ost-West-Sartrianern hatten mich ganz in Anspruch genommen und darüber hatte ich meine Mutter vergessen. Oft habe ich mich gefragt, ob sie sich nicht bewusst hatte sterben

lassen. Meine Mutter hat ihr Leben lang gegen alle Widerstände und trotz der schweren Schläge, die sie nicht umgeworfen hatten, für sich und über sich entschieden. Es würde zu ihr passen, auch über den Zeitpunkt ihres Todes selbst entschieden zu haben.
Hätte ich den oft im scherzenden Ton vorgetragenen Wunsch meiner Mutter ernst genommen, wäre sie anonym irgendwo in einer Holzkiste, am besten in der Truhe, in der sie am Tage ihre Laken und die Bettdecke aufbewahrte und die sie „mein Sarg" nannte, ohne Grabreden und dergleichen bestattet worden. Sie drohte sogar, sollten wir ihren Wunsch nicht achten, aus ihrem Sarg zu steigen und uns zu ohrfeigen. Ich folgte ihrem Wunsch nicht.
Doch wie und vor allem wo sollte ich sie begraben? Ich dachte an den jüdischen Friedhof, doch vernahm ich ihren lauten Einspruch. Sie war nicht als 18-Jährige aus der jüdischen Gemeinde ausgetreten, um als 88-Jährige auf einem jüdischen Friedhof begraben zu werden. Ich fand einen Kompromiss zwischen jüdischem Friedhof und Holzkiste im Nirgendwo: Die Friedhofsverwaltung war damit einverstanden, sie auf dem protestantischen Friedhof zu begraben, mit einem Grabstein, der von einem *Mogen Dovid*, einem Davidsstern, geschmückt war.
Man wollte jedoch meinen Ausweis sehen, als Beweis, dass ich Friedrichshagener Bürger sei. Ich war sehr verwundert: In der DDR war man daran gewöhnt, sich ständig ausweisen zu müssen. Seitdem die Grenze offen sei, versuchten Westberliner Bürger auf Ostberliner Friedhöfen Grabstätten zu kaufen, erklärte man mir. Sie seien hier wesentlich billiger, also eine lohnende Investition. Das müsse man verhindern, sonst würden Ostberliner ihre Verwandten sehr bald nicht mehr unter die Erde bringen können, es sei denn, sie kauften die Gräber im Westen um einen vielfach höheren Preis.

Fellow am Ufer des Potomac

Wenig Tage später flog ich mit meiner Tochter Sarah nach Washington D.C. Am Morgen nach unserer Landung machten wir uns auf den Weg zum *Woodrow Wilson International Center for Scholars* im Smithsonian Institution Building

Erschöpft erreichten wir im Herzen Washingtons die Mall, das Smithsonian Institution Building, ungefähr gleich weit entfernt vom Washington Monument, dem Weißen Haus und dem Kongress. Dort begann Anfang September der normale Forschungsalltag für die Fellows. Sie arbeiteten in kleinen Gruppen, die nach Regionen unterteilt waren: Lateinamerika, Nordamerika, Kanada, Westeuropa, Osteuropa, Asien, Afrika, Naher und Mittlerer Osten. Jedem Fellow war ein Assistent zugeteilt, meistens Studenten, die sich für die Forschungsthemen der Fellows interessierten und auch sprachlich mit ihnen kommunizieren konnten, außerhalb des selbstverständlich vorausgesetzten Englisch.

Ich hatte mir vorgenommen, die Reaktionen deutscher und französischer Philosophen auf die Shoa zu vergleichen, den Einfluss dieses historischen Kulturbruchs auf ihr Denken und ihre Theorien. Am Nachmittag sah ich Shlomo Avineri wieder, er hielt einen Vortrag im Center. Ihm hatte ich es wahrscheinlich zu verdanken, dass mir die Bewerbungsunterlagen für das Center bereits 1987 zugesandt worden waren. Jeder ehemalige Fellow hat die Möglichkeit, jemanden für einen Forschungsaufenthalt zu empfehlen.

Der 3. Oktober war zum Tag der deutschen Einheit erkoren worden. Abends war ich mit einigen meiner neuen Freunde vom Deutschen Historischen Institut verabredet, in einem Restaurant in Georgetown. Ich besuchte häufig Vorträge im DHI, wo deutsche Postdoktoranden an amerikanischen Themen arbeiteten. Ihr Englisch verstand ich besser als das der echten Amerikaner, es half mir als Brücke. Sie hatten einen Tisch reserviert und wir wollten gemeinsam auf den neuen gemeinsamen Nationalfeiertag anstoßen. In Hörweite hatte sich eine andere Gesellschaft versammelt. Jackie Jackson saß dort als einziger Schwarzer in einer Runde eleganter weißer Frauen. Er hörte uns Deutsch sprechen, kam an unseren Tisch, gratulierte uns zur Vereinigung, ging nach einem kurzen Gespräch zurück zu den Damen. Ich sah mich zwischen meinen westdeutschen Freunden als einziger Ossi, das hätte ich gar nicht denken dürfen, waren wir doch jetzt eins.

Einige Stunden früher war ich mit Sarah vor dem Washington-Mo-

nument gewesen. Auf der großen Wiese gab es ein deutsches Fest. Wir gingen hin, schließlich waren wir ja auch Deutsche. So deutsch allerdings auch nicht: Auf einer Bühne gab es Schrammelmusik, eine Tanzgruppe in Tiroler Tracht gab sich die größte Mühe, die Stimmung aufzuheizen. An Ständen wurden Würschtle verkauft und Bier aus Humpen ausgeschenkt. Die Karikatur war perfekt. Oder war das das Original? Sarah und ich sahen uns an, wir brauchten kein Wort, um uns zu verstehen. Hier waren wir fehl am Platze.
Etwas weiter sollte ein Jazzfestival stattfinden, dort gingen wir hin. Unsere ferne Heimat entschwand langsam, wir trauerten ihr nicht nach, empfanden keine Sehnsucht – dachte ich. Doch als ich nach zehn Monaten Vereinigte Staaten vorschlug, mit meinem Auto quer durch die Staaten zu fahren und der berühmten Route 66 zu folgen, das Auto dort zu verkaufen und von San Francisco aus nach Berlin zurückzufliegen, lehnte sie meinen Vorschlag ab. Sie wollte zurück zu ihren Freunden, von denen sie so lange getrennt war, zurück ins vereinigte Deutschland. Wie sehr vereinigt oder nicht, sollten wir bald erfahren.
Bevor wir Washington verließen, hatte ich noch einen Essay geschrieben, für die von Sartre mitbegründete Zeitschrift *Les Temps Modernes.* Die Sartrianer, zu denen ich seit dem Frankfurter Sartre-Kongress 1987 eine engere Beziehung unterhielt, hatten mir angeboten, mich an der Sonderausgabe zu beteiligen, die 1990 anlässlich des zehnten Jahrestags von Sartres Tod erscheinen sollte. Dieser Essay bildete in mehreren Hinsichten für mich einen Einschnitt:
Er war der erste Anlass, bei dem ich ganz entschieden und bewusst „Ich" sagte, von der wissenschaftlichen „Objektivität", die sich in der „Wir-Form" ausdrückt, abrückte. Und ich schrieb ihn im *Woodrow Wilson International Center for Scholars* in Washington, gleich weit entfernt vom sich vereinigenden Deutschland und von Frankreich. Nach meiner lange unentschiedenen Zwischenstellung nahm ich einen dritten Standpunkt ein, konnte von einem *tertium comparationis* aus über den großen Teich hinweg auf vergangene Gegensätze blicken, die mit diesem verfremdeten Blick eine andere Bedeutung annahmen. Zur Verfremdung trug auch bei, dass ich nun auf Französisch schrieb, und das in englischsprachiger Umgebung. Dieser mehrfache Verfrem-

dungseffekt erleichterte mir die Ablösung, den endgültigen Abschied von einem unangemessenen „Wir", grammatikalisch wie politisch und historisch. Und ich konnte mein Thema – Reise durch die untergegangene DDR in Begleitung von Jean-Paul Sartre – völlig frei wählen, musste meinen Text niemandem vorlegen. Dieses Thema schloss vieles ein: die Geschichte meiner Beziehung zur DDR, ihrer Beziehung zu mir, mein Blick mit Sartres Augen auf diese Beziehungen und Sartres Rolle in den geistigen Auseinandersetzungen und für meine eigene Entwicklung.

Beim Schreiben meines Essays erinnerte ich mich der Reaktion, die Sartre in Deutschland, insbesondere der DDR auslöste, erinnerte mich an meine Begegnungen mit seinem Werk, meine Beteiligung an seiner Rezeption, die begleitenden, oft eher hemmenden Umstände. Der erste Sartre-Text, den Leser aus einem DDR-Verlag lesen konnten, war *Wider das Unrecht. Die Affäre Henri Martin*. Der Verlag Volk und Welt hatte 1955, zwei Jahre nach dem Original, die von Sartre kommentierte Dokumentation über den zu fünf Jahren Zuchthaus verurteilten kommunistischen Matrosen, der ab 1949 Flugblätter gegen den französischen Indochina-Krieg verfasst und verbreitet hatte, in der Übersetzung von Karl Heinrich herausgebracht. In der erst 1983 bei Rowohlt erschienenen, von Eva Moldenhauer übersetzten westdeutschen Ausgabe findet sich in der Bibliografie (auf Seite 276) ein Hinweis auf diesen ersten DDR-Sartre-Text, doch im Impressum stellt sie sich als „Deutsche Erstausgabe" vor. Solche Widersprüche weisen auf die Anfänge deutscher Sartre-Rezeption zurück – und lösen sich als Widerspruch auf, wenn man voraussetzt, dass die DDR mit Deutschland nichts zu tun hatte.

Tatsächlich war Sartre nach dem Krieg nach Deutschland zurückgekehrt, bevor es in zwei Staaten zerfallen war. Vor dem Krieg hatten ihn die Philosophen Husserl und Heidegger nach Berlin gezogen, 1940 war er als Kriegsgefangener bei Trier festgehalten worden. Seine Rückkehr als nunmehr bekannter Autor begann mit einem theatralischen Donnerschlag, der mit der sich abzeichnenden Entzweiung der Deutschen eng verbunden war. Es wiederholte sich in anderer Weise, was in Kuba nach dem tiefen historischen Einschnitt 1959 geschehen war: Dort bot Sartres Theaterstück *Die respektvolle Dirne*, mit

der das Nationaltheater unter der neuen revolutionären Regierung eröffnet wurde, den Anlass und den Hintergrund für heftige Auseinandersetzungen zwischen altem und neuem Regime. Im Nachkriegsdeutschland sollte sein Stück *Die Fliegen* eine vergleichbare Rolle spielen, wobei der Gegensatz Ost-West, die zunehmend schärfer werdende Konfrontation im Kalten Krieg, bestimmend war.
Das Ereignis erreichte seinen Höhepunkt, als Sartre und Simone de Beauvoir nach Berlin kamen. Am 1. Februar 1948 wurde das Stück in ihrem Beisein aufgeführt, anschließend sprach Sartre auf Einladung des Hebbel-Theaters und der Ostberliner satirischen Zeitschrift *Ulenspiegel* zum Thema „Was ist der Existentialismus?"
Um einen runden Tisch versammelten sich dann in der *Möwe*, dem späteren Club der Film- und Theaterschaffenden der DDR, unweit vom Bahnhof Friedrichstraße, Intellektuelle aus Ost- und Westberlin sowie Kulturoffiziere der vier Sektoren und Diplomaten, wie beispielsweise Felix Lusset, Chef der französischen Kulturmission in Deutschland.
So wurden Sartres *Die Fliegen* und sein Vortrag über den Existentialismus Anlass der letzten großen, offenen, geistigen Ost-West-Auseinandersetzung, bevor der Kalte Krieg die institutionalisierte Spaltung zunehmend erstarren ließ und derartige Debatten unmöglich machte. Die künftigen Fronten, Argumentationsstrukturen und demagogischen Topoi zeichneten sich bereits recht deutlich ab.
Der im Osten bekannte Theaterkritiker Fritz Erpenbeck gab zu jener Zeit den *Theaterdienst – Eilnachrichten – Informationsblätter für Bühne, Film und Musik* heraus. Bereits am 7. Januar 1948, drei Wochen vor der Diskussion mit Sartre, hatte er in seinem Blatt die Grundzüge einer jeden künftigen ideologisch korrekten Kritik entworfen. Er erklärte, die existentialistische Philosophie – nicht nur die Sartres – sei als dekadent, als Höhepunkt des subjektiven Idealismus abzulehnen. Das könne allerdings (in einer Theaterkritik) nur festgestellt, jedoch nicht begründet werden. Dies sei aber auch gar nicht nötig, denn der Existentialismus werde *„bei uns"*, das heißt in der noch sowjetischen Zone, der noch nicht DDR, mehr noch als in Frankreich Angelegenheit eines beschränkten Kreises von Intellektuellen von *„besonderer geistiger (Ver)Bildung"* bleiben. Schließlich erklärte Erpenbeck, Sartre

bleibe den Massen unverständlich, das Theater jedoch, mehr als jede andere Kunst, sei eine Massenkunst.
Die *Tägliche Rundschau* hatte schon ein Jahr zuvor den Ton angegeben, als im Januar 1947 ein Artikel von Ernst Niekisch unter der Überschrift *„Der Existentialismus, eine neofaschistische Nachkriegsmode"* erschien. Die Beispiele ließen sich vervielfachen, wobei gerechterweise erwähnt werden muss, dass Sartres Philosophie nicht nur bei den Kommunisten auf Ablehnung stieß. Wie in Kuba 1959 wurde Sartre von Christen als zynischer Nihilist gekennzeichnet, der nur Verachtung kenne für die menschliche Person – eine nicht allzu überraschende Haltung, wenn man sich daran erinnert, dass Sartres Gesamtwerk durch ein Dekret des Vatikans 1948 auf den Index gesetzt worden war. Doch im Unterschied zu den Kommunisten der DDR verhielten sich in Kuba die linken Revolutionäre (zunächst) nicht ablehnend gegenüber Sartre.
Im Rückblick entsteht der Eindruck, dass auf allen Seiten nicht nur Ablehnung, sondern auch Missverständnisse vorherrschten. Sartre selbst schien von der Berliner *Die Fliegen*-Aufführung alles andere als begeistert – wenn man Simone de Beauvoirs Bericht an Nelson Algren glaubt.
Ein Jahr später war von der Freundlichkeit der russischen und deutschen Kommunisten nicht viel übriggeblieben. Während am 15. Januar 1949 im Westberliner Renaissance-Theater die Premiere der *Schmutzigen Hände* gefeiert wurde, war Sartre nebenan im sowjetischen Sektor erneut zu einem der ideologischen Hauptfeinde geworden. Vom 18. bis 23. Mai fand im Haus der sowjetischen Kultur eine großangelegte Konferenz statt, vorbereitet von einem „Initiativkomitee sowjetischer und deutscher Genossen" anlässlich des 40. Jahrestages des Erscheinens von Lenins Schrift *Materialismus und Empiriokritizismus*. Die Konferenz verstand sich als *„ideologische Offensive"*, als *„allgemeine Offensive des dialektischen Materialismus gegen die fortschrittfeindlichsten Formen des heutigen Idealismus"* – zu denen vor allem Sartre gehörte!
Zwischen dem Tod Stalins 1953 und dem 20. Parteitag der KPdSU im Februar 1956, auf dem Nikita Sergejewitsch Chruschtschow seine berühmte Geheimrede hielt, zeichnete sich eine zeitweilige Unsicherheit über die Entwicklung in der Sowjetunion ab, die in der DDR zu einer Teilliberalisierung und zu breiteren Publikations-

möglichkeiten führte – die Veröffentlichung erster Sartre-Texte 1955 ist ein kleines Indiz dafür.

Der Umgang mit Sartre wurde für die Herrschenden in der DDR noch problematischer, als dieser mit der *Kritik der dialektischen Vernunft* seinen Existentialismus in den Marxismus zu integrieren vorgab. Zunächst überließ die DDR vorsichtshalber die „Auseinandersetzung" Ausländern wie dem bald als Revisionisten verdammten Polen Adam Schaff. Sein *Marx oder Sartre – Versuch einer Philosophie des Menschen* erschien 1965. Schon der Untertitel zeigte eine Richtung an, die bald der Verdammnis anheimfallen sollte – obwohl das Buch die Überlegenheit des Marxismus über den Existentialismus beweisen wollte.

Ich erinnere mich an das Kapitel *Über die moralische Verantwortung*, worin er von Polen berichtete, die marxistische Intelligenz, insbesondere die marxistische jugendliche Intelligenz, akzeptiere die Problematik des Existentialismus enthusiastisch. Dies galt auch für die DDR, wenigstens teilweise; Sartres Betonung des Individuums, seiner Freiheit und Verantwortung traf sich mit meinen existentiellen Erfahrungen und Bedürfnissen und verband mich dauerhaft mit diesem Autor.

Der 1977 veröffentlichte Teil meiner Dissertation war vermutlich auch der Grund, warum mir der Kiepenheuer Verlag vier Jahre später anbot, eine Auswahl von literaturkritischen Aufsätzen herauszubringen und mit einem Nachwort zu begleiten. Das war für mich die erste Gelegenheit, Texte von Sartre selbst der Öffentlichkeit vorzustellen, und das reizte mich mehr, als nur über ihn – unter ideologischer Kontrolle – zu schreiben. Die erste Reaktion des mir vorstehenden Direktors des Zentralinstituts für Philosophie, ohne dessen Zustimmung ich das Angebot des Verlages nicht annehmen konnte, bestand darin mir zu bedeuten, meine Aufgabe sei es, Sartre zu kritisieren und nicht zu propagieren. Ich verstand, dass diplomatisches Geschick nötig war. Für Manfred Buhr war es naheliegender, mir die Genehmigung nicht zu erteilen und auf diese Weise kein Risiko einzugehen, als sich vielleicht vorwerfen lassen zu müssen, er hätte unerwünschter Ideologie Vorschub geleistet. Ich nahm an, dass er dem Verlagsdirektor nicht die gleiche Antwort wie mir würde geben können. Ich bat also den Verlagsdirektor, sich an meinen Institutsdirektor direkt zu wenden.

So erschien 1982 als Teil der Gustav Kiepenheuer Bücherei der Band 39 *Jean-Paul Sartre – Situationen. Reden, Aufsätze, Interviews zur Literatur.* Das bedeutete einen Durchbruch, nicht nur für meinen Wunsch, mehr Texte von Sartre bekanntmachen zu können. Damit erschienen nach einigen Theaterstücken und der Autobiografie *Die Wörter* zum ersten Mal Texte, die eine Vorstellung von Sartres theoretischem Denken vermittelten.

Nachdem diese Veröffentlichung keinen Anstoß erregt hatte, konnten weitere folgen. Besonders freute es mich, Anfang 1989 beim Reclam Verlag in Leipzig eine Neuausgabe der Stücke herausbringen zu können, die nun erstmalig auch *Die Schmutzigen Hände* enthielt sowie eine Reihe Texte aus dem Rowohlt Band *Mythos und Realität des Theaters.* Um die Anerkennung dieser unter DDR-Verhältnissen nicht selbstverständlichen Leistung brachte mich ihr Ende mit dem Sturz der Mauer – ein Kummer, den ich angesichts der gewonnenen realen Freiheit gern verschmerzte.

Dieser Rückblick auf vierzig Jahre DDR, in denen mich Sartre gut dreißig Jahre lang begleitete, und die ich auch mit seinen Augen sah, mit seinen Gedanken zu verstehen versuchte, war gewissermaßen eine erste Skizze zu dem, was mir jetzt durch den Kopf geht. Wie wenig habe ich Jahrzehnte lang von Begleitumständen meiner Kindheit, von Moutier-Rozeille, vom Kinderheim in Sèvres gewusst – den Austritt aus der nicht mal oder gering selbstverschuldeten Unwissenheit verdanke ich Zufällen, dem Internet, Zugang zu Archiven und natürlich auch den neuen Möglichkeiten von Welterfahrungen und Begegnungen. Diese Unwissenheit erfüllt mich mit Wut, macht mich traurig – uneinholbare, verlorene Zeit, sie ist der Preis der Freiheitsberaubung, die die Mauer am sichtbarsten zusammenfasst. Andererseits bin ich froh, sie bisher fast hinreichend überlebt zu haben, um vieles mir Vorenthaltene einzuholen.

Blick durch das Schlüsselloch der Geschichte

Vor mir läuft ein Film ab, von dem sich mir einige mehr oder weniger scharfe Bilder eingeprägt haben. Der Ort der Handlung sind kleine intime Räume, abseits vom allgemeinen Getümmel, dem Blick der Öffentlichkeit entzogen, neutral, austauschbar, modern, von zurückhaltender Eleganz, funktionell, nichts Überflüssiges, jedoch alles, was für eine schnelle, effiziente, ungestörte Arbeit notwendig ist. Auf den Tischen stehen Mineralwasser, Obstsäfte, Kaffee und Tee. Sie befinden sich auf großen Flughäfen, von Paris und Berlin ungefähr gleich weit entfernt, sind Teil der Flughafenhotels oder der Flughäfen selbst. Private, Geschäftsmaschinen können auf diesen ebenfalls landen. Mit ihnen kamen die französischen Vertreter, die deutschen vielleicht auch.

In den Verhandlungen ging es um Leuna. Ich erinnere mich besonders an eine Besprechung, sie fand zu Beginn des Jahres 1994 statt. An der Spitze des französischen Konzerns *Elf Aquitaine* hatte es im August 1993 einen Wechsel gegeben. Der neue Generaldirektor und Vorstandsvorsitzende Philippe Jaffré löste den früheren, Loïk Le Floch-Prigent, ab, der davor die Staatsbank *Crédit Agricole* geleitet hatte. Dieser Finanzexperte war ein Freund des französischen Regierungschefs Edouard Balladur, hatte seine Wahlkampfkasse verwaltet. Neue Köpfe zwar, doch in Sachen Leuna keine grundsätzlich neue Haltung. Im Gegenteil: Die neue Spitze glaubte, den Wechsel nutzen zu können, um getroffene Vereinbarungen erneut in Frage zu stellen und neue Forderungen zu stellen.

Birgit Breuel, Vorstandsvorsitzende der Treuhandanstalt, eine der mächtigsten Frauen jener Zeit, nutzte dagegen den Personalwechsel auf der französischen Seite, um an die Vorgeschichte, die guten Beziehungen zwischen Frankreich und Deutschland und das großzügige Entgegenkommen von Deutschland zu erinnern. Sie konnte freundlich, höflich und diplomatisch sein, das hinderte sie jedoch nicht, unmissverständlich zu betonen, dass abgeschlossene Verträge einzuhalten wären. Sie sagte es auf Lateinisch, um zu betonen, dass es sich um einen Grundsatz handle, an dem nicht zu rütteln sei.

Umso erstaunlicher war für mich die Reaktion von Herrn Jaffré. Er sagte:

„Dann muss ich meinen Pilgerstab in die Hand nehmen und mich zum Kanzler Kohl begeben.“ Birgit Breuel verzog keine Miene, schaute kritisch zu mir hinüber, ob mir der *bâton de pèlerin* auch auf

Deutsch vertraut war, sie hatte nicht umsonst in Genf studiert, mir war schon bei früheren Gelegenheiten aufgefallen, dass sie über gute Französischkenntnisse verfügte. Sie entgegnete völlig emotionslos: „Dann nehmen Sie Ihren Pilgerstab in die Hand und gehen zum Kanzler Kohl."

Was war das? Ein abgeschmetterter Erpressungsversuch? Womit konnte Herr Jaffré die Treuhandchefin erpressen, wieso konnte er mit dem Bundeskanzler drohen?

Ich hatte darauf keine Antwort, konzentrierte mich darauf, jede Nuance so genau wie möglich zu übersetzen. Ich spürte, dass es kein gewöhnliches Gespräch war, hier ging es um höhere Beträge. Jahre später erfuhr ich, dass es tatsächlich bei dieser Sitzung um einen höheren Betrag ging – ungefähr um eine Milliarde Mark. Von dieser Privatisierung sprach man noch Jahre später, nun als „Leuna-Affäre".

Birgit Breuel hatte die besten Voraussetzungen dafür, das Rad der Geschichte, das sich im Osten Deutschlands sozialistisch verklemmt hatte, in normale kapitalistische Umlaufbahnen zurückzudrehen. Das tat sie konsequent, und – wie ich annehme – unter strenger Beachtung der Gesetze.

Dem Kanzler Kohl lag viel an dem Verkauf, das heißt am Erhalt wenigstens eines Teils der früheren DDR-Petrochemie. Einst sollte sie die Grundlage für „Brot, Wohlstand, Schönheit" sein, Walter Ulbricht hatte es versprochen. 1987 arbeiteten ungefähr 30.000 Menschen im *VEB Petrochemischen Kombinat* in Schwedt. 1990 standen Wahlen bevor, Kohl wollte möglichst viele Arbeitsplätze erhalten, denn er wusste, Beschäftigte würden ihn eher wählen als Arbeitslose. Er wollte Bundeskanzler bleiben.

Die Umfragewerte waren schlecht für ihn und er war sehr beunruhigt; vor allem nach seinem vollmundigen Versprechen, niemand würde durch die Vereinigung verlieren, es würde nur blühende Landschaften geben.

Kohl sprach mit seinem Freund François Mitterrand über seine Sorgen. Der damalige französische Staatspräsident hatte Verständnis für seinen Amtskollegen, und er kannte Loïk Le Floch-Prigent, das Haupt des größten französischen Mineralölkonzerns. Für die notwendigen Investitionen würden französische Banken Kredite gewähren, und das Tankstellennetz von Minol garantierte ihm das Monopol der Zapfsäulen im Osten Deutschlands. Bei den guten Beziehungen von *Elf* hatte eine Gruppe um die britische BP, die ebenfalls den Handschuh in den Ring geworfen hatte, keine Chance. Im Juli 1992 kam es zum Vertragsabschluss.

Der Konzern *Elf Aquitaine* hatte nicht nur wesentlich mehr Investitionszuschüsse kassiert, als für die Sanierung des Standortes Leuna und den Neuaufbau der Raffinerie nötig waren. Ein Teil des dreistelligen Milliardenbetrages floss aus den üblichen Bestechungsfonds zurück – unter anderem in die Wahlkassen der CDU. Der ehemalige *Elf*-Präsident Loïk Le Floch-Prigent sagte aus, bei dem Leuna-Geschäft seien Schmiergelder nötig gewesen. Der Staatspräsident François Mitterrand habe seine Zustimmung für derartige „Lobbymaßnahmen“ gegeben. Es ist zu vermuten, dass Herr Jaffré mit dem Besuch bei einem Kanzler drohte, der nicht nur wegen der Wählerstimmen an Leuna interessiert war.

*

Bevor ich im Frühjahr 1990, als vorweggenommener Bundesbürger, für drei Monate nach Paris fuhr, um als Gastdozent an der Universität zu lehren, informierte ich die französische Botschaft in Berlin über meine Absicht, und darüber, dass meine Freunde in Paris ein Einreiseverbot, sollte es weiterbestehen, nicht widerspruchslos hinnehmen würden. Als der Zug die deutsch-französische Grenze überfuhr und kein Mensch einen Pass noch irgendein amtliches Papier sehen wollte, war ich fast enttäuscht. Das Ende des Kalten Krieges war voller Überraschungen.

Nach Washington reiste ich dann im August 1990 als DDR-Bürger und kam im Juni 1991 als Bundesbürger zurück, mit dem blauen Pass eines inzwischen nicht mehr existierenden Staates. Ich hatte keinen Grund, ihm nachzutrauern, im Unterschied zu einigen meiner östlichen Mitbürger, die mehr verloren als gewonnen hatten. Die fröhliche Aufbruchsstimmung vom 4. November 1989 auf dem Alexanderplatz war vergangen, Enttäuschung und Resignation machten sich breit.

Für mich jedoch realisierte sich ein alter Traum. Ich trat im Herbst

1991 die Nachfolge von Traugott König als Herausgeber und Übersetzer des Werkes von Sartre bis 2005 an. Die fünfzehn Jahre, während denen ich einige Tausende Seiten von Sartre übersetzte und herausgab, mit Nachworten begleitete, empfand ich als wahres Glück. Die Arbeit ließ mir auch genügend Raum, um mich wie in der Vergangenheit nebenbei als Konsekutiv- und Simultandolmetscher zu betätigen. Nach 2005 schließlich wurde diese Nebentätigkeit zu meinem Hauptberufsfeld. Sartre beschäftigte mich weiter, nun als Präsident der Sartre-Gesellschaft in Deutschland, als Referent oder Teilnehmer an Kongressen.

*

Spätsommer 2021. Inzwischen sind seit der Öffnung der Mauer und dem Ende des Kalten Krieges mehr als 28 Jahre vergangen. Auch ohne die Mauer flossen die Tage, Wochen, Monate, Jahre friedlich vor sich hin. Doch plötzlich wurde der (west)europäische Frieden empfindlich gestört. Frankreichs Präsident Macron erklärte, wir befänden uns im Krieg gegen einen unsichtbaren, heimtückischen Feind, nur durch eine heilige Einheit aller werden wir ihn besiegen. Jean-Paul Sartre hatte genialer Weise seinen Todestag auf den 15. April 1980 gelegt. Und schien daran gedacht zu haben, dass vierzig Jahre später sein Theaterstück *Huis clos (Geschlossene Gesellschaft)* dank eines unsichtbaren Virus einen gewaltigen Aktualitätsschub bekommen würde. Im April gedachte man also der 40. Wiederkehr des Todes von Jean-Paul Sartre. Catherine Newmark kam auf den Gedanken, mich für *Deutschlandfunk Kultur* von ihrer Kollegin Simone Miller dazu interviewen zu lassen. Natürlich betrafen die Fragen im ersten Teil des Interviews Sartres Theaterstück von 1943, geschrieben in einer Situation, als Frankreich von Deutschen in Wehrmachtsuniformen oder auch SS-Uniformen besetzt war. Ein Lockdown über vier Jahre, mit härteren Einschränkungen der Freiheit und härteren Ahndungen ihrer Übertretungen!

In dieser geschichtlichen Situation – Sartre hatte zuvor in einem Kriegsgefangenenlager bei Trier eine erste Situation des Eingeschlossen-Seins erlebt – konstruiert er ein Modell, in dem er drei Protagonisten für die Ewigkeit zusammensperrt – nach ihrem Tod. Die Hölle, in der sie sich befinden, ist ein muffig-kitschiges bürgerliches Ambiente, ein fensterloser Raum, in dem es immer gleich hell ist, es gibt keinen Tag und keine Nacht, kein Wachen und Schlafen, keine Jahreszeiten – die ewige Wiederkehr des Gleichen. Diese Hölle braucht kein Feuer, kein Öl, keine glühenden Eisen oder irgendwelche andersgearteten Folterinstrumente – die Hölle, das sind die anderen! Dieser berühmt gewordene Satz fasst gut das Stück zusammen und die Situation der zwei Frauen und des einen Mannes, die zusammengesperrt sind, ohne zusammenleben zu können.

Muss das Zusammenleben auf engem Raum die Hölle sein? Wenn wie in Sartres Stück jeder vom anderen etwas erwartet, das dieser nicht geben kann und will, jeder sich selbst und die anderen belügt, um sein Wunschbild von sich selbst in dem Spiegel wiederzufinden, als den er die anderen missbraucht, jeder eine grundlose Anerkennung sucht, dann sind die anderen unvermeidlich die Hölle. Aus diesem Gefängnis, dieser Hölle gibt es keinen Ausbruch.

Die drei Protagonisten in Sartres Stück versuchen gelegentlich, aus ihrer Hölle auszubrechen. Doch als sich tatsächlich die Tür öffnet, sind sie unfähig, die sich plötzlich bietende Freiheit zu nutzen, sie rücken zusammen und verharren, fürchten die Ungewissheit, die sie erwartet. Selbst in dieser extremen Grenzsituation müssen sie sich noch entscheiden, sind zur Freiheit verurteilt. In Sartres Einakter sind die Hauptthemen seiner Philosophie vereint: Freiheit, Verantwortung, Situation, Lüge und Authentizität, die entscheidende Rolle der Beziehungen zwischen den Menschen, zwischen ihnen und ihren Produkten …

Warum beschäftigen mich diese Fragen, wenn ich nachts schlaflos im Bett liege, ja selbst bei Spaziergängen in der mich immer wieder überraschenden Natur des Morvan? Ich steige Wege hinauf, die von hohen Farnkräutern begrenzt sind, schaue in die Täler, in denen Kühe weiden. Am Wegrand pflücke ich Brombeeren, bewundere die gelb blühenden Ginster, lausche den Bächen, die neben den Wegen fließen, schaue den Bussarden in ihrem eleganten Gleitflug nach. Nicht nur die Eidechsen, die vorbeihuschen, wenn ich die Steinstufen an der Haustür hinuntergehe und die Haselnusssträucher am Ende des Gartens erinnern mich an meine Kindheit in der Creuse. Ich habe das Gefühl, zu meinen ersten bewussten Jahren zurückgekehrt zu sein. Seit über einem Jahr lebe ich, mit wenigen Unterbrechungen, in Frankreich.

Bin ich noch ein Berliner, ein Pariser?

Ein Deutscher, ein Franzose?

Der französischen Bürokratie verdanke ich eine gewöhnungsbedürftige, annähernde, jedoch mir zusagende Antwort.

In Frankreich gibt es einen unentbehrlichen Ausweis: Die *carte Vitale*. Sie ist so lebenswichtig wie in den USA die *drivers licence*, im Alltag wichtiger als ein Personalausweis. Ohne sie ist kein Arztbesuch, kein Erwerb von verschreibungspflichtigen Medikamenten, keine Impfung möglich. Eine junge, unbürokratische Frau nannte mir den Weg, wie ich auch als Nichtfranzose, der ständig in Frankreich lebt, zu dieser lebenswichtigen Karte kommen könnte. Nach einem sich über ein halbes Jahr hinziehenden Briefwechsel mit der zuständigen Verwaltung wurde mir die *carte Vitale* schließlich bewilligt.

Im Kopf der Briefe fand ich meine jetzige Identität: *Migrant permanent*. Sie bestätigt mir, dass sich ein Kreis geschlossen hat. Ich bin zum Anfang zurückgekehrt, allerdings auf höherer Stufe. Kein Kreis, eher eine Spirale. Aus dem Staatenlosen, dem *apatride* (der Begriff ist zutreffender, er enthält die patria, das Vaterland, wäre also angemessener als „vaterlandslos“, als „vaterlandsloser Geselle“ wiederzugeben), der dann ein vermutlich Deutscher und dann ein Bundesbürger wurde, ist mein Wunsch von 1990 in Erfüllung gegangen, ein Europäer zu sein – weder Deutscher noch Franzose, oder beides. Nur ist Europäer, weniger noch als „Weltbürger“, eine amtlich anerkannte Identität. Ständiger Migrant.

Ja, als solcher kann ich mich wiedererkennen, als Wanderer zwischen den Welten oder Wanderer in mehreren Welten.

Das nehme ich gern als *open end*, als vorläufiges *happy end* hin.

Anhang I - Erläuterungen zum Allied Travel Office & dem „Presumed German"-Stempel

aus:
Matthes, Philip Alexander: *Puppet Regime vs. Lead Nation. Der lange Weg zur Anerkennung der DDR durch die USA.* Dissertation. Philosophische Fakultät Universität Bonn 2010, S. 120 f.

Nachdem bis 1952 das Combined Travel Board bei der Alliierten Hohen Kommission für die Überwachung des Reiseverkehrs in den Westzonen zuständig gewesen war, gaben die Alliierten mit der Übertragung der Reiseverkehrsüberwachung in der Bundesrepublik an die Bundesbehörden im September 1952 diese Funktion auf und verlegten das letzte Büro der CTB unter dem neuen Namen Allied Travel Office zum Alliierten Kontrollrat in West-Berlin. Die Funktion des ATO lag ab 1952 in der Kontrolle der Reisetätigkeit der Deutschen aus der SBZ in den Westen. Die Mitglieder mit ständigem Sitz im ATO, Großbritannien, Frankreich und die USA, übernahmen abwechselnd den Vorsitz in der Behörde und berieten zusammen die Reise-Richtlinien. Andere NATO-Mitglieder nahmen über den NATO-Rat und, wie im Fall der Bundesrepublik, über die so genannte Kontaktgruppe Einfluss auf die Ausgestaltung der Handlungsmaximen. Bei den die DDR betreffenden Reise-Fragen hatte die Haltung der Bonner Regierung zwar großes Gewicht, den einzelnen Ländern verblieb aber dennoch ein Spielraum, in dem sie sich trotz des ATO für oder gegen die Einreise eines DDR-Bürgers in ihr Land entscheiden konnten. (…) Die zunächst drei – USA, Großbritannien und Frankreich –, später zwei mächtigsten Mitglieder – USA und Großbritannien – der NATO suchten jedoch eine einheitliche Linie im Verhalten des Westbündnisses gegenüber der DDR zu halten. Im Fall der USA konkretisierte das ATO die Nichtanerkennungsmaxime Washingtons, in dem es zwei Dinge ausdrücklich sicherstellte: Erstens verhinderte es die Einreise von DDR-Regierungsvertretern – die Richtlinien waren sehr deutlich in der Verweigerung von Reise-Dokumenten an Mitglieder des Partei- und Staatsapparats der DDR – in die USA und zweitens achtete es darauf, dass bei der Einreise des Inhabers eines DDR-Reisepasses dieser Pass nicht als offizielles Dokument genutzt wurde. Letzteres setzte Washington um, indem es für Reisen in NATO-Länder zugelassenen DDR-Personen Temporary Travel Documents (TTDs) ausstellte, die von NATO-Behörden als Einreisedokumente genutzt werden konnten und deren Vergabe genau geprüft wurde. So musste ein Antragssteller zur Erlangung eines solchen TTD umfangreiche Unterlagen, wie z.B. eine Geburtsurkunde vorlegen und persönlich in West-Berlin vorsprechen. (...) Im April 1964 beschloss der NATO-Rat auf Druck einiger Mitglieder – die USA waren nicht darunter – die Erlangung von TTDs für DDR-Bürger zu vereinfachen sowie den Vermerk „Presumed German“ im TTD wegfallen zu lassen.

Anhang II - Publikationen

Bücher

- *Jean-Paul Sartre. Theorie und Praxis eines Engagements.* Berlin 1977.
- *Zwischen Thora und Trabant – Juden in der DDR.* Berlin 1993.
- *Eine unheimliche Liebe. Juden und die DDR.* Berlin 2001.
- *Berlin* (mit Sophie Lorrain). Paris 2004.
- *Un étrange amour. Être juif en RDA.* Paris 2005.
- *ad Jean-Paul Sartre. Zur Freiheit verurteilt.* Hamburg 2022.

Aufsätze

Seit den 1970er-Jahren veröffentlichte Vincent von Wroblewsky eine Vielzahl an (philosophischen) Aufsätzen und Beiträgen, u.a. über Jean-Paul Sartre, Jean Genet, Karl Marx, Simone de Beauvoir und Albert Camus. Diese Beiträge erschienen zum Beispiel in der *Deutschen Zeitschrift für Philosophie, Film und Fernsehen, Sonntag, Magazine littéraire, Weimarer Beiträge, Les Temps Modernes, Sartre Studies International – An Interdisciplinary Journal of Existentialism and Contemporary Culture, Daimon. Revista de Filosofía, Le patriote résistant* und der *Berliner Zeitung.*

Dazu verfasste er diverse Beiträge für Schriftenreihen und Sammelbände, unter anderem für *Daedalus – Europäisches Denken in Deutscher Philosophie, Kunst und Gesellschaft. Studien zur Kultur im 20. und 21. Jahrhundert oder Trenn – Striche/Binde – Striche – Beiträge zur Literatur- und Kulturwissenschaft.*

Herausgabe

- *Anthropologie der Wende – Kontroversen im Alltag der deutschen Vereinigung.* Hrsg. mit Birgit Müller u. Emmanuel Terray. Berlin 1997.
- *Existentialismus heute.* Hrsg. mit Peter Knopp. Berlin 1999.
- *Jean-Paul Sartre. Carnets 2000.* Hrsg. mit Peter Knopp. Hamburg 2001.
- *Die Freiheit des Nein. Jean-Paul Sartre. Carnets 2001/2002.* Hrsg. mit Peter Knopp. Hamburg 2003.
- *Lebendiger Sartre. 115 Begegnungen.* Berlin 2009.

Als Präsident der Deutschen Sartre-Gesellschaft fungiert Vincent von Wroblewsky als Herausgeber der Jahrbücher der Sartre-Gesellschaft, von denen er bis dato an vier Ausgaben beteiligt war:

- *Carnets Jean-Paul Sartre. Der Lauf des Bösen.* Hrsg. mit Peter Knopp. Berlin 2006.
- *Carnets Jean-Paul Sartre. Eine Moral in Situation.* Hrsg. mit Peter Knopp. Berlin 2008.
- *Carnets Jean-Paul Sartre. Reisende ohne Fahrschein.* Hrsg. mit Peter Knopp. Berlin 2012.
- *Sartre. Eine permanente Provokation.* Hrsg. mit Alfred Betschart, Manuela Hackel, Marie Minot. Berlin 2014.

Zudem übernahm er ab 1991 die Herausgeberschaft und Übersetzung des Werkes Jean-Paul Sartres:

- *Bariona oder Der Sohn des Donners/Die Fliegen.* Reinbek 1991.
- *Philosophische Schriften I.* Reinbek 1994.
- *Freud. Das Drehbuch.* Reinbek 1995.

Übersetzungen (aus dem Französischen)

Neben dem Werk von Jean-Paul Sartre übersetzte Vincent von Wroblewsky auch eine Vielzahl an Beiträgen in Sammelbänden, Zeitschriften, ebenso wie Romane. Nachfolgend eine Auswahl:

- Sartre, Jean Paul: *Was sich für uns in Vietnam entscheidet* – Rede J.P. Sartres vor dem Weltfriedenskongress in Helsinki am 16. Juni 1965. In: Sonntag Nr. 36, Berlin 5.9.1965.
- Besse, Guy: *Kritische Betrachtungen zu Jacques Monods Zufall und Notwendigkeit.* Berlin 1973
- Sartre, Jean-Paul: *Fragen der Methode.* Reinbek 1983.
- Rousseau, Jean-Jacques: *Vom Gesellschaftsvertrag oder Prinzipien des Staatsrechts.* In: Rousseau, Jean-Jacques: *Kulturhistorische und politische Schriften.* Hrsg. von M. Fontius. Berlin 1989.
- Paillard, Denis: *Memorial und Pamiat. Zwei Gesichter der Erinnerung.* In: *Die wiedergefundene Erinnerung – Verdrängte Geschichte in Osteuropa.* Berlin 1992.
- Bodard, Lucien: *Die zehntausend Stufen.* (mit Heinz Hohenwald). Berlin 1992.

– Sartre, Jean-Paul: *Überlegungen zur Judenfrage.* Reinbek 1994.
– Sartre, Jean-Paul: *Tagebücher. September 1939 – März 1940.* Reinbek 1996.
– Sartre, Jean-Paul: *Wahrheit und Existenz.* Reinbek 1998.
– Sartre, Jean-Paul. *Die Suche nach dem Absoluten. Texte zur bildenden Kunst.* Reinbek 1999.
– Wieviorka, Annette: *Die Entstehung des Zeugen.* In: Smith, Gary (Hg.): *Hannah Arendt Revisited. „Eichmann in Jerusalem" und die Folgen.* Stuttgart 2000.
– Sartre, Jean-Paul: *Der Existentialismus ist ein Humanismus. Und andere philosophische Essays 1943-1948.* Reinbek 2000.
– Camus, Albert: *Der Mythos des Sisyphos.* Reinbek 2000.
– Konop: *Kein Kaddisch für Sylberstein.* Berlin/Wien 2001.
– Kristeva: Julia: *Das weibliche Genie Bd. II – Hannah Arendt.* Berlin/Wien 2001.
– Sartre, Jean-Paul: *Entwürfe für eine Moralphilosophie.* Reinbek 2005.
– Al-Jabri, Mohammed Abed: *Kritik der arabischen Vernunft naqd al-' aql al-' arab.* Mit Sarah Dornhof. Berlin 2009.
– Sansal, Boualem: *2084. Das Ende der Welt.* Gifkendorf 2016.
– Jankélévitch, Vladimir: *Von der Lüge.* Hg. v. Steffen Dietzsch. Mit Sarah Dornhof. Philosophische Bibliothek 2016.
– Sansal, Boualem: *Der Zug nach Erlingen oder Die Verwandlung Gottes.* Gifkendorf 2019.
– Rousseau, Jean-Jacques: *Vom Gesellschaftsvertrag oder Prinzipien des Staatsrechts.* Hamburg 2022.
– Löwy, Michael: *ad Walter Benjamin. Die Revolution als Notbremse. Essays.* Hamburg 2022.
– Sansal, Boualem: *Abraham oder Der fünfte Bund.* Gifkendorf 2022.

Inhaltsverzeichnis

Boualem Sansal

2084. DAS ENDE DER WELT

Roman
Deutsch von Vincent von Wroblewsky
288 Seiten, fadengeh. Hardcover, ISBN 978-3-87536-321-0

In Abistan, Reich der fernen Zukunft, bestimmen die Verehrung eines einzigen Gottes und das Leugnen der Vergangenheit das Herrschaftssystem. Individuelles Denken ist abgeschafft: Eine allgegenwärtige Elite unter Führung von Abi dem Entsandten steuert die Ideen und verhindert abweichendes Handeln. Doch Ati, der Protagonist dieses Romans, der ausdrücklich anknüpft an Orwells Klassiker „1984", macht sich auf die Suche nach einem Volk von Abtrünnigen, das in einem Ghetto lebt, ohne in der Religion Halt zu suchen ...
Boualem Sansal entwirft ein Regime, das auf der religiösen Überhöhung einer Ideologie beruht und sich die Suche des Individuums nach persönlichem Glück auf erschreckende Weise zunutze macht: Das vom System auferlegte Streben nach spiritueller Erleuchtung diktiert das Leben eines jeden Bürgers und wird zum Motor der Gemeinschaft.
Ausgezeichnet mit dem *Grand Prix du Roman* der Académie française!

MERLIN VERLAG
21397 Gifkendorf Nr. 38

Boualem Sansal

DER ZUG NACH ERLINGEN oder DIE VERWANDLUNG DER WELT

Roman
Deutsch von Vincent von Wroblewsky
260 Seiten, fadengeh. Hardcover, ISBN 978-3-87536-333-3

„Ich denke, die Menschen, die alles haben, das Wesentliche und das Überflüssige, und außerdem das Verbotene und das Schädliche, sind erfschöpft, der Überdruss hat sie aufgefressen ..."
Ute von Ebert, in Erlingen lebende Erbin eines Industriekonzerns, und Elisabeth Potier, ehemals Lehrerin in der Pariser Banlieu – beide Frauen beobachten das Fortschreiten eines sektiererischen Glaubens, die Verwandlung und den Zerfall der erschlafften demokratischen Gesellschaft und revoltieren sich ...
„Wenn man nicht an das Leben und an die Freiheit glaubt, kann man sie nicht verteidigen, ist doch klar, und wenn man es nicht tut, gibt es einfach keinen Grund, weiterzuleben."
Ungeschönt, offen und sarkastisch benennt Boualem Sansal die virulenten Themen unserer Zeit: religiösen Extremismus, hemmungsloser globaler Kapitalismus, Umweltzerstörung, bürgerlicher Phlegmatismus sowie Feigheit und Unvernunft.

MERLIN VERLAG
21397 Gifkendorf Nr. 38

Boualem Sansal

ABRAHAM oder DER FÜNFTE BUND

Roman
Deutsch von Vincent von Wroblewsky
288 Seiten, fadengeh. Hardcover, ISBN 978-3-87536-344-9

Im Jahr 2016 sieht sich der junge Abraham, Sohn des sunnitisch-irakischen Klan-Chefs Terah, mit seiner Bestimmung konfrontiert: Als Reinkarnation von Abraham, der zentralen Figur des Alten Testaments und Stammvater der Völker und der drei Weltreligionen liegt es in seiner Verantwortung, sein Volk in das Gelobte Land zu führen und mit dem „Fünften Bund" eine neue Ära der Menschheit einzuleiten. Derweil tobt der Erste Weltkrieg, dessen Auswirkungen auch im Nahen Osten zu spüren sind ...
Boualem Sansal verknüpft die bibliosche Überlieferung der Genesis mit der Gegenwart. Mit Humor und spitzer Feder seziert er die Macht und die Schwächen religiösen Denkens und entwirft zugleich die Vision einer Versöhnung von Politik und Religion.

MERLIN VERLAG
21397 Gifkendorf Nr. 38

Der Verlag dankt der Ursula Lachnit-Fixson Stiftung für die freundliche Unterstützung bei der Veröffentlichung dieses Werkes.

Cover und Satz: MERLIN VERLAG
Gesamtherstellung: Friedrich Pustet GmbH & Co. KG, Regensburg
1. Auflage, Gifkendorf 2023
im 66. Jahr
ISBN 978-3-87536-340-1
www.merlin-verlag.com